30 Jahre Deutsche Einheit

Recht und Politik
Zeitschrift für deutsche und europäische Rechtspolitik

Begründet von Dr. jur. h. c. Rudolf Wassermann (1925–2008)

Redaktion:
Hendrik Wassermann (verantwortlich)
Heiko Holste
Robert Chr. van Ooyen

Beiheft 8

30 Jahre Deutsche Einheit

Herausgegeben von

Markus Ludwigs
Stefanie Schmahl

Duncker & Humblot · Berlin

Bibliografische Information der Deutschen Nationalbibliothek

Die Deutsche Nationalbibliothek verzeichnet diese Publikation in
der Deutschen Nationalbibliografie; detaillierte bibliografische Daten
sind im Internet über http://dnb.d-nb.de abrufbar.

Alle Rechte, auch die des auszugsweisen Nachdrucks, der fotomechanischen
Wiedergabe und der Übersetzung, für sämtliche Beiträge vorbehalten
© 2021 Duncker & Humblot GmbH, Berlin
Satz: 3w+p GmbH, Rimpar
Druck: CPI buchbücher.de gmbh, Birkach
Printed in Germany

ISSN 2567-0603
ISBN 978-3-428-18361-6 (Print)
ISBN 978-3-428-58361-4 (E-Book)

Gedruckt auf alterungsbeständigem (säurefreiem) Papier
entsprechend ISO 9706 ∞

Internet: http://www.duncker-humblot.de

Vorwort

Es freut uns sehr, mit dem vorliegenden Beiheft von Recht und Politik (RuP) die Referate der im Wintersemester 2020/21 an der Universität Würzburg durchgeführten interdisziplinären Ringvorlesung „30 Jahre Deutsche Einheit" präsentieren zu können. Zu Beginn der Planungen im Herbst 2019 konnte noch niemand erahnen, dass sich die Gesellschaft im Jahr 2020 mit einer Pandemie konfrontiert sehen würde, die uns allen neben zahlreichen Beschränkungen im Alltagsleben auch flexible Anpassungen im Berufsleben abfordern würde. Umso dankbarer sind wir, dass sämtliche angeworbenen Referentinnen und Referenten nicht nur ihre Zusagen aufrechterhalten und zu der letztlich rein digitalen Vortragsreihe mit inspirierenden Vorträgen beigetragen, sondern auch ihre Manuskripte punktgenau zum Abschluss der Veranstaltung eingereicht haben. Zu danken haben wir außerdem den zahlreichen Diskutantinnen und Diskutanten für engagierte Wortmeldungen im virtuellen Raum sowie den knapp 200 angemeldeten Teilnehmerinnen und Teilnehmern für das große Interesse an der Ringvorlesung. Danken möchten wir auch unseren beiden Lehrstuhlteams und den wie stets hervorragend kooperierenden Sekretärinnen, Frau *Heidi Graupner* und Frau *Nicole Jördening*. Herrn *Hendrik Wassermann* als Herausgeber und verantwortlichem Redakteur der RuP sei für die vorzügliche Zusammenarbeit bei der Umsetzung der Veröffentlichung ebenso wie Frau *Heike Frank* vom Verlag Duncker & Humblot für die gewohnt exzellente verlegerische Betreuung herzlich gedankt!

Die hier abgedruckte Vortragsreihe adressiert nicht nur die Hürden, sondern auch den Fortschritt auf dem langen Weg des Zusammenwachsens. Führt man sich vor Augen, dass wir uns inzwischen nicht nur im Jahr 31 seit der Wiedervereinigung, sondern auch im Jahr 150 seit der Bismarckschen Einigung befinden, wird deutlich, dass die zentralen Leitfragen nach Homogenität und Diversität in Recht, Politik, Wirtschaft, Kultur und Gesellschaft immer wieder aufs Neue auszutarieren und auszugestalten sind.

Würzburg, im Februar 2021

Markus Ludwigs und *Stefanie Schmahl*

Inhalt

30 Jahre Deutsche Einheit – Eine Einführung *Markus Ludwigs und Stefanie Schmahl*	9
„*Transitional Justice*" nach 1945 und nach 1990: Gemeinsamkeiten, Unterschiede, Wirkungen *Christoph Safferling*	25
Die Treuhandanstalt. Organisation, Arbeitsweise, Legitimation, Wirkungen und Erbe *Roland Czada*	42
Debatten um die Regulierung des Schwangerschaftsabbruchs 1990 bis 1993: kulturelle Differenzen oder westdeutsche Hegemonie? *Ulrike Lembke*	58
Konvergenz oder Divergenz? Einstellungen von Parteimitgliedern und Partizipation bei Bundestagswahlen im Ost-West-Vergleich *Benjamin Höhne*	73
Der unitarisch-kooperative Föderalismus seit der Wiedervereinigung *Florian Meinel*	92
„Wir sind ein Volk!" – Sind wir ein Volk? Gesellschaftliche Befunde und zeitgeschichtliche Reflexionen *Peter Fäßler*	103
(Teil-)Weitererhebung des Solidaritätszuschlags nach 30 Jahren Deutsche Einheit verfassungswidrig? *Rainer Wernsmann*	116
Offene Vermögensfragen zwischen Deutschland und Polen? *Oliver Dörr*	127
Autorinnen und Autoren des Heftes	140

30 Jahre Deutsche Einheit – Eine Einführung

Von *Markus Ludwigs* und *Stefanie Schmahl*, Würzburg*

I. Einführung

Deutsche Einheit – Einigkeit und Einheitlichkeit Deutschlands? Der Weg zur wiedergewonnenen Deutschen Einheit endete nicht am 3. 10. 1990, dem Tag der Wiedervereinigung. Die einstige Trennung in Bundesrepublik Deutschland und Deutsche Demokratische Republik wirkt sich in manchen Bereichen auch 30 Jahre nach der Wiedervereinigung noch spürbar aus. Das Jubiläumsjahr 2020 bot daher Impuls und Anreiz, sich sowohl innerdeutsche Angleichungsprozesse als auch fortbestehende Divergenzen vor Augen zu führen und kritisch aus juristischer, politikwissenschaftlicher sowie zeitgeschichtlicher Perspektive zu analysieren.

Die im Wintersemester 2020/21 an der Juristischen Fakultät der Universität Würzburg veranstaltete interdisziplinäre Ringvorlesung „30 Jahre Deutsche Einheit" widmete sich der Ausleuchtung dieses breitgefächerten Themenspektrums. Dabei adressierte die Vortragsreihe nicht nur die Hürden, sondern auch den Fortschritt auf dem langen Weg des Zusammenwachsens. Diese zentralen Leitfragen nach Homogenität und Diversität in Deutschland verbinden die vielfältigen Vortragsthemen ebenso wie die vielfachen Verflechtungen von Recht, Politik, Wirtschaft, Kultur und Gesellschaft. Neben der binnendeutschen Perspektive, auf welcher der wesentliche Fokus liegt, werden auch Probleme aus der völkerrechtlichen Praxis Deutschlands kritisch analysiert, deren Inhalt und Rechtsfolgen weiterhin Anlass für grenzüberschreitende Debatten bieten.

---

* Alle zitierten Internetseiten wurden letztmalig am 31. 1. 2021 abgerufen.

II. Themenfelder

1. „Transitional Justice" nach 1945 und nach 1990: Gemeinsamkeiten, Unterschiede, Wirkungen?

Der Begriff „*Transitional Justice*" hat sich erst gegen Ende der 1990er-Jahre in Forschung und Praxis durchgesetzt und bezeichnet ein neues Wissenschaftsfeld.[1] Erfasst werden Praktiken und Organisationsformen, die darauf abzielen, Verbrechen der gewaltsamen Vergangenheit eines Gemeinwesens nach einem gesellschaftspolitischen Umbruch aufzuarbeiten.[2] Dazu zählt neben der individuellen und kollektiven Vergangenheitsbewältigung auch der Prozess des Übergangs von einer Diktatur in eine rechtsstaatlich abgesicherte Demokratie.[3] Regelmäßig stehen juristische Maßnahmen im Vordergrund, etwa die Bestrafung von Tätern, die Rehabilitierung von Opfern und die Etablierung einer neuen Rechtsordnung sowie einer unabhängigen Justiz.[4] Die rechtliche Seite muss allerdings durch gesellschaftspolitische Maßnahmen der sog. „*Re-education*" flankiert werden, soll sie nicht mittelfristig zur leeren Hülse verkommen.[5] Dabei gilt es, einer breiten Öffentlichkeit den verbrecherischen Charakter der Vergangenheit zu verdeutlichen und demokratische sowie rechtsstaatliche Wertvorstellungen nahezubringen. Diese gesellschaftspolitische Aufarbeitung ist ein ständiger Prozess, der nicht innerhalb einer Generation abgeschlossen werden kann.

Wenngleich der Ausdruck „*Transitional Justice*" weder nach 1945 noch unmittelbar nach 1990 in den deutschen Sprachgebrauch Eingang gefunden hat,[6] besteht doch kein Zweifel daran, dass sich Deutschland wegen seiner Historie im 20. Jahrhundert bereits zwei Mal mit den Herausforderungen der Vergangenheitsbewältigung auseinandersetzen musste.[7] Dies gilt zum einen hinsichtlich des Umgangs mit der nationalsozialistischen Vergangenheit. Exemplarisch ist an die Nürnberger Kriegsverbrecherprozesse, die Auschwitz-Prozesse, die Entnazifizierungsbemühungen und das langwierige Ringen um die Entschädigung von Zwangsarbeitern sowie die Rehabilitierung aller Opfer zu

---

1 Vgl. *Editorial Note*, in: Int J Transit Justice 1 (2007), S. 1–5; ferner *Teitel*, HarvHumRtsJ 16 (2003), S. 69 ff.; *Engert/Jetschke*, Die Friedenswarte 86 (2011), S. 15 ff. Grundlegend *Kritz*, Transitional Justice, 1995.

2 Vgl. den Bericht des UN-Generalsekretärs v. 23.8.2004 „The rule of law and transitional justice in conflict and post-conflict societies", UN-Dok. 3S/2004/616, Rn. 2 f.

3 Ebd., Rn. 5 ff.

4 *H. König*, in: ders./Kohlstruck/Wöll (Hrsg.), Vergangenheitsbewältigung am Ende des zwanzigsten Jahrhunderts, 1998, S. 371 (371 f.); *Werle/Vormbaum*, NJW 2019, 3282 (3283 ff.).

5 Vgl. *Ramírez-Barat/Duthie*, Education and Transitional Justice, 2015, S. 1, 7 ff.

6 Verwendet wurden vielmehr die Begriffe „Vergangenheitspolitik" oder „Vergangenheitsbewältigung", vgl. z. B. *Dudek*, APuZ 1992 (Beilage 1–2), S. 44 ff.; *Frei*, Vergangenheitspolitik. Die Anfänge der Bundesrepublik und die NS-Vergangenheit, 1997.

7 Eingehend *Romeike*, Transitional Justice in Deutschland nach 1945 und nach 1990, INPA Occasional Paper No. 1, 2016; vgl. auch *Werle/Vormbaum*, Transitional Justice: Vergangenheitsbewältigung durch Recht, 2018, S. 227 ff.

erinnern.[8] Über die Auseinandersetzung mit der NS-Vergangenheit hinaus ist „*Transitional Justice*" nach dem Ende der DDR auch für die juristische Aufarbeitung der SED-Diktatur samt ihren gesellschaftlichen Begleiterscheinungen gebräuchlich geworden. Hierfür stehen *pars pro toto* die Mauerschützenprozesse, die Enquete-Kommissionen des Deutschen Bundestages für die Aufarbeitung der SED-Diktatur, die Entschädigungen für Enteignungen nach der sozialistischen Bodenreform und die Gründung der Behörde des Bundesbeauftragten für die Unterlagen des Staatssicherheitsdienstes der DDR (sog. Gauck-Behörde).[9]

In der deutschen Geschichte des 20. Jahrhunderts lassen sich also zwei Epochen wahrnehmen, die einer Vergangenheitsaufarbeitung bedurften und bedürfen. Der Begriff der „doppelten Vergangenheitsbewältigung"[10] umfasst die Aufarbeitung der beiden deutschen Diktaturen und die Analyse der getroffenen strafrechtlichen, personellen und materiellen Maßnahmen zu ihrer Überwindung.[11] Zugleich besteht in Wissenschaft und Praxis ein tiefgreifender Dissens darüber, inwieweit es angemessen und legitim ist, die beiden deutschen Diktaturen miteinander zu vergleichen.[12] Immerhin besaß die DDR-Diktatur im Gegensatz zum nationalsozialistischen Regime kaum eine Massenbasis im Volk, agierte nicht offen rassistisch und hat weder einen Angriffskrieg noch ein dem Holocaust vergleichbares Menschenrechtsverbrechen begangen.[13] Auf der anderen Seite sind Gemeinsamkeiten in Bezug auf die totalitären Strukturen beider Systeme nicht zu leugnen. In seinem Beitrag legt *C. Safferling* dar, dass die schwerwiegenden Verbrechen des deutschen Volkes in der Zeit des Nationalsozialismus keinesfalls relativiert werden dürfen, aber umgekehrt das DDR-Unrecht auch nicht bagatellisiert werden darf.

2. Die Treuhandanstalt: Idee, Arbeitsweise, Wirkungen und Erbe

Bei der Treuhand handelte es sich um eine in der Spätphase der DDR gegründete rechtsfähige bundesunmittelbare Anstalt des öffentlichen Rechts.[14] Ihre Aufgabe bestand in der Privatisierung und Verwertung des volkseigenen Vermögens nach den

---

8 Dazu *Romeike* (Fn. 7), S. 12 ff.
9 Näher *Romeike* (Fn. 7), S. 45 ff.
10 *Faulenbach*, in: Danyel (Hrsg.), Die geteilte Vergangenheit, 1995, S. 107.
11 Vgl. *Karstedt*, ZfRSoz 1 (1996), S. 58 (60 ff.); *Reichel*, Vergangenheitsbewältigung in Deutschland, 2001.
12 Dazu etwa *Fischer/Lorenz*, Lexikon der Vergangenheitsbewältigung in Deutschland, 2007, S. 275 ff.; *Steinbach*, in: Bundeszentrale für politische Bildung (Hrsg.), Dossier Geschichte und Erinnerung, 2008–2011, S. 9 (11).
13 *Romeike* (Fn. 7), S. 44.
14 Vgl. Art. 25 Abs. 1 S. 2 EinigVtr (BGBl. 1990 II S. 889, zuletzt geändert BGBl. 2017 I S. 1966) bzw. § 2 Abs. 1 S. 1 TreuhG (GBl. DDR 1990 I S. 300, zuletzt geändert BGBl. 2015 I S. 1474); zur Stellung der Treuhandanstalt im politischen System der Bundesrepublik *Czada*, APuZ 43–44/1994, S. 31 ff.; eingehend *Böick*, Die Treuhand, 2018; *Hoffmann* (Hrsg.), Transformation

Prinzipien der sozialen Marktwirtschaft.[15] Inwieweit die Behörde ihrem Auftrag in den knapp fünf Jahren des Bestehens gerecht geworden ist, wird höchst unterschiedlich bewertet. Während die einen von einer „Erfolgsgeschichte" sprechen,[16] zeichnen Kritiker die Rolle der Treuhand in weitaus dunkleren Farben. Die Rede ist hier vom „Totengräber der ostdeutschen Wirtschaft"[17] oder vom „negativen Gründungsmythos" der Berliner Republik[18]. Mit Blick auf die öffentliche Wahrnehmung erscheint jedenfalls unverkennbar, dass die in der friedlichen Revolution noch als Hoffnungsträger apostrophierte und auf eine ostdeutsche Idee zurückgehende Anstalt alsbald zum „Prügelknaben der Nation" wurde.[19] In kritischer Selbstreflexion hat auch die nach der Ermordung von Detlev K. Rohwedder als Präsidentin der Treuhand berufene CDU-Politikerin Birgit Breuel eingeräumt, dass schlichtweg nicht die Zeit bestanden habe, sich mit den Biographien der Menschen in Ostdeutschland hinreichend zu beschäftigen.[20]

In nüchterne Zahlen gekleidet, erwies sich die Privatisierungstätigkeit der Treuhand als Verlustgeschäft. Einnahmen von etwa 39,9 Mrd. Euro standen Ausgaben von 166,3 Mrd. Euro gegenüber.[21] Die ursprüngliche Schätzung des Industrievermögens der DDR auf etwa 600 Mrd. D-Mark erwies sich als grobe Fehleinschätzung.[22] Für Kritik sorgte zudem, dass nur etwa 5 % der privatisierten Unternehmen in das Eigentum von Personen ostdeutscher Herkunft übergingen, während rund 85 % durch westdeutsche Eigentümer und ca. 10 % durch Ausländer übernommen wurden.[23] Von rund 4,1 Mio. Arbeitsplätzen in den der Treuhandanstalt am 1.7.1990 unterstellten Unternehmen waren Ende 1994 nur noch 1,5 Mio. vorhanden.[24]

Angesichts dieser Bilanz überrascht es nicht, dass die Rolle der Treuhand im Rahmen einer 2019 veröffentlichten Umfrage der Forschungsgruppe Wahlen gerade in Ostdeutschland überaus kritisch bewertet wurde.[25] 77 % der Befragten antworteten dort auf die Frage, ob die Anstalt genug für den Erhalt möglichst vieler Arbeitsplätze getan

---

einer Volkswirtschaft, 2020; zum gesetzlichen Auftrag *Schmidt-Preuß*, Die Verwaltung 25 (1992), S. 327 ff.
15 § 2 Abs. 2 S. 2 TreuhG; s. auch Art 25 Abs. 1 S. 1 EinigVtr.
16 *B. Kahl*, in: Depenheuer/Paqué (Hrsg.), Einheit – Eigentum – Effizienz, 2012, S. 195.
17 Hinterfragend *Köpping*, Integriert doch erst mal uns!, 2018, S. 17 ff.
18 Hierzu *Böick*, Die Treuhand, 2018, S. 724.
19 *Gehler*, Deutschland, 2020, S. 345 ff.
20 FAS v. 21.7.2019, S. 20 (Interview mit I. Kloepfer).
21 Abschlussbericht der Bundesanstalt für vereinigungsbedingte Sonderlasten, 2003, S. 98 ff.
22 Näher *Grosser*, in: Andersen/Woyke (Hrsg.), Handwörterbuch des politischen Systems der Bundesrepublik Deutschland, 7. Aufl., 2013, Stichwort „Treuhandanstalt".
23 *Jürgs*, Der Spiegel 7/1997, S. 112 (117); *Hollenstein*, Das doppelt geteilte Land, 2012, S. 40.
24 *Grosser*, in: Andersen/Woyke (Fn. 22).
25 Abrufbar unter: https://www.zdf.de/dokumentation/zdfzeit/zdfzeit-treuhand-bildergalerie-100.html.

habe, mit „Nein". 71% bescheinigten ihr, die Arbeit alles in allem eher nicht gut gemacht zu haben. Bei einer reflektierten Würdigung dieses Befunds muss allerdings auch die Einzigartigkeit der komplexen Aufgabe berücksichtigt werden, die der Treuhand als „größter Holding der Welt"[26] übertragen wurde. Die „radikale Massenprivatisierung"[27] von über 10.000 Unternehmen binnen weniger als fünf Jahren ist ohne Beispiel in der Historie moderner Industriegesellschaften.[28]

Die Geschichte der Treuhandanstalt ist auch 30 Jahre nach der Wiedervereinigung keineswegs auserzählt. Eine vollständige Erschließung der Akten durch das Bundesarchiv wird erst im Jahr 2031 erwartet.[29] Fortwährende Aufgabe der Wissenschaft ist es, neben einer historischen Einordnung und Verortung auch mit Mythen und Legenden aufzuräumen.[30] Hierzu trägt aus politikwissenschaftlicher Perspektive die Abhandlung von *R. Czada* zu Idee, Arbeitsweise, Wirkungen und Erbe der Treuhandanstalt bei.

3. Debatten um die Regulierung des Schwangerschaftsabbruchs: kulturelle Differenzen oder westdeutsche Hegemonie?

Möchte man die im Zuge der Wiedervereinigung geführten Diskussionen um die Regulierung des Schwangerschaftsabbruchs beurteilen, gilt es, zunächst einen Blick auf die Entwicklung des Regelungsrahmens zu werfen:[31] In der DDR war der Schwangerschaftsabbruch nach Maßgabe von § 11 des Mutter- und Kinderschutzgesetzes[32] zwar ursprünglich nur bei medizinischer oder embryopathischer und ab 1965 (aufgrund einer verwaltungsinternen Rundverfügung) auch in Fällen einer ethischen und einer sozialer Indikation erlaubt.[33] Bereits im Jahr 1972 erfolgte aber mit dem Gesetz über die Unterbrechung der Schwangerschaft ein grundlegender Wandel hin zur Fristenlösung.[34] Damit verbunden war eine Legalisierung des Schwangerschaftsabbruchs, sofern dieser innerhalb der ersten zwölf Wochen erfolgte.

---

26 Statt vieler *Priewe*, Frankfurter Rundschau v. 14.11.1990, S. 27: „größte Staatsholding der Welt".
27 *Czada*, Jahrbuch für Europäische Verwaltungsgeschichte 7 (1995), S. 307.
28 *Hoffmann*, VfZ 66 (2018), S. 167; näher *Grosser*, in: Andersen/Woyke (Fn. 22), wonach die Treuhand von über 12.000 Unternehmen [zum 31.12.1994] 7.853 voll privatisiert oder vollständig kommunalisiert hatte.
29 BT-Drs. 19/12833, S. 4, Ziff. 14 (Antwort der Bundesregierung auf eine Kleine Anfrage).
30 Zum Inhalt eines seit 2017 am Institut für Zeitgeschichte laufenden Forschungsprogramms vgl. *Hoffmann*, VfZ 66 (2018), S. 167 (177 ff.); s. auch BMF-Monatsbericht, Juni 2020, S. 39 (42).
31 Instruktiv *Breuer*, in: Ipsen et al. (Hrsg.), Verfassungsrecht im Wandel, 1995, S. 25 (27 f.).
32 GBl. DDR 1950, S. 1037.
33 Näher *Schwartz*, in: Hoffmann/Schwartz (Hrsg.), Sozialstaatlichkeit in der DDR, 2005, S. 47 (75 f.).
34 GBl. DDR 1972 I, S. 89.

Etwa zeitgleich kam es auch in der Bundesrepublik zu einer intensiven öffentlichen Debatte.[35] Die Straffreiheit von Abtreibungen zählte zu den Kernforderungen der Frauenbewegung. Einen Höhepunkt bildete die Schlagzeile „Wir haben abgetrieben!" auf dem Titel der Zeitschrift „Stern" vom 6.6.1971.[36] Dort bekannten 374 Frauen öffentlich, ihre Schwangerschaft abgebrochen und damit gegen geltendes Recht verstoßen zu haben. Im politischen Diskurs standen sich insbesondere eine von der CDU/CSU propagierte engere Indikationenregelung und die von der sozial-liberalen Koalition befürwortete Fristenregelung gegenüber.[37] Der Bundestag entschied sich 1974 für die Fristenlösung.[38] Diese wurde jedoch kurz darauf vom BVerfG für verfassungswidrig erklärt. Zur Begründung verwies der Erste Senat auf die aus Art. 2 Abs. 2 S. 1 und Art. 1 Abs. 1 GG resultierende Pflicht des Gesetzgebers zum Schutz des werdenden Lebens.[39] Im Jahr 1976 wurde daraufhin eine Indikationenregelung erlassen. Danach war der Schwangerschaftsabbruch im Falle einer medizinischen, embryopathischen, kriminologischen oder sozialen Indikation legal.[40] Es ist bemerkenswert und kontrastiert mit vielen anderen Bereichen, dass die Regulierung des Schwangerschaftsabbruchs den Menschen in der DDR damit mehr Freiraum gewährte als das Recht der Bundesrepublik.[41]

Zu einem erneuten Reformanlauf kam es erst im Prozess der Wiedervereinigung. Der Einigungsvertrag forderte in Art. 31 Abs. 4 bis Ende 1992 eine gesamtdeutsche Regelung und sah bis dahin die Fortgeltung der überkommenen Lösungen vor. In einem Sonderausschuss des Bundestags zum „Schutz des ungeborenen Lebens" wurden daraufhin sieben Gesetzentwürfe beraten.[42] Darunter befand sich auch eine fraktionsübergreifende Initiative, die als sog. Gruppenantrag bekannt wurde.[43] Danach sollte der Straftatbestand ausgeschlossen sein, wenn der Eingriff innerhalb einer Zwölf-Wochen-Frist erfolgte, sofern vorher eine Beratung stattgefunden hatte und eine Bedenkzeit von drei Tagen gewahrt wurde (vgl. § 218a Abs. 1 StGB 1992:[44] „nicht rechtswidrig"). Vom BVerfG wurde diese Regelung jedoch wiederum für mit dem Grundgesetz unvereinbar erklärt. Das „ungeborene Leben" sei auch „gegenüber seiner Mutter" zu schützen. Diese

---

35 Zur Geschichte des ursprünglich durch Gesetz v. 31.5.1870 für den Norddeutschen Bund (BGBl. S. 195) in Kraft gesetzten § 218 StGB vgl. *von Behren*, ApuZ 20/2019, S. 12 ff.
36 Hierzu *Seibring*, ApuZ 20/2019, Editorial.
37 Nachzeichnung in BVerfGE 39, 1 (15).
38 Fünftes Gesetz zur Reform des Strafrechts v. 18.6.1974, BGBl. I S. 1297.
39 BVerfGE 39, 1 (36 ff., 42 ff.) – Schwangerschaftsabbruch I.
40 Fünfzehntes Strafrechtsänderungsgesetz v. 18.5.1976, BGBl. I S. 1213.
41 Ähnlich *Classen*, Goldammer's Archiv für Strafrecht 138 (1991), S. 209.
42 Nachzeichnung in BVerfGE 88, 203 (220 ff., 223).
43 BT-Drs. 12/2605 (neu).
44 Eingefügt durch Art. 13 des Schwangeren- und Familienhilfegesetzes v. 27.6.1992, BGBl. I S. 1398.

treffe die „grundsätzliche Rechtspflicht (…) das Kind auszutragen".[45] Eine Lösung brachte erst das am 1.10.1995 in Kraft getretene Schwangeren- und Familienhilfeänderungsgesetz.[46] Nach der dort getroffenen modifizierten Fristenregelung in § 218a StGB ist der Schwangerschaftsabbruch in den ersten zwölf Wochen ohne Indikation zwar rechtswidrig, nach Beratung aber straffrei.[47] Ungeachtet dessen steht die im Beitrag von *U. Lembke* adressierte Frage weiter im Raum, inwieweit die Behandlung des Schwangerschaftsabbruchs im Prozess der deutschen Einheit dazu angetan war, die Vorzüge einer Demokratie zu vermitteln oder sich nicht vielmehr als „Ankommen im westdeutschen Patriarchat" präsentierte.[48]

4. Parteien im vereinigten Deutschland

Auch für eine Untersuchung der politischen Parteien im vereinigten Deutschland ist ein Rückblick auf das Parteiensystem in den beiden deutschen Staaten der Nachkriegszeit unverzichtbar. In der alten Bundesrepublik Deutschland war der Aufbau des Parteiensystems sowohl von Konstanten aus der Weimarer Republik als auch von neuen Entwicklungen geprägt.[49] So knüpfte die SPD an ihre Tradition aus Weimar an, wenngleich sie sich mit dem Godesberger Programm von 1959 erheblich modernisierte.[50] Die KPD war zunächst wieder in den Parlamenten vertreten, schrumpfte aber im beginnenden Kalten Krieg zu einer *„quantité négligeable"* und wurde 1956 vom BVerfG verboten.[51] Dasselbe Schicksal ereilte die SRP, die das BVerfG als Nachfolgepartei der NSDAP sogar schon 1952 als verfassungsfeindlich eingestuft hatte.[52] Auf der Seite der bürgerlichen Parteien gab es hingegen einen grundlegenden Neubeginn. Die katholische Zentrumspartei wurde von CDU und CSU verdrängt.[53] Die Liberalen überwanden erstmals seit 1866 ihre Spaltung. Rechts- und Linksliberale bildeten mit der FDP eine kleine, aber für die meisten Regierungskoalitionen unverzichtbare Partei als Mehrheitsbeschafferin im Parlament.[54] Das über mehrere Jahrzehnte währende

---

45 BVerfGE 88, 203 (Ls. 3, 252), dort auch das wörtliche Zitat im Satz zuvor.
46 BGBl. 1995 I S. 1050.
47 Zur dogmatischen Einordnung von § 218a Abs. 1 StGB *Eser/Weißer*, in: Schönke/Schröder, StGB-Kommentar, 30. Aufl., 2019, § 218a Rn. 12 ff. m. w. N.
48 Hierzu bereits *Lembke*, Patriarchat lernen, in: Digitales Deutsches Frauenarchiv, 2020, abrufbar unter: https://www.digitales-deutsches-frauenarchiv.de/angebote/dossiers/30-jahre-geteilter-feminismus/patriarchat-lernen.
49 *von Alemann*, Die deutschen Parteien seit 1945, 2018, abrufbar unter: https://www.bpb.de/politik/grundfragen/parteien-in-deutschland/42047/parteiensystem-seit-1945. Vgl. auch *Schwarz*, Die Ära Adenauer – Gründerjahre der Republik 1949–1957, 1981.
50 Vgl. etwa *Nonn*, VfZ 50 (2002), S. 71 ff.; *Lompe*, APuZ 46/1979, S. 3 ff.
51 BVerfGE 5, 85 (334 f.).
52 BVerfGE 2, 1 (23 ff., 70).
53 *Recker*, Parlamentarismus in der Bundesrepublik Deutschland: Der Deutsche Bundestag 1949–1969, 2019, S. 20.
54 *von Alemann* (Fn. 49).

Drei-Fraktionen-System änderte sich erst, als mit der Bundestagswahl 1983 die Grünen in den Deutschen Bundestag einzogen.[55] Wiewohl als Protestpartei angetreten, konnten sie sich recht schnell etablieren.[56] Seit 1994 sind die Grünen ununterbrochen im Bundestag vertreten.

In der DDR waren Weimarer Kontinuitäten indes nicht ersichtlich. Bereits 1946 entstand infolge der (Zwangs-)Vereinigung von Kommunisten und Sozialdemokraten die SED.[57] Daneben existierten zwar noch mehrere bürgerliche Blockparteien, die aber keinen nennenswerten politischen Einfluss ausübten.[58] Bis zu ihrem Zusammenbruch 1989 beherrschte die SED das gesamte politische Leben in der DDR.[59] Dies bezog sich nicht nur auf die Politik in der Volkskammer, sondern auch auf die Gewerkschaften und die Jugend- und Massenorganisationen. Freie parlamentarische Wahlen waren in der DDR nicht gewährleistet.

Die deutsche Wiedervereinigung hat das Parteiensystem im Laufe der Zeit merklich verändert. Schon bei der ersten gesamtdeutschen Bundestagswahl zog eine weitere Partei in den Bundestag ein. Aus der SED bildete sich die PDS, die zunächst in Ost-, später auch in Westdeutschland zu Wahlen antrat.[60] Sie ist seit 1990 im Bundestag vertreten – zu Beginn mit Hochburgen in den neuen, aber mit nur geringer Resonanz in den alten Bundesländern.[61] Das änderte sich Anfang des neuen Jahrtausends, als die „Agenda 2010" in Kraft gesetzt wurde, die linke Teile der SPD auch in Westdeutschland gegen sich aufbrachte. 2004 formierte sich die WASG, die sich 2007 mit der PDS zur neuen Partei „Die Linke" vereinigte.[62] Die anderen Parteien der alten Bundesrepublik haben sich durch die Wiedervereinigung hingegen vergleichsweise wenig gewandelt. Vor allem gelang es ihnen nicht, einen ähnlichen Prozentsatz der ostdeutschen Bevölkerung als Mitglieder und Wähler an sich zu binden wie in den westdeutschen Ländern. Sieht man von der Partei „Die Linke" ab, ist die Parteibindung im Osten augenscheinlich schwächer ausgeprägt als im Westen.[63] Ein Beben erlebte das deutsche Parteiensystem allerdings 2017 mit dem erstmaligen Eintritt der AfD in den Bundestag.[64] Gegründet

---

55 *von Alemann/Erbentraut/Walther*, Das Parteiensystem der Bundesrepublik Deutschland, 5. Aufl., 2018, S. 52.
56 Eingehend *Probst*, in: Niedermayer (Hrsg.), Handbuch Parteienforschung, 2013, S. 509 (513 ff.).
57 Dazu etwa *Winkler*, Der lange Weg nach Westen, Bd. 2, 4. Aufl., 2002, S. 125 f.
58 Vgl. *Weber*, Die DDR 1945–1990, 5. Aufl., 2012, S. 35 f.
59 *von Alemann* (Fn. 49); *Jesse*, in: Niedermayer (Fn. 56), S. 711 (718).
60 Vgl. *Holzhauser*, Die „Nachfolgepartei", 2019, S. 31 ff.
61 Vgl. *Niedermayer*, in: Decker/Neu (Hrsg.), Handbuch der deutschen Parteien, 3. Aufl., 2018, S. 97 (110).
62 *Holzhauser* (Fn. 60), S. 381 ff.; *Niedermayer* (Fn. 61), S. 111 f.
63 *Mau*, Lütten Klein. Leben in der ostdeutschen Transformationsgesellschaft, 2019, S. 144, spricht gar von „Bonsai-Organisationen" im Osten.
64 *Jesse*, ZfP 65 (2018), S. 168 ff.; *Wagner*, ZParl 50 (2019), S. 114 ff.

als konservative, wirtschaftsliberale und euroskeptische Partei,[65] hat sich die AfD inzwischen zu einer rechtskonservativen, nationalistischen, ja partiell rechtsradikalen Protestpartei entwickelt.[66] Sie war vor allem in Ostdeutschland bei Landtagswahlen erfolgreich und ist in den 19. Deutschen Bundestag mit 12,6 % eingezogen. In seinem Beitrag bereitet *B. Höhne* die Entwicklung des Parteienspektrums in Ost- und Westdeutschland auf und wagt Prognosen dazu, ob das Modell der „politischen Partei" vor dem Hintergrund der wachsenden Parteienverdrossenheit und des Mitgliederschwunds in den etablierten Parteien[67] weiterhin als gesamtdeutscher Organisationszusammenhang tragfähig bleibt.

5. Die Folgen der Wiedervereinigung für den unitarisch-kooperativen Föderalismus

Die seit den 1960er-Jahren gezeichneten Föderalismusbilder reichen vom „unitarischen Bundesstaat" und dem „kooperativen Föderalismus" über den „Wettbewerbsföderalismus" bis hin zu Mischformen als Resultat der Föderalismusdebatten in den letzten dreißig Jahren.[68] Der Begriff des „unitarischen Bundesstaates" geht auf eine gleichnamige Schrift von Konrad Hesse aus dem Jahr 1962 zurück. Darin gelangte dieser zu der Feststellung, dass die föderale Kompetenzverteilung nicht zu den Unterschieden im Bundesstaat geführt habe, die von Verfassungs wegen eigentlich möglich gewesen seien.[69] Als Ursache hierfür wurde neben der Konzentration staatlicher Aufgaben beim Bund und der Bedeutung des Bundesrates im Verfassungsleben auch die Selbstkoordinierung von Bund und Ländern ausgemacht.[70] Nachfolgend entwickelte sich das Leitbild des „kooperativen Föderalismus" gleichsam als Begleiterscheinung zum unitarischen Bundesstaat.[71] Eine Bestätigung erfuhr es mit der Finanzreform des Jahres 1969, die das Grundgesetz um einen Abschnitt zu den Gemeinschaftsaufgaben ergänzte.[72]

---

65 Vgl. *Lewandowsky*, ZPol 25 (2015), S. 119 (120).
66 Vgl. *Heinze*, Strategien gegen Rechtspopulismus?, 2020, S. 42 f.
67 Dazu erhellend *Reichart-Dreyer*, ZParl 51 (2020), S. 212 (212 f.).
68 Instruktiver Überblick bei *Mehde*, dms 5 (2012), S. 443 ff.
69 Näher zum „Paradigma des unitarischen Bundesstaates" *Boysen*, Gleichheit im Bundesstaat, 2005, S. 61 ff.
70 *Hesse*, Der unitarische Bundesstaat, 1962, S. 14 ff.
71 *Kommission für die Finanzreform*, Gutachten über die Finanzreform in der Bundesrepublik Deutschland, 2. Aufl., 1966, S. 20 Tz. 76: „Der Föderalismus unserer Zeit kann (…) nur ein kooperativer Föderalismus sein"; *Scheuner*, DÖV 1966, S. 513 (518 f.); s. auch *Hesse*, in: FS für G. Müller, 1970, S. 141 ff.; zuletzt *Hestermeyer*, Eigenständigkeit und Homogenität in föderalen Systemen, 2019, S. 169 ff.
72 Finanzreformgesetz v. 12.5.1969, BGBl. I S. 359; instruktiv *Weichlein*, Föderalismus und Demokratie in der Bundesrepublik, 2019, S. 76 ff.; zum Begriff der „Politikverflechtung" als Kennzeichnung einer neuen Qualität des kooperativen Bundesstaates vgl. *Benz*, in: Willoweit (Hrsg.), Föderalismus in Deutschland, 2019, S. 359 (368 f.); grundlegend *Scharpf/Reissert/Schnabel*, Politikverflechtung, 1976.

Im Zuge der Wiedervereinigung kam es nach 1990 nicht nur zu einer territorialen Vergrößerung des deutschen Bundesstaates, sondern auch zur nachhaltigen Veränderung seiner Charakteristika. Hierfür ist das Bild des „asymmetrischen Föderalismus" geprägt worden.[73] Die ost- und westdeutschen Länder verfügten zwar verfassungs*rechtlich* über die gleichen Kompetenzen, unterschieden sich aber im Blick auf ihre wirtschaftliche und finanzielle Leistungsfähigkeit erheblich. Bund und Länder einigten sich daher im Rahmen des Solidarpakts darauf, den Aufbau Ost durch besondere Transferleistungen zu unterstützen.[74] Die Beteiligung an den Finanztransfers und der zunehmende Wettbewerbsdruck im europäischen Binnenmarkt stellten allerdings auch die „reichen" Länder vor Herausforderungen.[75] Vor diesem Hintergrund wurden die „Grenzen der Solidarität" betont[76] und ein neues Leitbild des „Wettbewerbsföderalismus" propagiert.[77]

Zu substantiellen Modifikationen in der Funktionsweise des Föderalismus kam es – sieht man von der 1994 verschärften Erforderlichkeitsklausel bei der konkurrierenden Gesetzgebung ab[78] – erst im Zuge der beiden Föderalismusreformen von 2006 und 2009.[79] Die Föderalismusreform I stand unter den Vorzeichen eines stärkeren Trennungsföderalismus und des Wandels vom kooperativen hin zu einem mehr kompetitiven System. Prägend hierfür waren u. a. der Abbau von Gemeinschaftsaufgaben und Mischfinanzierungen sowie die Reduzierung der Zahl zustimmungspflichtiger Gesetze. Bereits die Föderalismusreform II ließ aber eine Rückbesinnung auf die Vorzüge des kooperativen Föderalismus erkennen. Paradigmatisch hierfür stehen die Regelungen über das Zusammenwirken von Bund und Ländern bei informationstechnischen Systemen (Art. 91c GG) und Leistungsvergleichen (Art. 91d GG) sowie die Neufassung der Vorschrift über Finanzhilfen des Bundes für bedeutsame Investitionen der Länder (Art. 104b GG). Bisweilen wurde hierin „geradezu eine Rolle rückwärts zu kooperativem Föderalismus und Mischfinanzierung" erblickt,[80] die mit der Neuordnung der Bund-Länder Finanzbeziehungen im Jahr 2017[81] fortgeführt wurde.

F. Meinel zeichnet die Auswirkungen der Wiedervereinigung auf die föderale Leitbilddiskussion im Längsschnitt der Jahre 1990 bis 2020 nach und gelangt in kritischer

---

73 Näher zum Folgenden *Mehde*, dms 5 (2012), S. 443 (445).
74 Kompakt zum Solidarpakt I (1995–2004) und II (2005–2019) *Kropp*, Kooperativer Föderalismus und Politikverflechtung, 2010, S. 112.
75 *Mehde*, dms 5 (2012), S. 443 (446 f.).
76 Pointiert *Huber*, Wirtschaftsdienst 78 (1998), S. 71.
77 Zum Wettbewerbsföderalismus statt vieler *Bauer*, DÖV 2002, S. 837 ff.; *Mehde*, dms 5 (2012), S. 443 (446 f.).
78 BGBl. 1994 I S. 3146; *Rybak/Hofmann*, NVwZ 1995, S. 230 ff.
79 BGBl. 2006 I S. 2034 bzw. BGBl. 2009 I S. 2248; zu Entwicklungslinien und Kerninhalten *Mehde*, dms 5 (2012), S. 443 (447 ff.).
80 *Selmer*, NVwZ 2009, S. 1255 (1260 ff.).
81 BGBl. 2017 I S. 2347, 3122; anschaulich *Renzsch*, Wirtschaftsdienst 97 (2017), S. 876 ff.

Auseinandersetzung u. a. mit der Arbeit der Gemeinsamen Verfassungskommission zu dem Befund, dass die unitarische Prägung des bundesrepublikanischen Föderalismus im Kern erhalten geblieben sei.

6. Gemeinsame Kultur, getrennte Identitäten und demographischer Gleichklang in Ost und West?

Die „deutsche Kultur" hat seit dem Mittelalter zahlreiche stil-, politik- und epochenprägende Persönlichkeiten hervorgebracht.[82] Es bedarf keiner näheren Erläuterungen, dass diese historische Kultur sowohl in Ost- als auch in Westdeutschland tief verankert ist. Durch die Verbreitung der Massenmedien seit dem 20. Jahrhundert und insbesondere seit dem Siegeszug des Internets entwickelte sich allerdings auch eine Form der Populärkultur, die zu einer Differenzierung der Kulturlandschaft geführt hat. Daher stellt sich die Frage, ob diese populären Nischen- oder Szenekulturen in Ost und West im Kern ähnlich oder unterschiedlich waren und in welche Richtung sich der Angleichungsprozess in den vergangenen drei Jahrzehnten bewegt hat. Möglicherweise entfalten die verschiedenen kulturellen Prägungen auch Auswirkungen auf die Identitäts- und Identifikationsprozesse der Bevölkerungsgruppen in Ost und West. Im Blick auf das eigene Nationalbewusstsein zeigen jedenfalls die Ergebnisse des ARD Deutschlandtrends vom November 2019, dass sich vor allem die Westdeutschen zu 80 % als Gesamtdeutsche wahrnehmen.[83] Im Osten empfinden sich hingegen nur 59 % als gesamtdeutsch. Vor allem die Frauen in Ostdeutschland sehen sich fast zur Hälfte (43 %) weiterhin vorwiegend als ostdeutsch an. Bemerkenswert ist dabei, dass die Differenzen in der Eigenwahrnehmung in den verschiedenen Altersgruppen unabhängig vom Geschlecht nicht besonders eklatant sind.[84] Mit anderen Worten scheint es für die gegenwärtige Identitätsbildung der Deutschen (noch) nicht ausschlaggebend zu sein, ob man vor dem Kalten Krieg, während der Teilung oder nach dem Fall der Mauer in Ost oder West geboren und aufgewachsen ist.

Neben der Kultur in einem engeren Sinne dienen gewiss auch die unterschiedlichen gesellschaftspolitischen Erfahrungen in den beiden deutschen Staaten als Erklärungsmuster für diese fortdauernde Spaltung in der Identitätswahrnehmung der Deutschen. Anders als in der alten Bundesrepublik, die von Beginn an demokratisch, rechtsstaatlich und pluralistisch verfasst war, wurden Staat und Gesellschaft in der DDR gleichgesetzt. Der Staat und die Staatspartei SED nahmen für sich in Anspruch, alle Belange des öffentlichen Lebens zu regeln und eine homogene, ja uniformierte Gesellschaft der

---

82 *Gössmann*, Deutsche Kulturgeschichte im Grundriß, 1960 (Neuausgabe: 2006), S. 23 ff.
83 Zu diesen wie zu den folgenden Angaben vgl. ARD Deutschlandtrend vom November 2019 (infratest dimap), S. 18, abrufbar unter: https://www.tagesschau.de/inland/deutschlandtrend-1863.pdf.
84 Vorwiegend als ostdeutsch sehen sich 32 % der 18- bis 54-jährigen und 40 % der über 50-jährigen Ostdeutschen.

Werktätigen herzustellen.[85] Diese paternalistische Inanspruchnahme aller öffentlichen Belange hatte erhebliche Auswirkungen auf das Privatleben und die Eigeninitiative der Bürgerinnen und Bürger in der DDR. Was es in den Läden zu kaufen gab, wie lange man auf die Sanierung einer Straße oder die Zuteilung einer Wohnung wartete, welchen Urlaub man buchen und welchen Ausbildungsweg man beschreiten durfte – verantwortlich war hierfür stets der Staat. Überliefert ist der sozialistische Alltagsseufzer: „Man kann ja nichts machen".[86] Dieser Satz diente zum einen als Ventil gegen unhaltbare sozioökonomische und politische Zustände, zum anderen aber auch als Entlastung der eigenen Person.[87] Verantwortlich blieben die staatlichen Behörden. Vermutlich ist auch dies ein Grund dafür, weshalb der Wunsch nach einem allzuständigen, paternalistischen, vielleicht sogar autoritären Staat im Osten weiterhin ausgeprägter ist als im Westen. Hinzu kommt, dass der Weg zu allseits „blühenden Landschaften", die Bundeskanzler Helmut Kohl unmittelbar nach der Wende in Aussicht stellte, für die Menschen in Ostdeutschland erheblich steiniger war als ursprünglich vermutet.[88] Auch heute noch bleibt daher die Frage relevant, ob wir Deutschen in Ost und West lediglich „das" Volk oder doch auch „ein" Volk sind. Einer Klärung dieses Problems widmet sich die Abhandlung von *P. Fäßler*.

7. (Teil-)Weitererhebung des Solidaritätszuschlags – verfassungswidrig?

Der Solidaritätszuschlag wurde 1995 als Ergänzungsabgabe zur Einkommensteuer und zur Körperschaftssteuer (wieder) eingeführt und dient der Umsetzung des Föderalen Konsolidierungsprogramms im Rahmen der Wiedervereinigung.[89] Das Aufkommen in Höhe von (im Jahr 2019) knapp 20 Mrd. Euro fließt gemäß Art. 106 Abs. 1 Nr. 6 GG allein dem Bund zu. Zweck des sog. Soli ist es, einen aus der Wiedervereinigung resultierenden aufgabenbezogenen Mehrbedarf des Bundes zu finanzieren.[90] Ob ein solcher Mehrbedarf noch existiert, wird freilich, ebenso wie Verfassungsmäßigkeit des „Soli", kontrovers diskutiert.[91] Im Hintergrund der Debatte steht die Annahme, dass sich eine Ergänzungsabgabe im Rahmen des finanzverfassungsrechtlichen

---

85 *Mau* (Fn. 63), S. 63; *Grundmann*, Die Sozialstruktur der DDR, WZB Discussion Papers 1997, S. 9 ff.

86 *Locke*, Große Sehnsucht nach Vater Staat, FAZ.net v. 30. 9. 2020.

87 Ebd.

88 Instruktiv *Mau* (Fn. 63), S. 113 ff.

89 Solidaritätszuschlagsgesetz (SolzG) 1995, eingeführt durch Art. 31 des Gesetzes zur Umsetzung des Föderalen Konsolidierungsprogramms (FKPG) v. 23. 6. 1993, BGBl. I S. 994; heute i. d. F. der Bekanntmachung v. 15. 10. 2002, BGBl. I S. 4130; zuletzt geändert BGBl. 2020 I S. 2616; zur Entwicklung sowie zur erstmaligen Erhebung des Solidarzuschlags im Zeitraum von Juli 1991 bis Juni 1992 vgl. *Wernsmann*, ZG 2020, S. 181 f.

90 Deutlich BT-Drs. 12/4401 (Gesetzentwurf), S. 1 ff.; BGH, DStRE 2011, 1199 Rn. 17, 19, 24 f., 28, 43.

91 Überblick bei *Wissenschaftliche Dienste des Deutschen Bundestages*, WD 4–3000–099/19, m.w.N.

Gefüges fortdauernd rechtfertigen lassen muss.[92] Zwar sieht das Gesetz zur Rückführung des Solidaritätszuschlags vom 10.12.2019 ein Abschmelzen (durch Anhebung der Freigrenze) ab dem Jahr 2021 vor.[93] Insgesamt sollen rund 90% der bisherigen Steuerschuldner befreit werden. Für weitere 6,5% kommt es zu einer Reduzierung, während die einkommensstärksten 3,5% der Steuerzahler keine Entlastung erfahren.[94] Im juristischen Schrifttum wurden aber auch gegenüber einer solchen teilweisen Weitererhebung erhebliche Bedenken geäußert. Die Kritik stützt sich vor allem auf das Auslaufen des Solidarpakts II zum 31.12.2019. Mit der hiermit verbundenen Rückkehr zur „finanzverfassungsrechtlichen Normallage"[95] sei die Legitimation des Solidaritätszuschlags entfallen.[96] Das gelte nicht nur im Blick auf die Belastung geringer oder mittlerer Einkommen, sondern auch für die Bezieher höherer Einkommen. Deren fortbestehende Belastung stelle eine nicht zu rechtfertigende Ungleichbehandlung dar.[97]

Die praktische Relevanz der Debatte wird durch Verfahren unterstrichen, die aktuell beim BVerfG anhängig sind.[98] Zugleich fragt sich, welche Bedeutung bei alledem dem Umstand zukommt, dass mit Blick auf die Wirtschaftskraft, die Lohnentwicklung und die Arbeitslosenquote immer noch ganz erhebliche Unterschiede zwischen den west- und ostdeutschen Ländern bestehen.[99] Im Zeichen der andauernden Corona-Krise erscheint zudem klärungsbedürftig, inwiefern bei einem anderweitigen neuen Finanzbedarf die Möglichkeit einer Umwidmung des Solidaritätszuschlags besteht. Entsprechende Vorschläge für einen „Corona-Soli" werden nicht nur in der Wissenschaft diskutiert,[100] sondern haben bereits den politischen Raum erreicht.[101]

In seinem Beitrag zeichnet *R. Wernsmann* die Regelungsgeschichte des Solidaritätszuschlags nach, bevor dessen Weitererhebung nach Auslaufen des Solidarpakts II einer

---

92 *Kube*, DStR 2017, S. 1792 (1800).
93 Gesetz zur Rückführung des Solidaritätszuschlags v. 10.12.2019, BGBl. I S. 2115.
94 *Tappe*, NVwZ 2020, S. 517 (518).
95 *Kube*, DStR 2017, S. 1792 (1793, 1799, 1801).
96 *Papier*, in: FS für M. Lehner, 2019, S. 511 (514 ff.); a. A. *Tappe*, NVwZ 2020, S. 517 ff.
97 *Papier*, in: FS für M. Lehner, 2019, S. 511 (515); kritisch auch *Kube*, DStR 2017, S. 1792 (1801); *Wernsmann*, ZG 2020, S. 181 (188 f.); a. A. *Tappe*, NVwZ 2020, S. 517 (519 ff.).
98 Siehe BVerfG, 2 BvL 6/14 (konkrete Normenkontrolle betr. die Verfassungswidrigkeit des SolzG 1995 im Veranlagungszeitraum 2007) sowie 2 BvR 1505/20 (abstrakte Normenkontrolle betr. die Fortführung des SolzG 1995 durch das Gesetz zur Rückführung des Solidaritätszuschlags).
99 Jahresbericht der Bundesregierung zum Stand der Deutschen Einheit 2020, Stand: 8/2020, S. 113 f., 148, 156.
100 Vgl. etwa die entsprechende Forderung des Politikwissenschaftlers C. Butterwegge im Interview mit ZDFheute v. 5.6.2020 (abrufbar unter: https://www.zdf.de/nachrichten/wirtschaft/coronavirus-konjunkturpaket-interview-armutsforscher-butterwegge-100.html).
101 Zu einem entsprechenden Vorstoß der SPD-Ministerpräsidenten Greive u. a., Handelsblatt Online v. 23.11.2020.

verfassungsrechtlichen Analyse unterzogen wird. Die Begrenzung auf bestimmte Steuerschuldner erweist sich danach als durchaus intrikat, könnte hierin doch ein Formenmissbrauch in Gestalt einer faktischen Erhöhung des Steuertarifs bei der Einkommen- und Körperschaftssteuer unter Umgehung von Art. 105 Abs. 3 GG (i. V. m. Art. 106 Abs. 3 GG) liegen.[102]

8. Warschauer Vertrag und deutsch-polnischer Nachbarschaftsvertrag: Dennoch offene Vermögensfragen zwischen Deutschland und Polen?

Vermögensfragen sind in den deutsch-polnischen Beziehungen auch nach drei Jahrzehnten wiedergewonnener deutscher Souveränität weiter Gegenstand heftiger Diskussionen.[103] Eine einvernehmliche Beilegung dieses Streits erfordert sowohl die Kenntnis historischer Fakten als auch ihre nüchterne völkerrechtliche Bewertung.[104] Am 1. 9. 1939 überfiel das nationalsozialistische Deutschland Polen und löste damit den Zweiten Weltkrieg aus, der seinen Abschluss in der bedingungslosen Kapitulation der deutschen Wehrmacht am 7./8. 5. 1945 fand. Der deutsche Vormarsch 1939 führte zur Besetzung Polens, zur Verschleppung und Ermordung jüdischer Einwohner, zur systematischen Verfolgung und Vernichtung der polnischen Eliten und zu Vertreibungen der polnischen Zivilbevölkerung aus mehreren Siedlungsgebieten. Im Gegenzug kam es ab Herbst 1944 im Zusammenhang mit dem Vorrücken der Roten Armee zur Flucht der deutschen Zivilbevölkerung. Später setzten „wilde" Vertreibungen durch polnische Militäreinheiten ein. Mit dem Potsdamer Abkommen vom 2. 8. 1945[105] begann die Phase sog. regulierter Vertreibungen deutscher Staatsangehöriger aus den polnischen Gebieten, die von schweren Gewalttaten und einer systematischen Konfiskationspolitik begleitet waren.

Für die rechtliche Beurteilung der offenen Vermögensfragen ist zunächst das Potsdamer Abkommen bedeutsam. In ihm legten die Siegermächte fest, dass polnische Reparationsansprüche aus dem Anteil der Sowjetunion zu befriedigen seien.[106] Die östlich von Oder und Neiße gelegenen deutschen Gebiete seien unter polnische Verwaltung zu stellen,[107] und der Bevölkerungstransfer der deutschen Bevölkerung aus diesen Gebieten müsse in „ordnungsgemäßer und humaner Weise" erfolgen.[108] Der zwischen Polen und der DDR in Görlitz am 6. 7. 1950 abgeschlossene Vertrag bezeichnete die

---

102 In diese Richtung bereits *Wernsmann*, NJW 2018, S. 916 (918); *ders.*, ZG 2020, S. 181 (188 f.).
103 Vgl. *Müller*, Wird Deutschlands Schuld immer größer?, FAZ v. 2. 10. 2019, S. 10; *Kranz*, ZaöRV 80 (2020), S. 325 (325 f.).
104 Zu den folgenden historischen Fakten vgl. *Irmscher*, WeltTrends Papiere 3 (2007), S. 5 (5 f.).
105 Mitteilung über die Dreimächtekonferenz von Berlin (Protokoll über die Potsdamer Konferenz) v. 2. 8. 1945, ABl. des Kontrollrats in Deutschland, Ergänzungsblatt Nr. 1, S. 13 ff.
106 Art. IV.2 des Protokolls (Fn. 105).
107 Art. IX.b des Protokolls (Fn. 105).
108 Art. XIII des Protokolls (Fn. 105).

Oder-Neiße-Linie erstmals ausdrücklich als Staatsgrenze zwischen Deutschland und Polen.[109] Die von Deutschland wegen der Kriegsschäden zu leistenden Reparationen erfolgten nach Kriegsende im Wesentlichen in der Form von Demontagen. 1953 wurde das Londoner Schuldenabkommen geschlossen, das zwischen der Bundesrepublik Deutschland und den westlichen Reparationsgläubigern ein Moratorium für Reparationszahlungen festschrieb.[110] Politisch reagierten hierauf die Sowjetunion und Polen, in dem sie am 22./23. 8. 1953 ihre Reparationsansprüche ebenfalls zurückstellten.[111] Ein weiterer Schritt der Entspannung wurde mit dem Warschauer Vertrag zwischen der Bundesrepublik Deutschland und Polen von 1970 erreicht.[112] Er erkannte in Art. I die polnische Westgrenze bis zum Abschluss eines Friedensvertrags vorläufig an, bezog aber zu Vermögensfragen keine Stellung. Der Fall der Berliner Mauer mündete schließlich in den Zwei-plus-Vier-Vertrag über die abschließende Regelung in Bezug auf Deutschland vom 12. 9. 1990[113] sowie in den deutsch-polnischen Grenzbestätigungsvertrag vom 14.11. desselben Jahres[114] und den deutsch-polnischen Nachbarschaftsvertrag von 1991.[115]

Ungeachtet dieser völkerrechtlichen Abkommen ist der Streit um Vermögensfragen bis heute nicht endgültig beigelegt. So betreffen die Forderungen von polnischer Seite zum einen Kriegsreparationen für die Zerstörung polnischer Städte und die Vertreibungen der Zivilbevölkerung. Zum anderen beziehen sich die polnischen Forderungen auf individuelle Wiedergutmachungsansprüche für nationalsozialistische Verfolgungsmaßnahmen und Massenverbrechen.[116] Aus Sicht der deutschen Vertriebenen sind vor allem solche Vermögensfragen nicht abschließend geklärt, die sich auf die Wiedergutmachung der entschädigungslosen Enteignungen und für Schäden an Leib und Leben im Vertreibungszusammenhang erstrecken.[117]

---

109 Abgedruckt in: *von Münch* (Hrsg.), Ostverträge II. Deutsch-polnische Verträge, 1971, S. 115–118.

110 Abkommen über deutsche Auslandsschulden v. 27. 2. 1953, BGBl. 1953 II S. 333.

111 Beide Erklärungen sind wiedergegeben in: BVerfGE 40, 141 (169 f.).

112 Vertrag zwischen der Bundesrepublik Deutschland und der Volksrepublik Polen über die Grundlagen der Normalisierung ihrer gegenseitigen Beziehungen v. 7. 12. 1970, BGBl. 1972 II S. 362. Dazu BVerfGE 40, 141 (147–149, 167 f.) sowie z. B. *Frowein*, JbIntR 1975, S. 11 (25); *Arndt*, Die Verträge von Moskau und Warschau, 2. Aufl., 1982, S. 185 ff.

113 BGBl. 1990 II S. 1318. Dazu *Blumenwitz*, NJW 1990, S. 3041 ff.; *Rauschning*, DVBl. 1990, S. 1275 ff.; *Gornig*, ROW 1991, S. 97 ff.

114 BGBl. 1991 II S. 1329. Dazu *Klein*, in: Unverricht/Keil (Hrsg.), De Ecclesia Silesiae, 1997, S. 117 (120–122).

115 Vertrag zwischen der Bundesrepublik Deutschland und der Republik Polen über gute Nachbarschaft und freundschaftliche Zusammenarbeit v. 17. 6. 1991, BGBl. 1991 II S. 1315.

116 Dazu *Irmscher*, WeltTrends Papiere 3 (2007), S. 5 (20).

117 Dazu etwa *Kimminich*, Die Menschenrechte in der Friedensregelung nach dem Zweiten Weltkrieg, 1990, S. 102 ff.; *Klein*, Diplomatischer Schutz im Hinblick auf Konfiskationen deutschen Vermögens durch Polen, 1992, S. 47 ff.

Jeder einzelne Aspekt wirft eine Reihe von komplexen und komplizierten völkerrechtlichen Fragen auf. Eindeutig dürfte lediglich sein, dass die deutschen Kriegsreparationen dem polnischen Reparationsverzicht von 1953 unterfallen. Immerhin bestätigten die polnischen Erklärungen bei den Verhandlungen zum Warschauer Vertrag, dass sich der Verzicht auf Deutschland als Ganzes und nicht allein auf die DDR bezog.[118] Auch nach 1989 hat Polen die Gültigkeit des Verzichts wiederholt offiziell bestätigt.[119] Welche Rechtsfolgen ergeben sich daraus aber für individuelle Wiedergutmachungsansprüche aufgrund des erlittenen NS-Unrechts? Sind die Geldzahlungen, die die Bundesrepublik Deutschland aufgrund von Globalentschädigungsabkommen[120] und in der Form von Stiftungen[121] *ex gratia* geleistet hat, insoweit in Rechnung zu stellen? Umgekehrt ist fraglich, ob die deutschen Entschädigungsforderungen wegen der gewaltsamen Vertreibungen und der polnischen Konfiskationsdekrete berechtigt sind und ggf. in Aufrechnung gebracht werden können.[122] Oder hat die Bundesrepublik Deutschland durch die Warschauer Erklärung des Bundeskanzlers Gerhard Schröder von 2004[123] auf jegliche Wiedergutmachungsansprüche völkerrechtlich wirksam verzichtet?[124] In seiner Abhandlung geht *O. Dörr* diesen und weiteren Problemen auf den Grund.

III. Ausblick

Bei einer Gesamtschau zeigen die nachfolgend dokumentierten Beiträge zur Würzburger Ringvorlesung aus unterschiedlichen disziplinären Perspektiven die Ambivalenz zwischen innerdeutschen Angleichungsprozessen einerseits und fortbestehenden Divergenzen andererseits auf. Als Paradoxon kann daher mit dem Bundespräsidenten Frank-Walter Steinmeier festgehalten werden, dass „[w]ir (…) noch längst nicht so weit [sind], wie wir sein sollten. Aber zugleich sind wir viel weiter, als wir denken."[125]

---

118 Vgl. *Rumpf*, ZaöRV 33 (1973), S. 344 (351).
119 Vgl. die Nachweise bei *Kranz*, ZaöRV 80 (2020), S. 325 (363) mit Fn. 129.
120 Dazu *Blumenwitz*, JOR 13 (1972), S. 179 (198).
121 Zu nennen sind insbesondere die Stiftung „Deutsch-Polnische Aussöhnung" von 1991 und die Stiftung „Erinnerung, Verantwortung und Zukunft" von 2000.
122 Dazu *Kimminich*, JZ 1971, S. 485 (486 ff.); *Blumenwitz*, Das Offenhalten der Vermögensfrage in den deutsch-polnischen Beziehungen, 1992, S. 47 f.
123 Bulletin der Bundesregierung Nr. 73 – 1 v. 1. 8. 2004, S. 2.
124 Zustimmend *Barcz/Frowein*, ZaöRV 65 (2005), S. 625 (626, 641); skeptisch *Klein*, Gutachten zur Rechtslage des im heutigen Polen entzogenen Privateigentums Deutscher, 2005, S. 109 ff.
125 Rede von F.-W. Steinmeier beim Festakt zum Tag der Deutschen Einheit 2020 am 3. 10. 2020 in Potsdam; abrufbar unter: https://www.bundespraesident.de/SharedDocs/Reden/DE/Frank-Walter-Steinmeier/Reden/2020/10/201003-TdDE-Potsdam.html.

„*Transitional Justice*" nach 1945 und nach 1990: Gemeinsamkeiten, Unterschiede, Wirkungen

Von *Christoph Safferling*, Erlangen-Nürnberg

„*Transitional Justice*" ist ein schwieriger Begriff. Er ist auch kaum ins Deutsche zu übersetzen. Unter „Übergangsgerechtigkeit" kann man sich eigentlich kaum etwas vorstellen. Gemeint ist das Hinübergeleiten einer Gesellschaft, die durch Kriege, Bürgerkriege, autokratische und repressive Systeme gebeutelt ist, in eine Gesellschaft, die demokratischen und rechtsstaatlichen Anforderungen genügt. Gesellschaftliche Transitionsprozesse gibt es natürlich viele. Auch unter umgekehrten Vorzeichen. Erinnert sei hier nur an die sog. Machtergreifung, als 1933 die (mehr oder weniger) demokratische Weimarer Gesellschaft innerhalb weniger Monate in einen Führerstaat umgewandelt worden ist. Gemeint mit dem Begriff „*Transitional Justice*" ist aber der Gang weg von Repression und Gewalt hin zu liberalen und friedvollen Gefügen, das Etablieren rechtsstaatlicher und pluralistischer Strukturen, die den Menschenrechten verpflichtet sind. Einen solchen Übergang hat Deutschland im 20. Jahrhundert zweimal erlebt: Einmal nach 1945, als nach dem Ende der NS-Diktatur und des verbrecherischen Zweiten Weltkriegs zunächst eine längere Besatzungszeit folgte und schließlich 1949 in den drei westlichen Besatzungszonen die Bundesrepublik Deutschland gegründet wurde. Die sowjetisch besetzte Zone, auf deren Gebiet die spätere DDR gegründet wurde, bleibt unter dem Aspekt der „Übergangsgerechtigkeit" in diesem Beitrag zunächst unberücksichtigt. Der zweite Moment war der Fall der innerdeutschen Mauer am 9.11.1989, auf den ein Jahr später die deutsche Einheit folgte. Hier wurden nun die sog. neuen Bundesländer von dem diktatorischen SED-Regime hinübergeleitet in das System der westlichen Demokratie der Bundesrepublik Deutschland.

Diese beiden historischen Ereignisse unter dem Stichwort „*Transitional Justice*" zu diskutieren, soll hier versucht werden. Dabei ist zunächst zu überlegen, was unter dem Begriff „*Transitional Justice*" eigentlich genau zu verstehen ist (I.). Sodann ist zuerst die Situation nach 1945 (II.) und dann nach 1989 (III.) zu behandeln. In einer Gegenüberstellung wird schließlich nach Unterschieden und Gemeinsamkeiten gesucht (IV.). Abschließend sei nach den Wirkungen dieser beiden Erlebnisfelder und Aufarbeitungsversuche gefragt (V.).

Christoph Safferling

I. Was ist „Transitional Justice"?

1. Definitionsversuche

Die Definition des New Yorker Think Tank und weltweit führenden Institution zu *„Transitional Justice"*, dem *International Center for Transitional Justice* (ICTJ), lautet:

> „Transitional Justice refers to the ways countries imagine from periods of conflict and repression address large-scale or systematic human rights violations so numerous and so serious that the normal justice system will not be able to provide in adequate response."[1]

Der Fokus liegt auf dem Gerichtssystem (*„justice system"*), das vor allem von der Masse und der Schwere der Menschenrechtsverletzungen überfordert ist. Die Menschenrechtsverletzungen, die nach dieser Definition (offensichtlich mit juristischen Mitteln) beantwortet werden müssen bilden den Bezugspunkt. Nach dieser Definition können wir feststellen, dass in dem Transitionsprozess hin zu einer demokratischen und gewaltfreien Gesellschaft offenbar das Gerichtssystem, das *„justice system"*, eine besondere Rolle spielt und ihm dabei vor allem die Aufgabe zufällt, vorherige Menschenrechtsverletzungen auf eine bislang unbestimmte Art und Weise zu sühnen.[2]

2. Historische Einordnung

In der Diskussion in (West-)Deutschland wurde für den Umgang mit den nationalsozialistischen Verbrechen oft der Begriff „Aufarbeitung der Vergangenheit"[3] oder auch „Vergangenheitsbewältigung" gebraucht.[4] Prominent ist auch der Terminus „Vergangenheitspolitik" von Norbert Frei, der vor allem den Aspekt der politischen Gestaltung der Vergangenheit in den Blick nimmt.[5] Der Begriff *„Transitional Justice"* ist zuerst von Neil Kritz im Jahr 1995 beschrieben worden vor dem Hintergrund der Frage, wie neue Demokratien mit den Vorgängerregimen umgehen.[6] Historischer Anknüpfungspunkt war der Zusammenbruch des Kommunismus. Der soziologische Ansatz, der hier verfolgt wird, ist ein beschreibender und vergleichender.

---

1 *ICTJ* „What is transitional justice?": https://www.ictj.org/about/transitional-justice (Abruf am 30.1.2021); vgl. auch *Werle/Vormbaum*, Transitional Justice, 2019, S. 4 ff.
2 *Bonacker/Oettler/Safferling*, in: Bonacker/Safferling (Hrsg.), Victims of International Crimes: An Interdisciplinary Discourse, 2012, S. 286 ff.
3 Vgl. kritisch zum Begriff: *Adorno*, in: Adorno (Hrsg.), Erziehung zur Mündigkeit, 1971.
4 *Reichel*, Vergangenheitsbewältigung in Deutschland. Die Auseinandersetzung mit der NS-Diktatur von 1945 bis heute, 2001.
5 *Frei*, Vergangenheitspolitik. Die Anfänge der Bundesrepublik und die NS-Vergangenheit, 1996.
6 Umfangreicher dreiteiliger Sammelband: *Kritz* (Hrsg.), Transitional Justice: How emerging democracies reckon with former regimes, 1995 Vol. I: General Considerations; Vol. II: Country Studies; Vol. III: Laws, Rulings, and Reports.

Das Konzept der „*Transitional Justice*" wurde von Ruti Teitel in ihrem gleichnamigen Werk im Jahr 2000 weiterentwickelt.[7] Beim Umgang demokratischer Systeme mit ihren Vorgängerregimen macht Ruti Teitel, die sich vor allem auf die juristischen Reaktionsmechanismen konzentriert, drei Phasen aus:[8] Ihre erste Phase bezieht Teitel auf die Nachkriegszeit nach 1945 beginnend in Deutschland mit dem Nürnberger Prozess und Japan mit dem Tokioter Prozess. Ihre zweite Phase bezeichnet sie als „*post cold war-period*" und bezieht sich vor allem auf Stellvertreterkriege und gesellschaftliche Konflikte in Afrika und Zentralamerika seit den 1960er Jahren. Nicht zuletzt die Aufarbeitung der Militärdiktaturen in lateinamerikanischen Staaten steht dabei im Vordergrund. In der dritten Phase, der „*steady-state transitional justice*" befinden wir uns im Grunde jetzt noch, wenn es vor allem um die zeitgenössische Instabilität durch Globalisierung geht, die zu Konflikten und Übergängen führt, vor dem Hintergrund eines im Statut des Internationalen Strafgerichtshofs etablierten normativen Orientierungspunktes.

Wir können in diesen drei Phasen aber noch etwas Anderes ausmachen. Während die erste Phase von den Besatzungsmächten begonnen wurde und sich der betroffene Staat, in diesem Fall die Bundesrepublik Deutschland, erst spät mit der Vergangenheitsbewältigung proaktiv auseinandersetzte, waren vor allem in der zweiten Phase zivilgesellschaftliche Akteure tätig, die eine Aufarbeitung der früheren Verbrechen forderten. In der zeitgenössischen dritten Phase sehen wir „*Transitional Justice*" als Konzept, das von außen an betroffene Gesellschaften herangetragen wird. Nicht nur seitens verschiedener Nichtregierungsorganisationen, sondern auch von der Vereinten Nationen werden Konzepte vorgetragen, die betroffenen Gesellschaften helfen sollen, ihre früheren Schwierigkeiten zu überwinden.[9] Zu Recht wird kritisiert, dass diese Einteilungen von einer „*Transitional Justice*"-Forschung vorgenommen wird, die sich in den späten 1990er Jahren entwickelt hat und nun die historische Genese anhand (teils unterschiedlicher) Definitionen zu begründen versucht.[10]

3. Maßnahmenkatalog

Bei „*Transitional Justice*" kann man mittlerweile eine ganze Reihe verschiedener Maßnahmen unterscheiden. Eine sog. „*TJ-Toolbox*" hat sich entwickelt, wonach verschiedene Erfordernisse eingehalten werden müssen, damit der Übergang auch tat-

---

7 *Teitel*, Transitional Justice, 2000.
8 Es gibt andere Einteilungen, die sich weniger stark auf das völkerstrafrechtliche Normsystem beziehen und eher „historische Wellen" beschreiben, vgl. *Barahona De Brito/González Enríquez/ Aguilar* (Hrsg.), The Politics of Memory. Transitional Justice in Democratizing Societies, 2001.
9 UN ECOSOC, E/1997/86 v. 27.6.1997: erste Nennung von Transitional Justice. Programmatisch ausgearbeitet der Bericht des SC an den Generalsekretär: „The Rule of Law and Transitional Justice in Conflict and Post-Conflict Societies", S/2004/616 v. 23.8.2004.
10 *Krüger*, Transitional Justice, Version: 1.0: Docupedia-Zeitgeschichte, 25.1.2013: http:// docupedia.de/zg/krueger_transitional_justice_v1_de_2013 (Abruf am 30.1.2021).

sächlich gelingt. Dazu gehört maßgeblich:[11] Das Aufdecken der Wahrheit über Verbrechen, die Identifizierung und Bestrafung der Verantwortlichen, die sog. Lustration, d. h. die Überprüfung der Beamtinnen und Beamten hinsichtlich ihrer früheren Loyalitäten, Änderung und Anpassung der bestehenden Gesetze, Prävention zukünftiger Straftaten, die Wiederherstellung der Würde der Opfer, die Rehabilitierung und Kompensation für die Opfer, Ermutigung zur Aussöhnung und friedlichen Koexistenz. Es finden sich nicht nur rechtliche Maßnahmen in der Toolbox, sondern auch weit darüberhinausgehende soziale und psychologische Aspekte, deren Erfolg oder Misserfolg nur schwer zu messen ist.

4. Kritik

Nachdem sich über einige Jahre diese Toolbox entwickelt hat, ist zuletzt auch wieder Kritik laut geworden. Das Konzept der „*Transitional Justice*" hat sich vor allem im sog. arabischen Frühling nicht als hilfreich erwiesen. Die Empirie belegt die Wirkung der Maßnahmen nicht. Die Maßnahmen sind auch zu pauschal. Mit einer vorgefertigten Toolbox auf jeweils sehr individuelle und von den gesellschaftlichen Vorbedingungen her sehr unterschiedliche Situationen zu reagieren, ist nicht zielführend. Kritisiert wird auch, dass die Rolle des Strafrechts überbewertet wird. Gleichwohl wird häufig auf das Strafrecht das Reaktionsmuster zurückgegriffen, weil, anders als etwa Wahrheitskommissionen, die strafrechtlichen Zwangsmittel bei der Suche nach der Wahrheit hilfreich und auch die Sanktionsmittel bei der Herstellung von Rechtsfrieden dienlich sein können. Die Nachhaltigkeit dieser Mittel ist indes fraglich. Möglicherweise erweisen Amnestien der Versöhnung einen größeren Dienst? Schließlich wird kritisiert, dass sich mittlerweile eine regelrechte „TJ-Industrie" entwickelt habe, die sich mit Empfehlungen überbieten, unter einem starken Konkurrenzdruck hinsichtlich der Finanzierung stehen und deshalb auch kaum Zeit für situationsbezogene Reaktionsmöglichkeiten haben. Zuletzt möchte ich auch die Frage aufwerfen, ob der gesamte Anspruch Gesellschaften möglicherweise überfordert. Insbesondere auch hinsichtlich des Zeitpunkts verlangt die „TJ-Industrie" ein sofortiges umfassendes Reagieren, ohne dass die Gesellschaft, die von den Verbrechen betroffen und zugleich mit dem Aufbau neuer Strukturen beschäftigt ist, Luft zum Durchatmen erhält. Möglicherweise ist sogar der gesamte normative Anspruch dahingehend, dass immer eine derartig aufwändige Beschäftigung mit der Vergangenheit betrieben werden muss, falsch. Die betroffenen Gesellschaften sollten jedenfalls selbst entscheiden, welche Maßnahmen und ob überhaupt zum bestehenden Zeitpunkt Maßnahmen ergriffen werden sollten.

---

11 Vgl. *Buckley-Zistel*, Transitional Justice als Weg zu Frieden und Sicherheit. Möglichkeiten und Grenzen, SFB-Governance Working Paper Series Nr. 15, 2008.

II. Die Maßnahmen nach 1945

1. Strafrechtliche Maßnahmen

Bereits in der Moskauer Deklaration von 1943 hatten sich die Alliierten darauf verständigt, am Ende des Krieges nicht zur Tagesordnung überzugehen, sondern strafrechtliche Verfahren wegen des verbrecherischen Krieges durchzuführen. Den Auftakt hierzu gab der sog. Nürnberger Hauptkriegsverbrecherprozess, der am 20. 11. 1945 in Nürnberg begann.[12] 22 nationalsozialistische Hauptkriegsverbrecher, allen voran Hermann Göring, mussten sich vor einem internationalen Gericht wegen des Führens eines Angriffskrieges, Kriegsverbrechen und Verbrechen gegen die Menschlichkeit verantworten. In zwölf weiteren Prozessen, den sog. Nürnberger Nachfolgeprozessen, wurde, ausschließlich unter US-amerikanischer Verantwortung, gegen insgesamt 157 Angeklagte, meist Angehörige deutscher Führungseliten, verhandelt. Aber auch in anderen Besatzungszonen wurden Prozesse gegen mehrere tausend NS-Verbrecher durch alliierte Besatzungsgerichte durchgeführt. Im Landshuter Kriegsverbrechergefängnis saßen die meisten der Verurteilten ein, wurden allerdings im Zuge der weiteren Entspannung bis 1957 nahezu alle wieder entlassen. Parallel zu diesen Besatzungsgerichten waren auch deutsche Gerichte, die ab Herbst 1945 wieder ihre Tore öffneten,[13] tätig, vor allem in den Fällen, in denen kein Kriegsbezug vorlag und die Opfer Deutsche waren.

Nach der Gründung der Bundesrepublik Deutschland wurden die strafrechtlichen Maßnahmen aber fast gänzlich eingestellt.[14] Adenauers Politik war nach vorne gerichtet und wollte die Verbrechen der Vergangenheit in den Hintergrund drängen.[15] Erst 1958 im sog. Ulmer-Einsatzgruppen-Prozess kam zu Tage, dass das NS-Kriegsverbrecherproblem in Westdeutschland noch nicht beseitigt war. Mit der Gründung der Zentralen Stelle in Ludwigsburg im Jahr 1958 versuchten die Landesjustizverwaltungen, Ermittlungen gezielter vorantreiben zu können.[16] Eine der tragenden Figuren der darauffolgenden wiedereinsetzenden Strafverfolgung war der hessische Generalstaatsanwalt Fritz Bauer, insbesondere durch die Organisation des sog. Ersten Auschwitzprozesses im Jahr 1963–65.[17]

Diese strafrechtliche Aufarbeitung wurde aber stets hart kritisiert. Amnestieforderungen, wie sie insbesondere seitens der FDP oder auch durch den „Heidelberger Juristenkreis" forciert wurden, hatten auch im Bundestag viele Anhänger.[18] Bereits 1949 war

---

12 Dazu *Safferling*, JZ 2015, S. 1061 ff.
13 *Raim*, Justiz zwischen Diktatur und Demokratie, 2013.
14 Zum folgenden auch: *Eichmüller*, Keine Generalamnestie, 2012.
15 *Frei* (Fn. 5).
16 *Weinke*, Eine Gesellschaft ermittelt gegen sich selbst, 2008.
17 *Steinke*, Fritz Bauer: oder Auschwitz vor Gericht, 2013.
18 Zum folgenden: *Safferling*, in: Lüttig/Lehmann (Hrsg.), Die letzten NS-Verfahren, 2017, S. 19 ff.

durch die „Weihnachtsamnestie" Straffreiheit nicht nur für Wirtschaftsverbrechen während der Besatzungszeit gewährt worden, sondern auch weit darüber hinaus. 1954 wurde dann explizit für „Endzeitverbrechen" Amnestie gewährt.[19] Zugleich wurde 1950 außerdem die Zentrale Rechtsschutzstelle gegründet, die im Auswärtigen Amt Rechtshilfe für im Ausland verfolgte deutsche Kriegsgefangene gewähren sollte.[20] Diese Rechtsschutzstelle hat sich im weiteren Verlauf vor allem auch dadurch hervorgetan, dass Kriegsverbrecher vor möglicher Verfolgung im Ausland gewarnt wurden. Hans Gawlik, ein Kommentator der Nürnberger Rassengesetze und Verteidiger in den Nürnberger Prozessen, wurde mit der Leitung dieser zentralen Rechtsschutzstelle beauftragt. Sie stand auch in einem geradezu schizophrenen Verhältnis zu der Zentralen Stelle zur Ermittlung von NS-Verbrechen in Ludwigsburg. Teilweise wurden seitens der Zentralen Rechtsschutzstelle die Ermittlungen aus Ludwigsburg bewusst behindert.

Nach den gängigen Verjährungsvorschriften des Strafgesetzbuches drohte 15 Jahre nach Ende des Krieges im Jahre 1960 die Verjährung sämtlicher Fälle wegen Totschlags.[21] Ohne große Debatten ließ man diese Verjährungsfrist verstreichen. Die 20-jährige Frist der Verjährung wegen Mordes (§ 211 StGB) im Jahr 1965 nahm dann doch andere Formen an. Man einigte sich schließlich darauf, dass man Ludwigsburg noch ein bisschen mehr Zeit geben müsste, um die Fälle abschließend aufzuarbeiten. Man hielt das für machbar. Mit dem Gesetz zur Neuberechnung der Verjährung wurde der Verjährungsbeginn auf das Jahr 1949 zurückverlegt, wonach also die 20-jährige Verjährungsfrist erst 1969 auszulaufen drohte.

Hinreichend bekannt dürfte die sog. kalte Amnestie sein, die mit dem Einführungsgesetz zum Ordnungswidrigkeitengesetz (EGOWiG) sich 1968 Bahn brach.[22] Durch eine kleine Veränderung des StGB hinsichtlich der Beihilfestrafbarkeit kam es schließlich dazu, dass der 5. Strafsenat des BGH am 20. 5. 1969 feststellte, dass die Fälle der Beihilfe zum Mord, bei denen der Gehilfe keine eigenen niedrigen Beweggründe aufwies, bereits 1960 verjährt waren.[23] Ein schockierendes Urteil, sowohl in der Konsequenz als auch in der Begründung, das aber am Ende ein Ergebnis produzierte, das von konservativen Kreisen schon immer bevorzugt wurde: Straffreiheit für all diejenigen, die als Beamte, Soldaten oder Wachmänner der SS Befehle ausführten und die Ideologie des Nationalsozialismus nicht – jedenfalls nicht nachweisbar – teilten. Nur Exzesstäter sollten bestraft werden können. Dass bis zum heutigen Tage der 1941 geschaffene Mordparagraph § 211 StGB bestehen geblieben ist und nur unter einigem argumentativen Aufwand eine Neubewertung der Taten des KZ-Wachpersonals durch die Rechtsprechung stattgefunden hat,[24] verdanken wir einer auf Exkulpation be-

---

19 *Safferling*, in: Görtemaker/Safferling (Hrsg.), Die Rosenburg, 2013, S. 169, 185 ff.
20 Einzelheiten bei: *Görtemaker/Safferling*, Die Akte Rosenburg, 2016, S. 208 ff.
21 *Safferling*, in: Lüttig/Lehmann (Fn. 18), S. 19, 29 ff.
22 Ausführlich dazu: *Görtemaker/Safferling* (Fn. 20), S. 399 ff.
23 BGHSt 22, 375.
24 Zum Fall Oskar Gröning: BGHSt 61, 252, vgl. dazu *Safferling*, JZ 2017, S. 255 ff.

dachten Rechtsprechung, vor allem des 5. Strafsenats des BGH, der durch und durch mit ehemaligen Nazirichtern besetzt war.[25]

Betrachtet man die strafrechtlichen Maßnahmen in der Gesamtschau, so stellt man fest, dass von den etwa 100.000 Ermittlungen, die durchgeführt worden sind, knapp 7.000 Verurteilungen zu verzeichnen sind.[26] Die Mehrzahl dieser Verurteilungen stammt aber aus der Zeit zwischen 1945 und 1949. Von internationalen Besatzungsgerichten und der deutschen Justiz wurden in diesem Zeitraum knapp 5.000 Personen verurteilt. Nach einem leichten Anstieg in der Folge der Gründung der Ludwigsburger Zentralstelle ebbte die Verfolgung 1969 nach der BGH-Entscheidung zur Verjährungsfrage fast gänzlich ab. Besonders schwach erwies sich die deutsche Justiz vor allem im Umgang mit nationalsozialistischem Justizunrecht.[27] Nach dem Nürnberger Juristenurteil 1947 wurden von der deutschen Justiz noch einige Verfahren durchgeführt, es gab im Ergebnis aber eigentlich nur eine Verurteilung eines SS-Staatsanwalts für die Ermordung von Bonhoeffer, Canaris, Dohnanyi und einigen weiteren Widerstandskämpfern.[28] Über den Freispruch des ehemaligen Volksgerichtshofrichters Hans-Joachim Rehse im Jahr 1969 wird später noch einmal die Rede sein. Als erfolgreich kann die strafjustizielle Aufarbeitung der NS-Verbrechen demnach keinesfalls bezeichnet werden.[29]

2. Weitere Maßnahmen

Unter den sonstigen Maßnahmen, die ergriffen worden sind, um die nationalsozialistische Gewaltherrschaft zu bearbeiten, ist zunächst die Entnazifizierung der Gesetze zu nennen. Diese geschah in einem ersten Durchlauf vor allem durch den Kontrollrat der Alliierten.[30] Das geschah allerdings auf sehr summarische Art und Weise und sollte durch eine umfangreiche Überarbeitung nach der Gründung der Bundesrepublik Deutschland fortgesetzt werden. Auch dies gelang allerdings nur höchst oberflächlich. 1951 wurde hingegen die Rechtspflege in den Stand vor 1933 versetzt und die Reichsjustizgesetze wurden wieder in Kraft gesetzt.[31] Trotz einiger Diskussionen im Rahmen der verfassungsgebenden Prozesse kam es zu keiner Reform des deutschen Gerichtswesens. Schwer tat man sich auch mit der Aufhebung nationalsozialistischer Unrechtsurteile. Die Aufhebung der Volksgerichtshofsunrechtsjustiz ebenso wie der

---

25 *Rottleuthner*, Karrieren und Kontinuitäten, 2010; zu einzelnen Biographien: *Goddau-Schüttke*, Der Bundesgerichtshof, 2005. Zu den einzelnen Entschuldigungstopoi s. *Safferling*, ZDRW 2019, S. 62 ff.
26 Überblick bei *Eichmüller*, Vierteljahrshefte für Zeitgeschichte, 2008, S. 621 ff.
27 *Vormbaum*, in: Görtemaker/Safferling (Fn. 19), S. 142.
28 *Koch*, in: Koch/Veh (Hrsg.), Vor 70 Jahren – Stunde Null für die Justiz?, 2017, S. 131.
29 *Herbert*, in: Görtemaker/Safferling (Fn. 19), S. 43 ff.
30 *Etzel*, Die Aufhebung von nationalsozialistischen Gesetzen durch den Alliierten Kontrollrat, 1992.
31 *Raim* (Fn. 13).

harten Urteile der Sondergerichte oder der Militärgerichte wurde erst Jahrzehnte später im Bundestag beschlossen.[32]

Auch im Kontext der sog. Lustration, also der Überprüfung der Beamtenschaft, sind schwere Mängel zu verzeichnen. Ein umfangreiches Entnazifizierungsprogramm durch die Alliierten, vor allem von US-amerikanischer Seite im Kontext der „*re-education*", führte zwar dazu, dass sich jeder, der für das NS-Regime tätig war, durch einen Fragebogen rechtfertigen und vor Spruchkammer verantworten musste. Mehr als 98 % dieser Verfahren endeten aber damit, dass die Personen als entweder nicht betroffen, nicht belastet oder als sog. Mitläufer kategorisiert wurden, was ihnen einen Wiedereinstieg in die deutsche Justiz und die deutsche Verwaltung ermöglichte.[33] Nach Art. 131 GG war dieses Verfahren auch verfassungsrechtlich abgesichert.[34] So kam es im Ergebnis dazu, dass die deutschen Behörden, Gerichte und Ministerien nach 1950 mit einer unglaublichen Menge an ehemaligen Parteigenossen besetzt wurden. Einige Studien haben im letzten Jahrzehnt genauere Ergebnisse zum Vorschein gebracht, und man kann fast flächendeckend von einer Quote von etwa 70–80 % vormaliger NSDAP-Mitglieder oder SA-Mitglieder unter den Beamten der jungen Bundesrepublik sprechen.[35] Diese Belastung zeigt sich auch in den höchsten Ämtern und führte zu einigen Skandalen, insbesondere befördert durch die sog. Braunbücher, die von der DDR, teilweise exzellent recherchiert, aufgedeckt wurden. Folgen für die Beamten gab es aber in den seltensten Fällen. Nach 1969 profitierten diese schließlich auch von der kalten Verjährung.

Entschädigungen und Rückerstattungen wurden auch gleich nach Ende des Krieges seitens der Alliierten eingeleitet. Rückerstattungsgerichte versuchten, die schlimmsten Fälle wieder geradezubiegen.[36] 1953 kam ein Bundesentschädigungsgesetz, das auch für Verfolgte des Regimes Entschädigungen vorsah, soweit sie nicht von der bundesdeutschen Rechtsprechung erneut diskriminiert wurden.[37] Die Kriegsfolgen aus dem Ausland wurden durch das Londoner Moratorium von 1953 auf ungewisse Zeit aufgeschoben. Neuerlich Diskussionen darum gab es erst nach 1990 in Anbetracht der vielen ehemaligen Zwangsarbeiterinnen und Zwangsarbeiter, die vor allem hinter dem „Eisernen Vorhang" keine Chance hatten, im Rahmen des Bundesentschädigungsgesetzes Kompensation vor den deutschen Gerichten zu erlangen. In Reaktion auf die in den USA anhängig gemachten *Class-Action*-Verfahren[38] wurde schließlich im Jahr 2000

---

32 *Görtemaker/Safferling* (Fn. 20), S. 250.
33 Vgl. *Niethammer*, Die Mitläuferfabrik. Die Entnazifizierung am Beispiel Bayerns, 1994.
34 Vgl. *Perels*, KJ 2004, S. 186 ff.
35 Zusammenfassend: *Mentel/Weise*, Die zentralen deutschen Behörden und der Nationalsozialismus, 2016 zum Download: https://zzf-potsdam.de/sites/default/files/forschung/Direktion/2016_02_13_zzf_ifz_bkm-studie.pdf (Abruf am 30.1.2021).
36 *Kurtz*, Das Oberste Rückerstattungsgericht in Herford, 2014.
37 Vgl. BGH, Urt. v. 7.1.1956 – IV ZR 273/55.
38 *Safferling*, NJW 2000, S. 1922 ff.

die Stiftung „Erinnerung, Verantwortung und Zukunft" ins Leben gerufen, über die dann eine umfangreiche Entschädigungszahlung erfolgte. Bis heute ist das Thema nicht abgeschlossen, insbesondere im Bereich von Kunstgegenständen wird, wenn auch zögerlich, Provenienzforschung betrieben und vor allem hinsichtlich öffentlicher Sammlungen die Herkunft der einzelnen Kunstgegenstände untersucht.[39] Kriegsfolgenentschädigungsansprüche werden immer wieder erhoben von Italien, Griechenland oder Polen, gegen die sich die Bundesrepublik Deutschland mit Vehemenz zur Wehr setzt. Auch 75 Jahre nach Ende des Krieges sieht man, dass die Folgen dieses ungeheuerlichen Unrechtsregimes noch immer nicht flächendeckend aufgearbeitet sind.

III. Maßnahmen nach 1990

1. Ausgangsvoraussetzungen

Am 9.11.1989 fiel die Berliner Mauer. In friedlichen Demonstrationen hatte sich das Volk der DDR gegen das repressive SED-Regime zur Wehr gesetzt und schließlich erreicht, dass das unrechtmäßige jahrzehntelange Einsperren der gesamten Bevölkerung zum Ende kam. Nachdem zunächst ein Nebeneinander zweier deutscher Staaten erwogen worden war und jedenfalls teilweise die Alliierten mit einem wiedervereinigten Deutschland sich nicht so recht anfreunden wollten, kam es dann gleichwohl zu dem Entschluss der nun frei gewählten Volkskammer der DDR und des Deutschen Bundestages in Bonn, dass die DDR nach Art. 23 GG der Bundesrepublik Deutschland beitreten würde.[40] Das Grundgesetz, das 1949 als Provisorium gedacht war, wurde zur gesamtdeutschen Verfassung.[41] Ab dem 3.10.1990 galten somit auch alle anderen Gesetze der Bundesrepublik Deutschland in den fünf neuen Bundesländern, darunter etwa auch das Strafgesetzbuch.[42] Die Gerichtsstruktur wurde in die neuen Bundesländer übertragen, die weitgehend mit westlichem Personal ausgestattet wurde.[43] Über Patenschaften mit den alten Bundesländern wurde die Verwaltung derjenigen der Bundesrepublik angepasst. Letztlich war damit auch die westdeutsche Justiz zuständig für die Vergangenheitsaufarbeitung in Ostdeutschland.

---

39 Zur Raubkunstdebatte: *Hartung*, NJW 2020, S. 718 ff.
40 *Winkler*, Wie wir wurden, was wir sind, 2020, S. 113 ff.
41 *H.-P. Schneider*, NJW 1999, S. 1497 ff.; *Bickenbach*, JuS 2015, S. 891 ff.
42 Vgl. Art. 315–315c EGStGB.
43 Vgl. zu Ost-Berlin: *Limbach*, NJW 1993, S. 2499 ff.

2. Strafrechtliche Maßnahmen

Die ersten Fälle, die vor den Strafgerichten verhandelt worden sind, richteten sich gegen sog. Mauerschützen.⁴⁴ Die unmittelbaren Täter, die Wachdienst an der Grenze versahen und der Vergatterung zur Verhinderung von unrechtmäßigen Grenzübertritten verpflichtet waren, notfalls mit Waffengewalt, sahen sich nun auf der Anklagebank und mussten sich für die Todesschüsse verantworten. Hier nun stellten sich für die westdeutsche Justiz ähnliche Fragen wie im Zusammenhang der Aufarbeitung der NS-Verbrechen.⁴⁵ In einem wegweisenden Urteil stellte wiederum der 5., der Berliner Strafsenat des BGH am 3. 11. 1992 die Kriterien klar, nach denen die Mauerschützen strafrechtlich verantwortlich waren.⁴⁶ Die Fragen des Rückwirkungsverbotes ebenso wie eine mögliche Rechtfertigung etwa wegen Handelns auf Befehl wurden von den Bundesrichtern mit Verweis auf die sog. Radbruch'sche Formel gelöst.⁴⁷ Nach dieser von dem Heidelberger Rechtsphilosophen und früheren Reichsjustizminister Gustav Radbruch aufgestellten Maßstab hat das positive Recht als unrichtiges Recht der Gerechtigkeit zu weichen, wenn durch die Anwendung ein unerträglicher Widerspruch zur Gerechtigkeit entsteht.⁴⁸ Nunmehr konnte man sich als Maßstab für diesen unerträglichen Widerspruch an der Formulierung der Menschenrechte orientieren, wie sie etwa durch den 1966 verabschiedeten UN-Pakt über bürgerliche und politische Rechte enthalten waren. Die Berufung auf eine Rechtfertigung nach dem DDR-Grenzgesetz oder ein Handeln auf Befehl wurde eben mit dem Hinweis auf Radbruch abgelehnt. Dieser naturrechtliche Ansatz, der von Gustav Radbruch 1946 entwickelt worden war, wurde zwar bei den NS-Tätern nie angewandt, die deswegen letztlich nur in sog. Exzessfällen verurteilt worden waren. Nun ging man einen anderen Weg und sah die Verantwortung der Mauerschützen für gegeben an, hielt ihnen im Einzelfall aber immerhin zugute, dass sie als Jugendliche stark ideologisiert und von der Richtigkeit ihres Handelns überzeugt waren, sodass ihnen teilweise ein vermeidbarer Verbotsirrtum zugutegehalten wurde.⁴⁹ In diesen Fällen folgte häufig eine Bewährungsstrafe.

Auch die Fälle der sog. Schreibtischtäter wurden nun anders gelöst.⁵⁰ In verschiedenen Fällen gegen Politbüromitglieder oder Mitglieder des Nationalen Sicherheitsrates wurde anerkannt, dass es eine mittelbare Täterschaft kraft Organisationsherrschaft

---

44 Vgl. dazu *Marxen/Werle*, Die strafrechtliche Aufarbeitung von DDR-Unrecht – Eine Bilanz, 1999; *Safferling*, in: Conze/Gajdukowa/Koch-Baumgarten (Hrsg.), Die demokratische Revolution von 1989 – Politik, Geschichte, Recht, 2009, S. 203 ff.
45 *Adomeit*, NJW 1993, S. 2914 ff.; *Dreier*, JZ 1997, S. 421 ff.
46 BGHSt 39, 1; spätere Bestätigungen: BGHSt 39, 181; 40, 421; 41, 101; 42, 356; BGH, NStZ 1993, S. 488; NStZ-RR 1996, S. 324.
47 *Radbruch*, SJZ 1946, S. 105 ff.
48 *Gropp*, NJ 1996, S. 393 ff.
49 Vgl. etwa BGHSt 42, 362, dazu *Ambos*, NStZ 1997, S. 492 ff.; *Herrmann*, NStZ 1993, S. 487 ff.; *Eser*, in: FS f. Odersky, 1996, S. 337.
50 *Roxin*, GA 1963, S. 193 ff.; dazu *Rotsch*, NStZ 2005, S. 13 ff.

gibt. Diese auf Claus Roxin zurückgehende Zurechnungsform der mittelbaren Täterschaft war ebenfalls für die NS-Täter entwickelt worden, wurde in diesen Fällen allerdings nie angewandt. Beispielhaft sei hier der Fall gegen Egon Krenz herausgegriffen.[51] Er war Mitglied des Zentralkomitees und des Politbüros der SED, stellvertretender Vorsitzender des Staatsrates und wurde 1989 schließlich Nachfolger Erich Honeckers.[52] Als Mitglied im Nationalen Sicherheitsrat und im Politbüro hatte er Einfluss auf die Entscheidungen dieser Gremien und hätte, so nun der Vorwurf des 5. Strafsenats, dafür Sorge tragen können, dass die Praxis des Schießbefehls beendet wurde. Das Landgericht Berlin verurteilte Egon Krenz am 16. 9. 1993 wegen Totschlags in vier Fällen zu sechseinhalb Jahren Haft. Der Bundesgerichtshof hielt diese Verurteilung, und auch eine Verfassungsbeschwerde wurde zurückgewiesen.[53] Eine daraufhin erhobene Individualbeschwerde vor dem Europäischen Gerichtshof für Menschenrechte war deswegen nicht ganz unkritisch, weil die Bundesrepublik Deutschland bei der Ratifizierung der EMRK gegen Art. 7 Abs. 2 EMRK einen Vorbehalt dahingehend erklärt hatte, dass der Bestimmtheitsgrundsatz nur im Rahmen des Art. 103 Abs. 2 GG angewendet werden würde. Der EGMR entschied am 22. 3. 2001, dass es hier auf Art. 7 Abs. 2 EMRK nicht ankomme, da bereits ein Verstoß gegen internationales Recht die Verurteilung Egon Krenz trage und somit die Ausnahme vom Bestimmtheitsgrundsatz in Art. 7 Abs. 2 (der sog. Nürnberg Klausel) gar nicht gegenständlich werde.[54] Trotzdem hob die Bundesrepublik Deutschland in der Folge den Vorbehalt gegen Art. 7 Abs. 2 EMRK klammheimlich auf.[55]

Hervorhebenswert ist auch die Rechtsprechung zur Rechtsbeugung, die bislang durch die übermäßige Betonung der subjektiven Seite früherer NS-Juristen vor einer entsprechenden Strafverfolgung schützten.[56] Nunmehr wurde für die Mitwirkung an Todesurteilen des Obersten Gerichts zwischen 1954 und 1956 wegen Straftaten gegen die DDR Rechtsbeugung angenommen ebenso in Fällen eines unerträglichen Missverhältnis zwischen Tat und Strafe.[57] Immer wieder wurde auch der Vorwurf, einen Schauprozess durchgeführt zu haben, im Sinne eines Rechtsbeugungsvorsatzes umgedeutet.[58] Das Bundesverfassungsgericht akzeptierte diese Rechtsprechung.[59] Schließlich

---

51 BGHSt 45, 270 (zudem waren angeklagt: Schabowski und Kleiber); vgl. auch BGHSt 48, 77; *Wassermann*, NJW 2000, S. 403 ff.
52 Der Berliner Verfassungsgerichtshof hatte Honecker ausreisen lassen, BerlVerfGH, NJW 1993, S. 515. Er konnte deshalb nicht mehr zur Rechenschaft gezogen werden; vgl. *Pestalozza*, NVwZ 1993, S. 340 ff.
53 BVerfGE 95, 96.
54 EGMR, NJW 2001, S. 3035.
55 S. den 6. Bericht der Bundesregierung über ihre Menschenrechtspolitik in den auswärtigen Angelegenheiten und in anderen Politikbereichen (Human Rights Report), 2000/02, S. 36.
56 Wegweisend: Das Urteil gegen Hans-Joachim Rehse, BGH, NJW 1968, S. 1339.
57 BGHSt 41, 317 (339).
58 Vgl. *Vormbaum*, NJ 1993, S. 212 ff.; *Weber*, GA 1993, S. 195 ff.
59 BVerfG, NJW 1998, S. 2585.

wurden noch etliche Fälle wegen Wahlfälschung durchgeführt, auch hier wurde Rechtsbeugung angenommen bei Staatsanwälten, die den Vorwurf von Wahlfälschungen bewusst nicht verfolgten.[60]

Insgesamt weist die Statistik 1.089 Strafverfahren wegen DDR-Unrechts aus, die abgeurteilt worden sind. Dabei kam es in 30 % der Fälle zu Freisprüchen und in 70 % der Fälle, in absoluten Zahlen in insgesamt 753 Fällen, kam es zu einer Verurteilung.[61]

3. Sonstige Maßnahmen

Neben den strafrechtlichen Maßnahmen kam es zu einer ganzen Reihe weiterer Schritte, um Verwaltung, Justiz und die Gesellschaft in der ehemaligen DDR insgesamt auf ein liberales, demokratisches und menschenrechtliches Niveau zu heben, wie es dem Standard im Westen entsprach. Es kam auch zu einer Verfassungskommission zur Reform des Grundgesetzes, um die Lebenswirklichkeiten in den beiden deutschen Teilen in der Verfassungswirklichkeit abbilden zu können.[62] Restitution und Entschädigungen wurden gesetzlich auf den Weg gebracht.

Schließlich ist noch ein weiterer wichtiger Aspekt für die Aufarbeitung des SED-Unrechts anzuführen: In einer Enquête-Kommission des Deutschen Bundestages unter dem Titel „Aufarbeitung von Geschichte und Folgen der SED-Diktatur" wurde in Form einer Wahrheitskommission die Geschichte der DDR „aufgearbeitet". Der Abschlussbericht erfolgte 1994.[63] Eine große Öffentlichkeit erreichte dieser Bericht allerdings nicht.[64] Es folgte eine weitere Kommission „Überwindung der Folgen der SED-Diktatur im Prozess der deutschen Einheit", die ihren Abschlussbericht 1998 vorlegte.[65]

Wichtiger hingegen war die Sicherung und Zugänglichmachung der Unterlagen des Ministeriums für Staatssicherheit[66] durch die Einrichtung der Stasi-Unterlagen-Behörde (zunächst Gauck-Behörde genannt nach dem ersten Leiter dieser Behörde, dem späteren Bundespräsidenten Joachim Gauck).[67] In 180 km Geheimdienstakten fanden sich schockierende Einzelheiten des SED-Überwachungsstaates, der mit 94.000 hauptamtlichen und 174.000 inoffiziellen Mitarbeitern eine flächendeckende Bespit-

---

60 Vgl. BGH, NJW 1993, S. 1019; BVerfG (2. Kammer des Zweiten Senats), NJW 1993, S. 2524.
61 Die Zahlen stammen von *Marxen/Werle/Schäfter*, Die Strafverfolgung von DDR-Unrecht – Fakten und Zahlen, 2007, S. 41 (Tabelle 21).
62 Als nicht ausreichend erachtet von *Schneider*, NJW 1994, S. 558 ff.
63 Auf knapp 300 Seiten: BT-Drucks. 12/7820 v. 31. 5. 1994; dazu 9 Bände Materialien.
64 *Wassermann*, NJW 2001, S. 655 ff.
65 Diesmal etwas über 300 Seiten: BT-Drucks. 13/11000 v. 10. 6. 1998; dazu 8 Bände Materialien.
66 *Stoltenberg*, ZRP 1990, S. 460 ff.
67 *Gauck*, German Studies Review 17 (1994), S. 187.

zelung der Bevölkerung betrieben hatte.⁶⁸ Die Schmerzhaftigkeit dieser Wahrheiten, die in diesen Unterlagen schlummerte, wirkt letztlich bis heute fort. Damit verbunden war auch die Möglichkeit, bei Neueinstellungen von Beamten etwa durch Regelabfragen bei der Stasi-Unterlagenbehörde Klarheit zu verschaffen über das Vorleben der Bewerber.⁶⁹ Fehlerhafte Angaben über das Vorleben in der DDR wurden von deutschen Gerichten bei Einstellungen jeweils auch als Anstellungsbetrug nach § 263 StGB rigoros verfolgt.⁷⁰ Dem Anspruch der Lustration konnte in diesen Fällen entsprechend Folge geleistet werden.

Die Errungenschaften der friedlichen Revolution in der DDR wurden schließlich vor allem von der westdeutschen Justiz übernommen und in ein westdeutsches Konzept gedrückt.⁷¹ Strafrecht stand dabei im Vordergrund und wurde nicht wirklich in Frage gestellt.⁷² In der ehemaligen DDR wurde dieses Vorgehen in zunehmendem Maße als Bevormundung empfunden und zugleich als wenig geglückt angesehen. Der Vorwurf, dass der Rechtsstaat den Vorwürfen nicht wirklich entsprechen und dass somit in letzter Konsequenz keine Gerechtigkeit erreicht werden könne, wird auch heute noch von vielen Opfern des SED-Regimes erhoben. Auch 30 Jahre nach der Herstellung der Deutschen Einheit sind die Vorwürfe nicht ausgeräumt und stehen die beiden deutschen Teile hinsichtlich ihrer unterschiedlichen geschichtlichen Wahrnehmung doch häufig getrennt nebeneinander.

IV. Gemeinsamkeiten und Unterschiede

1. Ausgangsszenarien und unmittelbare Reaktion

Vergleicht man die Aufarbeitungsversuche nach 1945 und nach 1990, so fallen – abgesehen von den Unterschieden der Diktaturen – zunächst einmal die unterschiedlichen Ausgangsszenarien ins Auge. Während nach Ende des Zweiten Weltkriegs ein totaler Krieg zu einer totalen Zerstörung geführt hatte, die Infrastruktur ebenso wie die Moral der Bevölkerung am Boden lag, eine militärische Kapitulation zu einer vollständigen Besetzung durch vier alliierte Mächte geführt hatte, war der Auslöser für den Regimesturz 1989 eine wirtschaftliche Krise und ein Aufbegehren der Bevölkerung selbst. Durch den Beitritt zum Nachbarstaat war zunächst auch die Fremdbestimmtheit der Umwälzungsprozesse weniger sichtbar als bei der jahrelangen Fremdbesetzung nach 1945. So war auch die unmittelbare Reaktion auf das NS-Unrecht zunächst bestimmt

---

[68] *Kowalczuk*, Stasi konkret: Überwachung und Repression in der DDR, 2013; *Lichter/Löffler/Siegloch*, Der lange Schatten der Stasi-Überwachung, ifo Dresden 23 (2016), S. 8.
[69] BVerwGE 108, 64 zur Frage der Entlassung wegen Tätigkeit für das MfS.
[70] BGHSt 45, 1; vgl. auch *Prittwitz*, JuS 2000, S. 355 ff.; *Protzen*, NStZ 1997, S. 525 ff.; *Hefendehl*, in: MüKoStGB, 3. Aufl., 2019, § 263, Rn. 675 ff.
[71] *Kowalczuk*, Die Übernahme. Wie Ostdeutschland Teil der Bundesrepublik wurde, 2019.
[72] *Sendler*, NJW 1997, S. 3146 ff.; *Schlink*, in: FS f. Podlech, 1994, S. 65, stellen diese Konzentration auf das Strafrecht in Frage.

durch die Entnazifizierungsbemühungen der Alliierten. Erst fünf Jahre später übernahm die Bundesrepublik Deutschland Strafverfahren und Vergangenheitspolitik. In der DDR fanden die Umwälzungen zunächst intern statt. Öffnung nach außen und freie Wahlen nach innen waren selbstbestimmt durch die DDR-Bevölkerung. Bedingt durch die kurze Zeit bis zum Beitritt, lagen dann aber Vergangenheitspolitik und Strafverfahren in der gesamtdeutschen Verantwortung, respektive in der Verantwortung westdeutscher Juristinnen und Juristen. Es sind somit im Aufarbeitungsprozess geradezu umgekehrte Vorzeichen zu beobachten: Während nach 1945 in Westdeutschland zunächst die Aufarbeitung durch die Alliierten, also fremdbestimmt, vorangetrieben wurde, wurde sie erst nach der Gründung der Bundesrepublik Deutschland in die Verantwortung der westdeutschen Bevölkerung gelegt. Umgekehrt war unmittelbar nach dem Fall des Regimes zunächst einmal die Selbstbestimmung der DDR-Bevölkerung im Vordergrund. Erst nach dem Beitritt kam, jedenfalls partiell, die Fremdbestimmung durch Westdeutschland zum Tragen. Im Übrigen trat damit auch der gesamte westdeutsche Umgang mit der NS-Vergangenheit in die Geschichte der DDR. Dort war nämlich nach einem vermeintlich kurzen Bereinigungsprozess die Verantwortung für Krieg und Holocaust dem Westen zugespielt worden, während man sich selbst als antifaschistisch gerierte.[73] Ein kritischer und teilweise heftig diskutierter Umgang mit der Schuld der Deutschen, bis hin zur zweiten Schuld der Deutschen,[74] war für die DDR-Bevölkerung deshalb neu. Dieser Erfahrungshorizont war in der DDR zugunsten eines Opfermythos konsequent geleugnet worden.[75]

2. Transformationsmaßnahmen

Diese unterschiedlichen Ausgangsszenarien vor allem auch in Bezug auf den Umgang mit der NS-Vergangenheit zeigten sich dann in den einzelnen Maßnahmen der Transformation.[76] Während man in Westdeutschland vornehmlich damit zufrieden war, die Strukturen vor 1945 wiederaufzurichten, übernahm nun die ehemalige DDR 1990 diese westdeutschen Strukturen, die sich in den vier Jahrzehnten bis zur deutschen Einheit demokratisch stabilisiert hatten. Der Umgang mit der Vergangenheit war hinsichtlich des SED-Unrechts durchweg systematischer und offener. Das zeigt sich insbesondere an den Enquête-Kommissionen und in der Öffnung der Stasi-Unterlagen. Während man es in den Jahren nach 1949 im Westen versäumt hatte, Regelabfragen etwa bei dem Berlin-Document-Center hinsichtlich NSDAP-Mitgliedschaften

---

73 *Bösch/Wirsching* (Hrsg.), Hüter der Ordnung. Die Innenministerien in Bonn und Ost-Berlin nach dem Nationalsozialismus, 2018, S. 182.

74 *Giordano*, Die zweite Schuld oder von der Last Deutscher zu sein, 1987.

75 *Danyel*, in: ders. (Hrsg.), Die geteilte Vergangenheit: Zum Umgang mit Nationalsozialismus und Widerstand in beiden deutschen Staaten, 1995, S. 31; *Küchler*, Internationale Schulbuchforschung, 22 (2000), S. 31.

76 Ein Vergleich der rechtlichen Maßnahmen findet sich auch bei *Papier/Möller*, NJW 1999, S. 3289 ff.

durchzuführen,[77] war nun bei der Wiedereinstellung in den deutschen Beamtendienst eine Anfrage bei der Stasi-Unterlagen-Behörde Standard. Lustration wurde nun ernst(er) genommen.

3. Strafverfahren

Gerade im Bereich der strafrechtlichen Aufarbeitung ist zu spüren, dass die in NS-Verbrechen erfahrene westdeutsche Justiz den Anspruch hatte, es angesichts des SED-Unrechts „besser zu machen". Dieses Lernen aus der Vergangenheit, wie es der Rechtsprechung durchaus anzumerken ist, ist allerdings ein westdeutscher Anspruch, den die ostdeutsche Erfahrung so nicht rezipiert. Die Wandlung der Rechtsprechung lässt sich anhand einiger Verfahren vor dem 5. Strafsenat deutlich erkennen. So wird etwa in der Verfolgung der Mauerschützen nunmehr nicht von einer bloßen Gehilfenschaft der Soldaten ausgegangen, wie das durchweg in Anbetracht von NS-Verbrechen der Fall war, sondern es wird wie selbstverständlich von einer Täterschaft der Grenzsoldaten ausgegangen. Dazu wird nach der Radbruch'schen Formel das positive Gesetz überprüft.

> „Mit diesen Formulierungen (vgl. auch BVerfGE 3, 225, 232; 6, 132, 19 f.) ist nach dem Ende der nationalsozialistischen Gewaltherrschaft versucht worden, schwerste Rechtsverletzungen zu kennzeichnen. Die Übertragung dieser Gesichtspunkte auf den vorliegenden Fall ist nicht einfach, weil die Tötung von Menschen an der innerdeutschen Grenze nicht mit dem nationalsozialistischen Massenmord gleichgesetzt werden kann. Gleichwohl bleibt die damals gewonnene Einsicht gültig, daß bei der Beurteilung von Taten, die in staatlichem Auftrag begangen worden sind, darauf zu achten ist, ob der Staat die äußerste Grenze überschritten hat, die ihm nach allgemeiner Überzeugung in jedem Lande gesetzt ist."[78]

Und zur Verantwortung der Machthaber heißt es nun:

> „Danach waren die Angekl. verpflichtet, ihre Machtposition als Mitglieder des Politbüros in der Weise zu nutzen, dass sie auf eine Änderung des praktizierten Grenzregimes der DDR im Sinne eines Schutzes des Lebens und der körperlichen Unversehrtheit von Flüchtlingen hinwirkten."[79]

Noch deutlicher wird der Wandel der Rechtsprechung im Fall der Rechtsbeugung. Während der 5. Strafsenat dafür Sorge getragen hat, dass der Volksgerichtshofsrichter Rehse nicht wegen Rechtsbeugung und der von ihm zu verantwortenden Justizmorde verurteilt werden konnte, indem konstatiert wurde, dass Rehse von der Richtigkeit seiner Entscheidungen überzeugt war und ihm damit der subjektive Tatbestand der Rechtsbeugung fehlte, widerruft der 5. Strafsenat diese Rechtsprechung nun explizit.

> „Einen wesentlichen Anteil an dieser Entwicklung [daran, dass der Justizterror des Volksgerichtshofs, der Sonder- und Kriegsgerichte ungesühnt blieb, CS] hatte nicht zuletzt die Rechtsprechung des Bundesgerichtshofs (...). Diese Rechtsprechung ist auf erhebliche Kritik gestoßen, die der Senat als berechtigt erachtet. Insgesamt neigt der Senat zu dem Befund, daß das Scheitern der Verfolgung von NS-Richtern vornehmlich durch eine zu weitgehende Ein-

---

77 Das geschah erst Mitte der 1960er Jahre, vgl. *Görtemaker/Safferling* (Fn. 20).
78 BGHSt 39, 1 (16).
79 BGHSt 48, 77 (86).

schränkung bei der Auslegung der subjektiven Voraussetzungen des Rechtsbeugungstatbestandes bedingt war."[80]

Dass es jeweils der 5. Strafsenat des BGH war, der – fernab von Karlsruhe – in Berlin seine Rechtsprechung betrieb, passenderweise im ehemaligen Reichsmilitärgericht in der Witzlebenstraße 4 am Lietzensee, ist eine ironische Fußnote der Geschichte. Interessanterweise handelt es sich hierbei aber vor allem auch um vergangenheitspolitische Probleme Westdeutschlands. Wie erwähnt, ist die Aufarbeitung der NS-Verbrechen durch Strafgerichte Teil der westdeutschen Entwicklung, die Ostdeutschland fremd war. So hat der 5. Strafsenat hier nicht nur über SED-Unrecht gesprochen, sondern hat auch auf sein eigenes Versagen in den späten 1960er Jahren reagiert.

V. Wirkungen der *„Transitional Justice"*-Versuche

International wird Deutschland oft als Vorbild in Sachen Vergangenheitsbewältigung hingestellt. Angesichts der friedlichen Entwicklung vor allem in Westdeutschland in den 1950er und 1960er Jahren, der Entwicklung einer stabilen Demokratie und eines Verfassungspatriotismus bei gleichzeitiger Einbindung in einen europäischen Integrationsprozess erscheint von außen der Umgang mit Vernichtungskrieg und Holocaust als gelungen. Dabei wird kaum wahrgenommen, dass die bundesrepublikanische Justiz in Ansehung von NS-Unrecht weitgehend versagt hat. Möglicherweise haben die Entnazifizierungsprogramme der Alliierten und auch die *de facto*-Amnestien am Ende zu einer Versöhnung in der deutschen Bevölkerung geführt, die dadurch in der Lage war, eine stabile Verfassungsdemokratie zu entwickeln.

In Ansehung der strafrechtlichen Aufarbeitung des SED-Unrechts muss man zugleich konstatieren, dass diese ein weitgehend westlicher Diskurs geblieben ist. Die deutsche Justiz fühlte sich herausgefordert, in Ansehung neuerlicher Menschenrechtsverletzungen und des Justizunrechts, das es zu bewältigen gab, diesmal die rechtlichen Kriterien richtig zu setzen.[81] Das Bedürfnis, sich „reinzuwaschen", lässt sich aus den Urteilen herauslesen. Zugleich war es für die SED-Täter ebenso wie für die Opfer eine Intervention „von außen". Die westdeutsche Justiz, mit dem großen Geschichtsballast auf dem Rücken, musste wie ein Fremdkörper wirken.

Man muss allerdings auch zur Kenntnis nehmen, dass die Angleichung rechtlicher Standards von West und Ost weitgehend gelungen ist. Auch die wirtschaftlichen Verhältnisse haben sich auf einem vergleichsweise hohen Niveau eingependelt. Strukturelle Schwierigkeiten und demographische Entwicklung sind in verschiedenen Regionen Deutschlands problematisch und nicht auf Ostdeutschland beschränkt. Was den gesellschaftlichen Umgang mit den Unrechtsregimen anbelangt, so muss berücksichtigt werden, dass einerseits die Aufarbeitung der zwölf Jahre währenden NSDAP-Diktatur jahrzehntelang als rein westdeutsche Aufgabe angesehen wurde. Andererseits ist der

---

80 BGHSt 41, 317 (339 f.).
81 Vgl. die Analyse eines beteiligten Bundesrichters: *Laufhütte*, FS BGH, 2000, S. 409.

Umgang mit der SED, deren Macht fast viermal so lang dauerte, auch deshalb schwieriger, weil sich Narrative hartnäckiger halten. Die Linien zwischen moralisch richtig und falsch, wie sie hinsichtlich der NS-Diktatur eindeutig sind, verschwimmen häufig bei Betrachtung des DDR-Regimes.

Zurückkommend auf die Ausgangsthese der *„Transitional Justice"*-Forschung, kann man anhand der deutschen Geschichte nachweisen, dass es maßgeschneiderte, vorgefertigte Konzepte nicht geben kann. Auch in einem Land sind die Unterschiede gewaltig. Man sieht auch, dass strafjustizielle Aufarbeitung Grenzen hat. Möglicherweise ist die Verfolgung der Hauptverantwortlichen für eine nachhaltige Aufarbeitung unerlässlich; auf keinen Fall darf man aber Strafrecht als Allheilmittel missverstehen. Am Ende kommt es immer darauf an, dass die betroffene Bevölkerung selbst die alten Wege verlassen und neue beschreiten will. Von außen hereingetragene Konzepte erweisen sich als gefährlich. Auch wenn man insgesamt resümieren kann, dass trotz zweier Diktaturen im 20. Jahrhundert die Bundesrepublik Deutschland als Gesamtstaat friedlich und demokratisch ist, dass sie über Strukturen verfügt, die ein stetiges Wachsen in dieser Hinsicht auch ermöglichen, so ist auch zur Kenntnis zu nehmen, dass in Anbetracht jüngerer Entwicklungen der Glaube an Demokratie und Rechtsstaat Angriffen ausgesetzt ist. Die Beschäftigung mit der Vergangenheit, im Guten wie im Schlechten, ist das Fundament jeder Bevölkerung. *„Transitional Justice"* ist kein Prozess, der heute begonnen und morgen abgeschlossen ist. Die Einhaltung der Menschenrechte, die Fortführung von Demokratie und Rechtsstaat ist ein ständiger Prozess, der sich auch ständig neu rechtfertigen muss. *„Transitional Justice"* bleibt deswegen ein Anspruch, und wer meint, er könne einen Schlussstrich unter die Vergangenheit ziehen, irrt.

Die Treuhandanstalt

Organisation, Arbeitsweise, Legitimation, Wirkungen und Erbe

Von *Roland Czada*, Osnabrück

Der stärkste Gegensatz zwischen den beiden deutschen Staaten bestand in ihren Eigentumsordnungen. Das übergeordnete Ziel der Treuhandanstalt (THA) war die Überführung kollektiven in privates Eigentum. Im März 1990, vier Monate nach dem Fall der Berliner Mauer, übernimmt sie das gesamte Wirtschaftvermögen der bis zur staatsrechtlichen Vereinigung am 3.10.1990 fortbestehenden DDR. Neben 12.354 Unternehmen mit 45.000 Betriebsstätten und mehr als vier Millionen Beschäftigten waren es 25.000 Gaststätten, Handwerksbetriebe und Ladengeschäfte, 1839 Apotheken, 390 Hotels, zahlreiche Kinos, 42.000 Liegenschaften darunter mehrere Millionen Hektar Land- und Forstwirtschaft, Sportplätze, Brücken und Landungsstege, die gesamte Energie- und Wasserversorgung, die Betriebe des öffentlichen Nahverkehrs, zahlreiche Werkskindergärten und Betriebskantinen und sogar ein Gefängnis, das einem Rostocker Werftenkombinat angegliedert war, insgesamt etwa 40 Prozent der Fläche des in Auflösung befindlichen „Arbeiter- und Bauernstaates".[1]

30 Jahre später ist die Abwicklung der DDR-Planwirtschaft durch die Treuhandanstalt im kollektiven Gedächtnis Ostdeutschlands immer noch fest verankert. Wo jede Stadt, jeder Betrieb und fast jede Familie von ihrer Tätigkeit betroffen waren, erinnern sich 91 Prozent an sie, während 41 Prozent der Westdeutschen noch nie von ihr gehört haben. Von denen, die sich erinnern, meint die Mehrheit, sie habe ihren Auftrag schlecht erfüllt, wobei die schlechte Note im Osten weit häufiger vergeben wird als im Westen. Mehr als die Hälfte der 2019 dort Befragten geben ihr die Schuld am ökonomischen Rückstand gegenüber den westlichen Landesteilen. Diese Einstellungsunterschiede markieren eine anhaltende Spaltungslinie im vereinten Deutschland (Tabelle 1).

Von Erinnerungen zehrt auch eine überbordende Treuhandliteratur, die sich inzwischen aus historischer Ferne dem Thema nähert[2]. Allein die Stichwortsuche „Treuhandanstalt" in den Bibliotheksverbünden der Bundesländer ergibt über 1.000 Treffer. Vertreten sind die Wissenschaftsdisziplinen Ökonomie und Managementlehre,

---

1 *Kemmler*, Die Entstehung der Treuhandanstalt, Von der Wahrung zur Privatisierung des DDR-Volkseigentums, 1994, S. 175 f.
2 *Böick*, Die Treuhand, Idee – Praxis – Erfahrung 1990–1994, 2018; *ders.*, Zeitschrift für Politikwissenschaft (ZPol) 2020, S. 1.

Rechtswissenschaft, Psychologie, Gesellschafts- und Politikwissenschaft, Geschichte, Verwaltungswissenschaft bis hin zu Literaturwissenschaft und Bellestristik, wenn man an den Treuhand-Roman „Ein weites Feld" von Günther Grass oder Rolf Hochhuths Bühnenstück „Wessis in Weimar" denkt.

Tabelle 1
Erinnerungen an die Treuhandanstalt in Ost und West

Fragen	Antworten Ost	Antworten West
Ist die Treuhand heute noch ein Begriff?	Ja: 91 Nein: 9	Ja: 59 Nein: 41
Wie hat die Treuhand alles in allem ihre Arbeit gemacht?	Eher gut: 9 Eher nicht gut: 71 weiß nicht/ unbekannt: 20	Eher gut:13 Eher nicht gut: 30 weiß nicht/ unbekannt: 57
Hat die Treuhand genug dafür getan, möglichst viele Arbeitsplätze zu erhalten?	Ja: 9 Nein: 71 weiß nicht/ unbekannt: 20	Ja: 13 Nein: 30 weiß nicht/ unbekannt: 57
Waren Betrug, Korruption und Veruntreuung bei der Treuhand an der Tagesordnung?	Ja: 59 Nein: 15 weiß nicht/ unbekannt: 26	Ja: 25 Nein: 17 weiß nicht/ unbekannt: 58
Steht der Osten wegen der Treuhand heute immer noch wirtschaftlich schlechter da als der Westen?	Ja: 52 Nein: 26 weiß nicht/ unbekannt: 22	Ja: 18 Nein: 27 weiß nicht/ unbekannt: 55

Quelle: Forschungsgruppe Wahlen, 30 Jahre Mauerfall. Ergebnisse einer repräsentativen Bevölkerungsumfrage Juni/Juli 2019.

Im Folgenden stehen vier Themen im Vordergrund: die Stellung der Treuhandanstalt im politischen System der Bundesrepublik, Besonderheiten ihrer Organisation und Entscheidungsverfahren, die Bedeutung von Eigentumsrechten für den Transformationsverlauf und die Frage nach ihrer demokratischen Legitimation, gesetzlichen Anleitung und politischen Kontrolle.

I. Aufgabe der Treuhandanstalt

Die Treuhandanstalt mit Hauptsitz in Berlin und 15 Niederlassungen in den früheren DDR-Bezirken galt als das größte Unternehmen der Welt. Während die Deutsche Einheit in einer historischen Sekunde staatsrechtlich vollzogen wurde, sollte die THA über fünf Jahre hinweg die „volkseigene" DDR-Planwirtschaft in eine kapitalistische Marktwirtschaft überführen. 19.500 Firmen wurden privatisiert, ein Teil kommunalisiert, der Rest abgewickelt. Daneben konnte sie die ihr zugeeigneten Läden, Handwerksbetriebe und Gaststätten sowie einen Teil ihrer Liegenschaften verkaufen (Tabelle 2). Daraus resultierten Privatisierungserlöse von 67 Milliarden D-Mark und ein Finanzierungsdefizit von mehr als 330 Milliarden D-Mark.

Tabelle 2
Abschlussbilanz der Treuhandanstalt

		Anzahl	Prozent
Zahl der Firmen		12.354	100
	vollständig privatisiert	6.321	49,4
	mehrheitlich privatisiert	225	2,3
	vollständig reprivatisiert	1.588	12,9
	vollständig kommunalisiert	265	2,1
	Besitzeinweisungen	45	0,5
	Liquidationen	3.718	27,6
	davon:		
	in Bearbeitung	3.561	26,7
	abgeschlossen	157	0,9
am 31.12.1994		192	5,3
	davon:		
	Auslauf-/Restgesellsch.	34	
	Verw.gesellsch./Güter	15	
	nahezu privat./reprivat.	65	
	noch in Bewertungsphase	13	
	noch im Angebot	65	
Beschäftigung und Grundbesitz			
Beschäftigung in THA-Unternehmen im Juli 1990		4.100.000	
Beschäftigung in THA-Unternehmen im Mai 1994		159.000	
Entlassungen in Treuhandunternehmen und Ex-Treuhandunternehmen		2.952.000	
Privatisierter Grundbesitz		486,8 km^2	
Verpachteter Grundbesitz		12.241,0 km^2	

Quellen: Czada, Vom Plan zum Markt: Die radikale Massenprivatisierung der DDR-Wirtschaft, Jahrbuch für Europäische Verwaltungsgeschichte 1995, 307; *Siegmund*, Organisation der Treuhand und Privatisierungsergebnisse, in: Privatisierungspolitik in Ostdeutschland. hrsg. v. Siegmund, Wiesbaden, 2001, 14.

Warum kostete der „Verkauf" von Unternehmen so viel mehr als er am Ende einbrachte? Die THA *verkaufte* nicht Unternehmen, sondern *kaufte* möglichst zukunftsfähige Unternehmenskonzepte, Beschäftigungszusagen und Investitionspläne.

Wer dies vertraglich versprechen konnte, durfte mit finanzieller Unterstützung rechnen etwa zur Beseitigung ökologischer Altlasten, zur Tilgung von Altschulden[3] oder für den Aufbau wettbewerbsfähiger Produktionsstätten. Hinzu kommen Verwaltungs- und Beraterkosten. Die THA beschäftige auf dem Höhepunkt ihrer Tätigkeit über 4.600 Mitarbeiter und ein Heer von fast 2.000 externen Beratern, die überwiegend zur Bewertung und Bilanzierung von Firmen herangezogen wurden.[4] Finanziert wurde sie durch die Begebung von Treuhandanleihen, verbrieft in Sammelurkunden zu je 10 Mrd. DM, die Investoren weltweit zu Zinscoupons von knapp sieben Prozent gezeichnet hatten.[5] Diese Schuldverschreibungen und andere Verbindlichkeiten wurden in einem „Erblastentilgungsfonds" zusammengefasst, der 2015 vollständig getilgt und aufgelöst wurde.

II. Organisation, Rechtsform und Kontrollstrukturen

Die Treuhandanstalt, „das Unmögliche unternehmen"[6], war ihrer Rechtsform nach ein organisatorisch ausgegliederter Teil der Bundesverwaltung nach Art. 86, 87 Abs. 3 S. 1 GG. Tatsächlich war sie eine Zwitterkonstruktion, angesiedelt an der Schnittstelle zwischen Wirtschaft und Exekutive, eine Behörde im Gewand einer Unternehmensholding.[7] Ihre Ziele, Zwecksetzung und Handlungsgrundlage unterlagen dem Einigungsvertrag, dem Treuhandgesetz, Vermögensgesetz, Vermögenszuordnungsgesetz, Investitionsvorranggesetz, Hemmnisbeseitigungsgesetz sowie weiteren gesetzlichen und untergesetzlichen Regelwerken. In diesem Normenkleid konnte sie sich ausweislich zahlreicher Detailanalysen recht frei bewegen. Die Bundesregierung hatte ihre Rechts- und Fachaufsicht kaum wahrgenommen. Die Direktiven kamen aus Präsidium und Vorstand, die wiederum von einem zunächst 16, später 24köpfigen Verwaltungsrat kontrolliert wurden.

Der „Verwaltungsrat" war nach sozialpartnerschaftlich-tripartistischen Proporzregeln der alten Bundesrepublik zusammengesetzt worden. Neben dem Unternehmerlager waren Gewerkschaften, Landesregierungen sowie die Bundesministerien für Finanzen (BMF) und Wirtschaft (BMWi) vertreten. Damit folgte man Vorbildern wirtschaftspolitischer Krisenregulierung etwa in Form der „Konzertierten Aktion" der 1960er Jahre, bei der Bewältigung des Strukturwandels in der Kohle- und Stahlindustrie der

---

3   Insgesamt flossen mehr als 120 Milliarden D-Mark in die Tilgung von Altkrediten sowie Kosten für ökologische Sanierungsvorhaben.
4   *Czada*, Gegenwartskunde 1994, S. 185 (194).
5   *Czada*, in: Lehmbruch (Hrsg.), Einigung und Zerfall. Deutschland und Europa nach dem Ende des Ost-West-Konflikts, 1995, S. 73.
6   *Czada* (Fn. 4).
7   *Cadel*, Die Kontrolle der Treuhand-Anstalt und ihrer Unternehmen durch das Finanzministerium, den Rechnungshof und das Parlament, 1994.

1970er Jahre und bei der Privatisierung von Infrastrukturmonopolen in den 1980er Jahren.[8]

Tabelle 3
Repräsentation im THA-Verwaltungsrat (1991 – Zahl der Sitze)

Industrie	9
Landesregierungen	6
Gewerkschaften	4
Bundesregierung	2

Quelle: THA-Organisationshandbuch, Abschnitt 1.1.1.1.

Auch die Beiräte bei den Bezirksniderlassungen (Rostock, Neubrandenburg, Schwerin, Postdam, Frankfurt (Oder), Magdeburg, Cottbus, Halle, Leipzig, Erfurt, Dresden, Karl-Marx-Stadt (Chemnitz), Gera, Suhl, Berlin) waren gruppenpluralistisch zusammengesetzt. Hier fanden sich neben Wirtschaftskammern, Gemeinden und Gewerkschaften auch Vertreter von Kirchen, Landwirtschaft und lokalen Bürgerforen.

Tabelle 4
Gruppenrepräsentation in den Beiräten der 15 Niederlassungen der Treuhandanstalt
(Sitze und Prozentanteile zum 1.3.1991, Berlin: Juni1991)

Industrie- und Handelskammern	45 (33%)
Kommunen	28 (20%)
Gewerkschaften	18 (13%)
Landesregierungen	14 (10%)
Kirchen	14 (10%)
Landwirtschaft	9 (7%)
Bürgerforen	9 (7%)
Summe	137 (100%)

Quellen: THA-Büro Bonn, Anhang zum Bericht „Grundsätze der Zusammenarbeit von Bund, neuen Ländern und Treuhandanstalt für den Aufschwung Ost", 28.11.1991. Daten zu Berlin: Protokoll der konstituierenden Sitzung des THA-Bezirksbüros Berlin am 11.6.1991.

Die Rechtsstellung des Verwaltungsrates war der von Aufsichtsräten in Aktiengesellschaft nachgebildet: Bestellung und Abberufung des Vorstands, Überwachung der Geschäftsführung, Einsichts- und Prüfungsrechte, regelmäßige Unterrichtung durch

---

8 Zugespitzt bedeutet korporatistische Strukturpolitik, dass der Staat zahlt, die Wirtschaft plant und die Gewerkschaften in Sozialplänen bestimmen, wer entlassen wird: *Esser/Fach/Väth*, Krisenregulierung, Zur politischen Durchsetzung ökonomischer Zwänge, 1983; vgl. *Czada*, dms – der moderne staat – Zeitschrift für Public Policy, Recht und Management 2/2019, 23. Die sozialpartnerschaftlich korporatistische Politik ist auch unter dem Begriff „Modell Deutschland" bekannt geworden: *Markovits*, The Political economy of West Germany, Modell Deutschland, 1982; *Czada*, Leviathan 1/1998, 24.

den Vorstand, Zustimmungpflicht bei der Aufstellung des Wirtschaftsplanes, Kapitalmarktgeschäften, Unternehmensgründungen und bei Privatisierungen, Sanierungen oder Stilllegungen, sofern das Bilanzvolumen oder der Umsatz fraglicher Firmen über 150 Mill. DM lag oder mehr als 1.500 Beschäftigte betroffen waren. Allein das Recht der Berufung und Abberufung des Präsidenten und der Mitglieder des Vorstandes (§ 3 Abs. 2 TreuhG) offenbart die Machtfülle des Verwaltungsrates und dessen Rolle als eine unter Haftungsfreistellung operierende „Nebenregierung" der Vereinigungspolitik.

Die Wahrnehmung ihrer Fachaufsicht bewertete die Bundesregierung grundsätzlich als Ermessensfrage. Ob sie selbst tätig wird oder ihre Aufsichtsfunktionen an Externe abgibt, unterliegt demnach einem Opportunitätsprinzip. Selbst die Ausführung wichtiger Aufgaben der Fachaufsicht durch externe Unternehmen, die gleichzeitig die betroffene nachgeordnete Einrichtung beraten, ist eine faktisch gängige, allerdings vom Bundesrechnungshof gerügte Praxis.[9]

Die meisten Gesetze und Erlasse der Vereinigungspolitik konnte die Treuhandanstalt als deren Adressat maßgeblich beeinflussen. Fünf Durchführungsverordnungen, die allein im ersten halben Jahr zum Treuhandgesetz erlassen wurden sowie das 1991 verabschiedete Hemmnisbeseitigungsgesetz, das Investitionsvorranggesetz, das Registerverfahrensbeschleunigungsgesetz oder das Treuhand-Kreditaufnahmegesetz zeugen von einem äußerst beweglichen Gesetzgeber, der Impulse aus der Treuhandanstalt umgehend legislativ umsetzte. Das vereinigungsbedingte Vermögensrecht ist bis zu dreimal jährlich novelliert worden.[10] Der Vorgang erinnert an Carl Schmitts „motorisierte Gesetzgebungsmaschine" die Gesetzesvorgaben umgehend an sich rasch ändernde Verhältnisse anpasst, deren Formulierung extra-legislativen Akteuren überlässt, dabei in kurzer Voraussicht vereinfacht und beschleunigt, wodurch ständige weitere Novellierungen unausweichlich werden.[11]

Die parlamentarische Kontrolle der Treuhandanstalt war zunächst einem Unterausschuss des Haushaltausschusses des Bundestages übertragen worden. Im Vergleich zu Bundes- und Landesregierungen hatten Parlamente auf die Überwachung und Steuerung der Treuhandanstalt nur geringen Einfluss. Indes war der Bundestag als Gesetzgebungsorgan überaus produktiv, vor allem während der Vereinigungskrise 1991/92, als „Reparaturgesetze" in Serie gefertigt wurden. Dabei ist im Vermögengesetz (VermG)

---

9 Beschlußempfehlung und Bericht des 2. Untersuchungsausschusses „Treuhandanstalt", Deutscher Bundestag, 12. Wahlperiode, BT-Drs. 12/8404, 55 f.; *Bundesrechnungshof*, Abschließende Mitteilung an das Bundesministerium des Innern, für Bau und Heimat über die Prüfung Fachaufsicht der Bundesministerien über ihre nachgeordneten Geschäftsbereiche, Querschnittsprüfungsmitteilung, 20.12.2019.

10 *Wiedenfels*, Das Vermögensgesetz – Restitution im Zeitenwandel, Die offenen Vermögensfragen nach der Wiedervereinigung, 2019; *Fieberg/Reichenbach/Messerschmidt/Neuhaus* (Hrsg.), VermG. Gesetz zur Regelung offener Vermögensfragen (Kommentar), Loseblatt, Stand: 42. EL 2020.

11 *C. Schmitt*, Die Lage der europäischen Rechtswissenschaft, 1950, S. 30 f.

die ursprüngliche Stoßrichtung um 180 Grad gewendet worden: Aus dem Prinzip „Rückgabe vor Entschädigung" wurde das Prinzip „Entschädigung vor Rückgabe".[12] Bemerkenswert ist, dass die Finanzierung der deutschen Einheit an der parlamentarischen Haushaltsgesetzgebung vorbei erfolgte. Die üblichen Lenkungsmechanismen und Zustimmungsvorbehalte des parlamentarischen Budgetrechtes waren auf die Treuhandanstalt als rechtsfähige Anstalt des öffentlichen Rechtes nicht anwendbar.[13] Sie war ein Nebenhaushalt zur Schaffung der Deutschen Einheit, ebenso wie der Kreditabwicklungsfonds, die Staatliche Versicherung der DDR in Abwicklung, der Fonds Deutsche Einheit und der spätere Erblastentilgungsfonds. Sie finanzierte sich durch unbesicherte *commercial papers* und Treuhandanleihen, die in Abstimmung von THA-Vorstand, Bundesbank, Finanzministerium und der Frankfurter Böse begeben wurden.[14] Die zur Nutzung zeitgemäßer Finanzierungsinstrumente benötigte Finanzsoftware hatte der Flugzeugbauer Airbus zur Verfügung gestellt.[15] Die Politik hatte die darin zum Ausdruck kommende „Grenzöffnung" zwischen dem Staatssektor, parastaatlichen Instanzen, Verbänden und der Privatwirtschaft ausdrücklich befürwortet.

Als Finanzier der deutschen Einheit und des Aufbaues Ost spielen die beitragsfinanzierten Träger der Sozialversicherung eine besondere Rolle. Sie leisten bis heute West-Ost-Transfers, die über den Umfang des föderalen Finanzausgleichs hinausgehen.[16] Mit dem Einigungsvertrag war die gesamte Sozialgesetzgebung auf das „Beitrittsgebiet" übertragen worden, damit auch alle Ansprüche auf Versicherungsleistungen, die überproportional durch Beiträge aus wirtschaftlich starken Regionen finanziert werden. Während europäische Nachbarländer Sozialbeiträge im Rahmen neoliberaler Reformen kürzten, mussten sie in Deutschland vereinigungsbedingt erhöht werden. Dies provozierte heftige Kritik von Wirtschaftsverbänden und Gewerkschaften und befeuerte eine jahrelang anhaltende „Standortdebatte".[17]

III. In den Netzwerken der Vereinigungspolitik

Warum hat sich die Treuhandlösung gegenüber anderen, etwa in den postsozialistischen Nachbarländern praktizierten Ansätzen der Privatisierung durchgesetzt? Tatsächlich gab es eine Fülle alternativer Vorschläge. Bei einem Treffen von Abgesandten der Urtreuhand, des DDR-Wirtschaftsministeriums, des Bundeskanzleramts und zwei

---

12 *Czada,* in: ders./Wollmann (Hrsg.), Von der Bonner zur Berliner Republik. 10 Jahre Deutsche Einheit, 2000, S. 467.
13 *Spoerr,* Treuhandanstalt und Treuhandunternehmen zwischen Verfassungs-, Verwaltungs- und Gesellschaftsrecht, 1993.
14 *Czada,* Jahrbuch für Europäische Verwaltungsgeschichte 7 (1995), S. 307.
15 Interview des Verfassers mit Paul Hadrys, Abteilungsleiter Finanzen der THA, am 6.4.1994.
16 *Czada* (Fn. 5); *Ritter,* Der Preis der deutschen Einheit, Die Wiedervereinigung und die Krise des Sozialstaats, 2006.
17 *Czada,* Leviathan (Fn. 8).

Mitgliedern des CDU-Wirtschaftsrates mit Vertretern der deutschen Banken am 18. 5. 1990 forderten letztere eine privatautonome „Privatisierungsagentur" sowie die rasche Umwandlung von Großunternehmen in selbständige Aktiengesellschaften. Nur dies könne „unternehmerischen Grundsätzen" gerecht werden. Eine paritätische Besetzung von Leitungsgremien mit Vertretern von Arbeitnehmer- und Arbeitgeberseite stieß auf vehemente Ablehnung.[18] Zugleich wollten die Banken als Kreditgeber fungieren und den Vorsitz in Aufsichtsräten von THA-Firmen einnehmen. Indes ist die „Rechtsform Aktiengesellschaft als marktwirtschaftliches Symbol schlechthin"[19] nie realisiert worden, obwohl das Treuhandgesetz solche Aktiengesellschaften vorsah. Detlev Karsten Rohwedder, der mehr als sein Vorgänger, Rainer Maria Gohlke und seine Nachfolgerin Birgit Breuel als Repräsentant des sozialpartnerschaftlichen „Modells Deutschland auftrat, verfügte im August 1990, wenige Tage nach Übernahme des Präsidentenamtes, den Verzicht auf die Bildung von Treuhand-Aktiengesellschaften.

Die Regierungen der neuen Bundesländer forderten anfangs die Aufspaltung der Treuhandanstalt in Länderbehörden. Die DDR-Bürgerrechtsbewegung verlangte die Ausgabe von Anteilscheinen am „Volksvermögen" oder dessen Auktionierung, wie es in anderen postsozialistischen Staaten praktiziert wurde. Hinzu kam die Idee, jedem DDR-Bürger 50.000 DM zu geben, womit sie sich als Einzelpersonen oder gemeinschaftlich ihre eigenen Arbeitsplätze schaffen sollten.[20] Die Zeitungen des Jahres 1990 waren voll von Einfällen – oft aus Beratungsfirmen – und breiten öffentlichen Debatten, die zumeist in der Realität keinen Niederschlag gefunden hatten. Wie also kann die eigentümliche, teils gegen gesetzliche Vorgaben verstoßende Entwicklung erklärt werden?

Die Antwort liegt zum einen in situativen Herausforderungen und dem Eindruck, nur durch Stärkung des Treuhandvorstands – also ohne Aufspaltung in Treuhand-AGs oder Ländertreuhandanstalten – sei das 1990 absehbare Chaos zu bändigen. Darin kommt ein bislang wenig beachtetes Moment korporatistischer Steuerung zum Vorschein. In korporatistischen Arrangements erfüllen hierarchisch organisierte, teilautonome Monopolverbände Aufgaben der Formulierung und Ausführung von Politik sowie der Abstimmung mit staatlichen Instanzen und weiteren Verbandsakteuren. Korporatismus beruht auf Kontaktnetzwerken auf Spitzenebene. So sollen sachverständige, von Regierungsmehrheiten unabhängige Problemlösungen und deren unmittelbare Vollzug erreicht werden. Hinzu tritt ein Moment legitimatorischer Staatsentlastung. Tatsächlich operierte die Treuhandanstalt unabhängig von parlamentarischen Mehrheiten.

---

18 *Bundesarchiv,* Information über eine Beratung mit Vertretern der Banken, Berlin 18. 5. 1990, in: BArch, DC 20/11799.

19 *Seibel,* in: Wehling (Hrsg.), Deutschland Ost – Deutschland West: Eine Bilanz, 2002, 199 (201 f.).

20 *Grottian,* in: Grözinger (Hrsg.), Nur Blut, Schweiß und Tränen?, Alternativen zum Katastrophenhandeln bei der deutschen Einigung, 1991, S. 97.

Und sie zog Kritik und Aggression auf sich, die in anderer Konstellation die Bundesregierung getroffen hätte.[21]

In der politischen Architektur der Treuhandanstalt kommen charakteristische Merkmale des politischen Systems zum Vorschein. Deutschland gilt in der ländervergleichenden Demokratieforschung als Verhandlungsdemokratie, in der das Mehrheitsprinzip von Kompromisszwängen überlagert wird.[22] Anders als im hierarchischen Einheitsstaat mit alleinverantwortlicher Mehrheitsregierung, resultiert Politik aus Koalitionsverhandlungen, Verhandlungszwängen im Verbundföderalismus, neo-korporatistischer Verbändebeteiligung und körperschaftlicher Selbstverwaltung. Dazu zählen die Gestaltung der Berufsbildung durch Kammern und Gewerkschaften, die Selbstverwaltung der Sozialversicherungsträger und Kassenärztlichen Vereinigungen, technische Normungsgremien, die sozialpartnerschaftliche Tarifautonomie und Mitbestimmung bis hin zu den öffentlich-rechtlichen Medienanstalten, zum Religionskorporatismus und zur Hochschulautonomie.[23]

Die von fachlicher Autonomie geprägte Arbeitsweise der Treuhandanstalt charakterisiert sie als ein für Deutschland typisches, an der Schnittstelle von Staat, Markt und Gesellschaft angesiedeltes Organisationsgebilde. Neben der Einbindung von gesellschaftlichen Gruppen kommt dies auch in der Finanzierung durch Nebenhaushalte sowie einer Korona von Beiräten, sogenanten „Treuhandkabinetten" der Länder, einem „Leitungsausschuss", 21 Kanzlergesprächen mit Verbands- und Firmenvertretern oder der „Ludewig-Runde" in der Berliner Außenstelle des Kanzleramts zum Ausdruck.

Der THA-Leitungsausschuss entstand aus der Situation der Währungsumstellung. Mit der Währungsunion am 1.7.1990 sollten alle Unternehmen ihren Bedarf an Betriebsmitteln in DM-Beträgen bei der Treuhandanstalt anmelden, aufgeschlüsselt nach Lohnzahlungen, Sozialbeiträgen, Auftragsabwicklung, Investititonen etc. Da die „Urtreuhand" noch nicht direkt der Bundesregierung unterstand, aber von ihr finanziert wurde, musste ein Weg gefunden werden, diese Anträge in ihrem Sinne weniger nach rechtlichen als nach betriebswirtschaftlichen Kriterien zu überprüfen. Damit wurden Wirtschaftsprüfungs- und Beratungsunternehmen beauftragt, die nach der staatsrechtlichen Vereinigung den Treuhand-Leitungsausschuss bilden sollten. Als eigenständiges, in der Treuhandanstalt tätiges, aber ihr nicht eingegliedertes Beratungsorgan des Bundesfinanzministeriums hatte er fortan alle in der Zentrale eingehenden Unternehmenskonzeptionen geprüft und Empfehlungen zu deren Behandlung ausgesprochen.

---

21 *Seibel*, in: Wehling (Fn. 19).
22 *Lehmbruch*, Verhandlungsdemokratie, Beiträge zur vergleichenden Regierungslehre, 2003.
23 Damit unterscheidet sich Deutschland zusammen mit anderen, einst dem alten Reich zugehörigen Nachbarländern – Schweiz, Österreich und die Niederlande – vom Rest der Welt. *Lehmbruch*, Swiss Political Science Review 4/1996, S. 1; vgl. *Schuppert*, Die Erfüllung öffentlicher Aufgaben durch verselbständigte Verwaltungseinheiten, Eine verwaltungswissenschaftliche Untersuchung, 1981.

Ein politisches Koordinationsgremium hohen Ranges entstand mit Einrichtung der „Ludewig-Runde", benannt nach dem Staatssekretär im Bundeskanzleramt Johannes Ludewig. Ab Mai 1991 sollte sie die Umsetzung der Beschlüsse zum Aufbau Ost begleiten und wechselseitig überwachen. Später diente sie auch der Vorbereitung von Gesprächen des Bundeskanzlers mit den Ministerpräsidenten der neuen Bundesländer und dem Regierenden Bürgermeister von Berlin. Beteiligt waren neben Ludewig der Generalbevollmächtigte der Treuhandanstalt und die Chefs der Staatskanzleien der neuen Länder. Themen waren der Finanzbedarf der neuen Bundesländer, aktuelle Wirtschaftsfragen, Initiativen zum Aufbau Ost, Verwaltungshilfen, Osthandel und Hermes-Kreditabsicherungen, Arbeitsbeschaffungsmaßnahmen sowie jeweils aktuelle Fragen wie die Übertragung von Liegenschaften des Bundes auf Länder oder die Tätigkeit der Strafverfolgungsbehörden in der Treuhandanstalt.

Die Ludewig-Runde war durch Multilateralität, hohe Verbindlichkeit, Regelmäßigkeit und Häufigkeit des persönlichen Zusammentreffens gekennzeichnet. Hier waren die politischen Schaltzentralen auf einer Arbeitsebene unterhalb der Regierungschefs und des Treuhandpräsidiums verbunden. Anders als in der weit seltener und formloser zusammentretenden Bonner Kanzler-Runde zum Aufbau Ost, koordinierten sich die politischen Exekutiven in einem kleinen Kreis ohne Beteiligung gesellschaftlicher Interessen. Anders als in den bilateralen Treuhandkabinetten der Länder wurden vornehmlich allgemeine, länderübergreifende und politisch brisante Fragen der ökonomischen Systemtransformation und der Gesetzgebung behandelt.

In den Netzwerken der Vereinigungspolitik und des Aufbaues Ost trat die Treuhandanstalt als zentrale Schnittstelle und Mittler zwischen staatlichen und gesellschaftlichen Akteuren auf.

IV. Sektorale Variationen und Eigentumsrechte

Die marktwirtschaftliche Transformation verlief in einzelnen Sektoren höchst unterschiedlich. Industrie; Landwirtschaft, Medien, Gesundheit, Handel, Banken, Infrastruktur, Bildung und Forschung entwickelten sich nicht im Gleichklang. Die Erforschung und Erklärung dieser Unterschiede bietet tiefe Einblicke in die Probleme und Arbeitsweisen sowie Erfolge und Misserfolge der Treuhandanstalt und der Vereinigungspolitik ingesamt.[24]

Die öffentliche Aufmerksamkeit richtete sich überwiegend auf die Privatisierung, Sanierung und Abwicklung von großen Kombinatsbetrieben. Dort kam es zu den meisten Betriebsschließungen und Massenentlassungen, sozialen Konflikten und öffentlichkeitwirksamen Protestaktionen bis hin zu Werksbesetzungen und Hungerstreiks gegen die Treuhandanstalt. Deutlich reibungsloser ging die Privatisierung von Dienstleis-

---

24 *Czada/Lehmbruch* (Hrsg.), Transformationspfade in Ostdeutschland: Beiträge zur sektoralen Vereinigungspolitik, 1998; *Czada,* in: Lorenz (Hrsg.), Ostdeutschland und die Sozialwissenschaften: Bilanz und Perspektiven 20 Jahre nach der Wiedervereinigung, 2011, S. 315.

tungsbetrieben, Handelsunternehmen, Läden, Gaststätten, Hotels, Banken und Medienhäusern vonstatten. Großteils kamen hier westdeutsche Aufkäufer zum Zuge. Für sie bot sich eine einmalige Chance territorialer Markterweiterung. Der Lebensmittelhandel, Kraftfahrzeughandel, Hotels, Banken und Medien wurden rasch unter westdeutschen Firmen aufgeteilt. So waren westdeutsche Filialbetriebe des Lebensmittelgroß- und Einzelhandels, die westdeutschen Banken und Sparkassen sowie die großen Zeitungshäuser schon vor der Wirtschafts- und Währungsunion und der darauffolgenden staatsrechtlichen Vereinigung, im Osten präsent.

Auch die Privatisierung der Landwirtschaft verlief reibungslos, wo mit Austritt aus einer Landwirtschaftlichen Produktionsgenossenschaft die Rückerstattung von zwangskollektiviertem Bodeneigentum verbunden war. Die Privatisierung des staatlichen und aus Betrieben abgespaltenen Bodeneigentums oblag zwei THA-Tochtergesellschaften und späteren THA-Nachfolgern: der Bodenverwertungs- und -verwaltungs GmbH (BVVG) und der Treuhand Liegenschaftsgesellschaft mbH zur Verwertung und Verwaltung sonstiger Liegenschaften (TLG Immobilien). Auch wenn über Jahre hinweg ein juristischer Streit über die Rechtmäßigkeit besatzungsrechtlicher Enteignungen tobte, und sich das westdeutsche Ideal des bäuerlichen Familienbetriebs nicht durchsetzen konnte, schlug die Transformation der Landwirtschaft weniger Wunden als die Privatisierung des Industriesektors. Reibungslos verlief die Transformation auch im öffentlichen Bildungssektor – wenn man von politisch bedingten Entlassungen an Universitäten absieht. Kaum Probleme verursachte auch das Gesundheitswesen, obwohl hier der im Einigungsvertrag garantierte Fortbestand der DDR-Polikliniken vom Streben der Ärzte nach freier Niederlassung konterkariert wurde.[25]

Warum verlief die Industrietransformation im Vergleich zu anderen Branchen so schleppend und konfliktreich? Zum einen waren die Märkte der Konsum- und Investitionsgüterindustrie weggebrochen. Niemand wollte noch Automarken, Möbel oder Küchengeräte aus der untergegangenen DDR kaufen. Selbst auf der Höhe der Zeit produzierende Unternehmen des Anlagenbaues – Kräne, Aufzüge, Werkzeughersteller – fanden keine Abnehmer, weil ihre Märkte in den osteuropäischen COMECON-Staaten am Boden lagen. Ähnliches galt für Bergbau, Werften und Hüttenindustrie.

Bei der Industrieprivatisierung musste die THA unerwartete Rückschläge hinnehmen. Frühe „Ostphantasien" hatten sich bereits in der „Vereinigungskrise" der Jahre 1991/92 in Luft aufgelöst, darunter der Plan, das Eisenhüttenkombinat Ost (EKO) mit seinen engen Verbindungen ins russische Erzrevier um Tscherepowetz als Produktions- und Lieferstandort von hochwertigen Stahlsorten für die erwartete Massenmotorisierung Osteuropas auszubauen. Neben den im früheren Ostblock zu verzeichnenden Wirtschaftseinbrüchen machte die Einführung der D-Mark Exporthoffnungen der DDR-Industrie zunichte. Infolge der Wirtschafts-, Währungs- und Sozialunion mit der westdeutschen Bundesrepublik wurden Löhne, Materialkosten und Produkte in

---

25 *Wasem*, Von der „Poliklinik" in die Kassenarztpraxis, Versuch einer Rekonstruktion der Entscheidungssituation ambulant tätiger Ärzte in Ostdeutschland, 1992.

D-Mark abgerechnet. Dies traf neben Produktivitätsrückständen und organisatorischen Defiziten der Planwirtschaft die DDR-Wirtschaft ins Mark.

In Verlauf und Ergebnis unterschiedliche Transformationspfade können mit besonderen ökonomischen Umständen und mit der Spezifik von Eigentumskonflikten erklärt werden. Nicht alle Sektoren erwiesen sich als gleichermaßen konfliktträchtig. Der am längsten schwelende und die Justiz intensivst tangierende Konflikt bestand im Widerstreit von Treuhandprivatisierung, vermögensrechtlicher Naturalrestitution und Entschädigungsleistungen für den Verlust nicht restituierbaren Eigentums. In der DDR enteignete „Alteigentümer" verlangten ihren Besitz zurück, hatten aber oft weder die Kenntnis, noch den Willen, noch die Mittel, ihn investiv zu nutzen und damit den Aufbau Ost voranzubringen. Sie hofften nur auf Wertsteigerung. Wenn aber viele mit Investitionen warten wollen bis die Wirtschaft wächst, wächst die Wirtschaft nie. Die Politik musste also, erstens, den Invetitionsvorrang gesetzlich festschreiben und, zweitens, die anfängliche Devise „Rückgabe vor Entschädigung" umdrehen. Beides geschah mit dem Investitionsvorranggesetz vom 14. 7. 1992 und durch fortlaufende Änderungen am „Gesetz zur Regelung offener Vermögensfragen".

Die Regelwerke der ersten Transformations- und Vereinigungsphase waren noch ganz vom Modell des Institutionentransfers geprägt, wonach die neuen Bundesländer eine Kopie der westdeutschen Bundesrepublik werden sollten. So war es im Einigungsvertrag vorgesehen. Indes verlangte die Situation ständige Anpassungen, mit denen Abweichungen vom ursprünglichen Ziel verbunden waren. Fast durchwegs kamen die Initiativen dazu aus dem unmittelbaren Vereinigungsmanagement. Die Exekutiven vor Ort gaben die Richtung vor. Der Gesetzgeber besserte nach, nicht zuletzt um die Judikative für einen erwarteten Ansturm von Widerspruchsverfahren zu wappnen.

Strategieanpassungen der THA lassen ich an der Abfolge ihres Spitzenpersonal ablesen: Nachdem der erste Präsident der Urtreuhand, Peter Moreth, noch von einer sozialistischen Marktwirtschaft geträumt hatte, der zweite, Rainer-Maria Gohlke, über langfristigen Umbauplänen grübelte und sein Nachfolger Detlev Rohwedder eine föderal und sozialpartnerschaftlich ausgehandelte Transformation eingeleitet hatte, vollzog die wirtschaftsliberal eingestellte Birgit Breuel als vierte, letzte und am längsten amtierende THA-Päsidentin die endgültige Wende zur radikalen Massenprivatisierung.

Rohwedder war von 1969 bis 1978 Staatssekretär der SPD im Bundeswirtschaftsministerium und hatte sich bei der Bewältigung der westdeutschen Strukturkrisen der späten 1970er Jahre als erfolgreicher Sanierer erwiesen. Sein Satz „Schnell privatisieren, entschlossen sanieren, behutsam stilllegen" wurde zum *Mission Statement* der Treuhandanstalt. Am 1. 4. 1991, wurde er in seinem Wohnhaus durch einen Schuss aus 63 Metern Entfernung ermordet. Die Tat wurde nie aufgeklärt.[26]

---

26 *Gellert,* in: GS f. Rohwedder, 2012, S. 23; *W. Schäuble,* ebenda, S. 3.

V. Demokratische Legitimation der Treuhandanstalt

In Demokratien geht idealiter alle Macht vom Volke aus. Jedes hoheitliche Handeln soll im Einklang mit der Verfassung stehen, die Berufung der Amtswalter auf gewählte Organe zurückgehen und deren Tun an allgemeine Gesetze gebunden sein. Diese Prinzipien funktioneller, organisatorisch-personeller sowie sachlich-inhaltlicher Legitimation fanden unter dem Begriff „Legitimationskettentheorie" Eingang in die Verfassungsrechtsprechung. Damit wird alles staatliche Handeln auf die Willensäußerung des Volkes im Parlament zurückgeführt. Die Politikwissenschaft hat diese auf Input-Legitimation gestützte juristische Sichtweise um das Konzept der „Output Legitimation" erweitert.[27] Legitimität wäre demzufolge auch an Ergebnissen der Politik zu messen.

Der alleinige Verweis auf Input-Legitimation lässt die verfassungskonforme Legitimierung intermediärer Aufgabenträger prekär erscheinen, umso mehr, wenn sie in ihren Entscheidungen stark von nichtstaatlichen Verbandsakteuren und Experten beeinflusst sind. Dem Demokratiegebot mit seinen Prinzipien gleicher Beteiligungschancen, Transparenz und Öffentlichkeit sowie Verantwortlichkeit[28], konnte die Treuhandanstalt offenkundig nicht genügen. Im Gegenteil: Ihre Arbeit war von selektiver Beteiligung, Nichtöffentlichkeit und Verantwortungsdiffusion gekennzeichnet. Dies kam in den Verhandlungen mehrerer parlamentarischer Untersuchungsausschüsse in Bund und Ländern zur Tätigkeit der Treuhandanstalt zum Ausdruck.[29] Dabei wurde auch deutlich, dass die Zweckbestimmung und faktische Selbständigkeit der Treuhandanstalt explizit auf die Erwartung spezifischer Leistungen auf der Outputseite des politischen Systems zurückging – Leistungen, die sich der Staat selbst nicht zutraute.

Die entstandenen komplexen Strukturen der Interorgankontrolle, an denen Bund, Länder, Verbände, Firmen Berater, und Experten beteiligt waren, vermitteln das Bild einer von Informalität und Improvisation geprägten „Adhokratie", die im Gegensatz zum bürokratischen Prinzip agiert. Bürokratisches Handeln ist einer festen Struktur untergeordnet. Dagegen bleiben in der Adhokratie Handeln und Struktur fluide[30].

Die Beantwortung der Demokratiefrage hängt auch davon ab, inwiefern die Treuhandanstalt hoheitlich tätig war und ob damit intensive Grundrechtseingriffe verbunden waren. Der von ihr massiv betriebene Arbeitsplatzabbau wurde sozialstaatlich abgefedert. Er erscheint weniger problematisch als Eigentumstransfers und deren Aus-

---

27 *Scharpf,* Demokratietheorie zwischen Utopie und Anpassung, 1972; *ders.,* FS f. Lehmbruch, 1993, S. 25; *Benz,* in: Greven (Hrsg.), Demokratie – eine Kultur des Westens?, 1998, S. 201.
28 *Benz* in: Greven (Fn. 27), S. 201 f.
29 Treuhandanstalt, Bericht des 2. Untersuchungsausschusses des 12. Deutschen Bundestages, BT-Drs. 12/8404; *Landtag Sachsen Anhalt,* Bericht und Beschlußempfehlung Drs. 1/3746 25. 5. 1994 Untersuchungsausschuss betr.: Treuhandanstalt, 1994.
30 Der Pressesprecher der Treuhandanstalt, Wolf Schöde, bezeichnete die Mitarbeiter der Treuhandanstalt gegenüber dem Verfasser wörtlich als „Verwaltungspartisanen". Zum Begriff der Adhokratie vgl. *Russell-Walling,* 50 Schlüsselideen Management, 2011, S. 4 (zur Adhokratie).

Die Treuhandanstalt

wirkungen auf die wirtschaftliche Entwicklung. Ex-Kanzler Helmut Schmidt nannte die THA eine für die Landesregierungen und Landtage aller östlichen Bundesländer überaus mächtige, mit großen Kompetenzen und Finanzmitteln ausgestattete weitgehend informell agierende „Nebenregierung", worin die Frage ihrer demokratischen Legitimation anklingt.[31] Eigentumskonflikte bekamen besondere Brisanz, weil Vermögensverluste jeglicher Art unter mehreren politischen Regimen zu klären und rund eine Million Anträge auf Rückgabe zu entscheiden waren. Eigentumsrechtliche Folgen des NS-Terrors, Enteignungen der Besatzungszeit und mehrere Sozialisierungswellen in der DDR waren von eigens eingerichteten Vermögensämtern abzuarbeiten.

In der Treuhandanstalt sprach man nicht in juristischer Manier von Eigentum, sondern, wie Ökonomen und Manager, von Vermögen als dem, was Eigentum vermag beziehungsweise als Wirtschaftsgut zum Aufbau Ost beitragen konnte. Die Rede von „offenen Vermögensfragen" verdeutlicht, dass es weniger um die juristische Begründung oder Wiederherstellung von Eigentumsrechten ging als um Fragen der Vermögensverteilung und des Lastenausgleichs, in die neben juristischen Aspekten politische, soziale und wirtschaftliche Erwägungen einflossen. Bei den Verhandlungen des Bundesverfassungsgerichts zu Fragen von Restitution und Entschädigung „stand keineswegs die Eigentumsgarantie des Grundgesetzes im Vordergrund, sondern der Gleichheitsgrundsatz, das Rechtsstaatsprinzip und das Sozialstaatsgebot".[32] Das Ziel, geschehenes Unrecht zu heilen, andererseits neue Besitzstände mit eigener Berechtigung zu schützen und dabei den ökonomischen Aufbau Ost nicht über Gebühr zu beeinträchtigen, erforderte ein politisch abwägendes statt rein rechtsdogmatisch begründetes Vorgehen.

Die Berücksichtigung von Rückübertragungsansprüchen in Kaufverträgen der THA war infolge der mit Restitutionsanträgen überlasteten Vermögensämter erschwert. Fortlaufende Gesetzesanpassungen stärkten die Position der Treuhandanstalt. Wo eine einvernehmliche Regelung zwischen Restitutionsberechtigten und qua Privatisierungsvertrag verfügungsberechtigten Investoren nicht erzielbar war, konnte man auf ein gesetzlich abgesichertes Investitionsvorrangverfahren zurückgreifen.[33] Von den bei Vermögensämtern gestellten Anträgen auf Rückerstattung bezogen sich 244.181 auf Treuhandunternehmen oder Ex-Treuhandunternehmen. Davon gingen 159.683 in Widerspruchsverfahren und 64.691 landeten vor Verwaltungsgerichten.[34] Die ständige „Reparaturgesetzgebung" und die an ihr orientierte Rechtsprechung sind insofern

---

31 *H. Schmidt,* Auf dem Weg zur deutschen Einheit, Bilanz und Ausblick, 2005.
32 *Ossenbühl,* in: Ipsen/Rengeling/Mössner (Hrsg.), Verfassungsrecht im Wandel: Wiedervereinigung Deutschlands, Deutschland in der Europäischen Union, Verfassungsstaat und Föderalismus. 1995, S. 129.; BVerfGE 84, 90.
33 Insbes. Hemmnisbeseitigungsgesetz (PrHBG; Gesetz zur Beseitigung von Hemmnissen bei der Privatisierung von Unternehmen und zur Förderung von Investitionen) und Investititonsvorranggestez (InVorG: Gesetz über den Vorrang für Investitionen bei Rückübertragungsansprüchen nach dem Vermögensgesetz).
34 Bundesamt für zentrale Dienste und offene Vermögensfragen (BADV), Statistische Übersichten zum 31.12.2015.

materiellrechtlich der Lage Herr geworden. Daneben wurden 33 Strafverfahren gegen Mitarbeiter der Treuhandanstalt wegen Bestechlichkeit und Untreue eingeleitet.[35]

VI. Fazit und Nachwirkungen

Die Tätigkeit der Treuhandanstalt glich einem Balanceakt: Sie musste gesetzliche Vorgaben, Restitutionsansprüche, Investitions- und Beschäftigungsziele, Altschuldenübernahmen, die ökologische Altlastensanierung, Infrastrukturaufgaben und Erfordernisse der Daseinvorsorge (z. B. bei der Vermögenszuordnung an öffentliche Aufgabenträger) so in Relation bringen, dass die Interessen jeweiliger Bundes- und Länderresorts, der Kommunen, Kommunalverbände, Kammern, Unternehmen, Wirtschaftsverbände, Gewerkschaften und Belegschaften, Investoren und Alteigentümer möglichst berücksichtigt wurden. Dabei stießen Fragen des Beschäftigungserhaltes und der Investititionsförderung auf zuweilen extentielle Interessengegensätze. Für Vertreter der Wirtschaft, die im Verwaltungsrat der Treuhandanstalt die Mehrheit bildeten war von Belang, welche Investitionshilfen sie ihren potentiellen Wettbewerbern in den neuen Ländern zuführt und welche Industriestruktur durch die Tätigkeit der Treuhandanstalt geschaffen wird.

Die Netzwerke der Vereinigungspolitik, in denen die Treuhandanstalt zentral positioniert war, können als Abbild der deutschen Verhandlungsdemokratie begriffen werden. An der Schnittstelle von Staat, Wirtschaft und Gesellschaft entstand ein Organisationsgebilde, das stark vom kooperativen Föderalismus sowie Traditionen des Verbändekorporatismus und funktionaler Selbstverwaltung geprägt war. Ergänzend erklärt die in der deutschen Staatstradition angelegte „Erfüllung öffentlicher Aufgaben durch selbständige Verwaltungseinheiten"[36] die Entstehungsbedingungen und Potentiale der Treuhandanstalt.[37]

Wenn wir uns in einem Gedankenexperiment vorstellen, wie die deutsche Vereinigung in einem Einheitsstaat ohne Institutionen intermediärer Machtteilung und Aufgabenerfüllung, dafür mit parlamentsabsolutistischen Zügen wie der britischen Westminsterdemokratie, oder in einem republikanisch-legalistischen Staat wie in Frankreich zu bewerkstelligen gewesen wäre, wird deutlich, wie stark Merkmale des politischen Systems und der Einfluss nichtmajoritärer Kräfte die Vereinigungspolitik und ihren letztlichen Erfolg geprägt haben.

---

35 Vgl. *Boers* (Hrsg.), Wirtschaftskriminalität und die Privatisierung der DDR-Betriebe, 2010; Antwort der Bundesregierung auf die Kleine Anfrage der Abgeordneten Ingrid Remmers, Katrin Kunert, Dr. Gesine Lötzsch, weiterer Abgeordneter und der Fraktion Die Linke. BT-Drs. 17/9880.

36 *Schuppert* (Fn. 23).

37 *Schuppert*, Staatswissenschaften und Staatspraxis 1992, S. 186; vgl. *Huppertz/Mackscheidt*, in: Tiepelmann/van der Beek (Hrsg.), Theorie der Parafiski, 1992, S. 67.

Die Treuhandanstalt hat keineswegs den anfangs von vielen befürchteten zentralistischen Schub im politisch-administrativen System ausgelöst.[38] Stattdessen wurde sie „zu einer Hybrid-Organisation, die institutionelle Morpheme der DDR-Wirtschaftsverwaltung in ihrem organisatorischen Zentrum mit solchen der föderativen und neokorporatistischen Strukturen der westdeutschen Bundesrepublik in sich vereinte".[39] Tatsächlich verraten Entwicklung und Arbeitsweise der Treuhandanstalt sehr viel über den arbeitenden Staat in Deutschland, darüber, wie Politik, Verwaltung und Wirtschaft in ihren wechselseitigen Bezügen funktionieren. Sie erscheint in der Rückschau nicht als ein der deutschen Staats- und Verwaltungstradition aufgezwungener Fremdkörper. Auf Grundlage der von Detlev Rohwedder initiierten Weichenstellung, konnte sie sich fast nahtlos in das politische administrative System einfügen und nach kurzer Dauer wieder beendet werden beziehungsweise in ihren Nachfolgeorganisationen aufgehen. Auch wenn ihre Tätigkeit im Ergebnis bis heute nachwirkt und den Nachgeborenen noch lange in Erinnerung bleibt, hat sie das Denken über Politik, Verwaltung, Organisation und Management nicht nachhaltig beeinflusst.

---

38 Vgl. *Oschmann/Raab,* Politische Vierteljahresschrift (PVS) 2002, S. 445.
39 *Seibel,* in: ders./Benz (Hrsg.), Regierungssystem und Verwaltungspolitik: Beiträge zu Ehren von Thomas Ellwein, 1995, 216 (247 f.).

Debatten um die Regulierung des Schwangerschaftsabbruchs 1990 bis 1993: kulturelle Differenzen oder westdeutsche Hegemonie?

Von *Ulrike Lembke*, Berlin*

Im Prozess der „Deutschen Einheit" wurde die Regulierung des Schwangerschaftsabbruchs höchst kontrovers diskutiert. Die Aufhebung des parlamentarischen Kompromisses von 1992 durch das Bundesverfassungsgericht beruhte auf durchaus kritikwürdigen Argumentationen eines exklusiv männlichen Rechtsdiskurses. Entschieden wurde letztlich ein westdeutscher Kulturkampf aus den 1980er Jahren und das Modernisierungsdefizit der Bundesrepublik in Gleichstellungsfragen wurde für viele Jahre zum gesamtdeutschen Status quo.

I. Die Regelung des Schwangerschaftsabbruchs als Hindernis auf dem Weg zur „Deutschen Einheit"

Die Sitzung des Deutschen Bundestages am 20.9.1990 kann ohne Übertreibung als historisch bezeichnet werden. Wichtigster Tagesordnungspunkt war die Zustimmung zum Einigungsvertrag und damit zum Beitritt der DDR zum Geltungsbereich des Grundgesetzes am 3.10.1990. Mitten in der Sitzung wurde das Ergebnis der Volkskammerabstimmung zum Einigungsvertrag bekannt gegeben: 299 Ja-Stimmen, 80 Nein-Stimmen und eine Enthaltung.[1] Auch im Bundestag wurde die notwendige Zweidrittelmehrheit zwar klar erreicht, doch war das Ergebnis nicht einstimmig.[2] Die Bundestagsfraktion der Grünen stimmte fast geschlossen gegen den Einigungsvertrag, weil aus ihrer Sicht die Chance einer demokratischen Neugestaltung verpasst und wesentliche soziale wie ökologische Fragen nicht gelöst wurden. Weit überraschender waren jedoch die 13 Nein-Stimmen aus der CDU/CSU-Fraktion.

---

* Dieser Beitrag vertieft Überlegungen, welche zugleich andernorts, insbesondere in Ariadne 77 (2021) i.E., vorgestellt werden. Alle zitierten Internetseiten wurden letztmalig am 12.2.2021 abgerufen.
1 Plenarprotokoll 11/226 v. 20.9.1990, S. 17872.
2 Endgültiges Ergebnis nach Plenarprotokoll 11/226 v. 20.9.1990, S. 17896 ff.: 440 Ja-Stimmen, 47 Nein-Stimmen, 3 Enthaltungen.

In einer ungewöhnlichen Vielzahl persönlicher Erklärungen erläuterten die Abgeordneten der CDU/CSU-Fraktion ihre Zustimmung wie Ablehnung.[3] Neben der Anerkennung der Oder-Neiße-Grenze und den entschädigungslosen Enteignungen zwischen 1945 und 1949 war es eine spezifische Übergangsregelung, welche die Abstimmung über den Einigungsvertrag für konservative Parlamentarier zur problematischen Gewissensentscheidung machte. Art. 31 Abs. 4 EinigungsV[4] lautete: „Es ist Aufgabe des gesamtdeutschen Gesetzgebers, spätestens bis zum 31. Dezember 1992 eine Regelung zu treffen, die den Schutz vorgeburtlichen Lebens und die verfassungskonforme Bewältigung von Konfliktsituationen schwangerer Frauen vor allem durch rechtlich gesicherte Ansprüche für Frauen, insbesondere auf Beratung und soziale Hilfen, besser gewährleistet, als dies in beiden Teilen Deutschlands derzeit der Fall ist."
Grundsätzlich wurde die „Deutsche Einheit"[5] durch den Beitritt der ehemaligen DDR in Form von fünf neuen Bundesländern zum Geltungsbereich des Grundgesetzes nach Art. 23 GG a.F. verwirklicht. Dies bedeutete die Übernahme der Institutionen, Systeme, Eliten und rechtlichen Regelungen der Bundesrepublik durch die ostdeutschen Länder. Mit Art. 31 Abs. 4 EinigungsV wurde in einem hoch umstrittenen Punkt von diesem Vorgehen abgewichen, denn bis zu einer Neuregelung, spätestens bis Ende 1992, galten in West und Ost unterschiedliche Regelungen zum Schwangerschaftsabbruch.

1. Schwangerschaftsabbruch in DDR und BRD

Die fraglichen Normen wirkten auch kaum vereinbar. Während in der DDR eine staatlich verordnete Fristenregelung galt, war die in der BRD seit 1976 geltende komplizierte Indikationenregelung äußerst umstritten und produzierte überdies sehr unterschiedliche Rechtsrealitäten in Nord- und Süddeutschland.[6]
In der DDR war mit dem „Gesetz über die Unterbrechung der Schwangerschaft"[7] vom 9.3.1972 ohne vorherige öffentliche Debatte überraschend eine Fristenregelung ein-

---

3 Plenarprotokoll 11/226 v. 20.9.1990, S. 17931 ff.
4 Art. 31 EinigungsV versammelte insgesamt die rudimentären Reste, die (nach massivem politischem Druck) von den reichhaltigen frauenpolitischen Forderungen der Wendezeit übrig geblieben waren, vgl. *Young*, Triumph of the Fatherland, 1999, S. 163 ff.
5 Die Terminologie ist schwierig. Fast jede Begrifflichkeit ist durchdrungen von exkludierenden Vorannahmen, welche alle Personen ausschließen, die nicht *weiße* Deutsche sind. Zudem gibt jede Begriffswahl spezifische Perspektiven wieder, die ihre Implikationen meist nicht offenlegen. Im Folgenden wird vom Prozess der „Deutschen Einheit" gesprochen, um auf eine hegemoniale Erzählung zu verweisen. Zu anderen Erzählungen: *Lierke/Perinelli* (Hrsg.), Erinnern stören. Der Mauerfall aus migrantischer und jüdischer Perspektive, 2020; *Piesche* (Hrsg.), Labor 89. Intersektionale Bewegungsgeschichte*n aus West und Ost, 2020.
6 Siehe *Lembke*, Schwangerschaftsabbruch in DDR und BRD (2020), https://www.digitales-deutsches-frauenarchiv.de/angebote/dossiers/30-jahre-geteilter-feminismus/schwangerschaftsabbruch-in-ddr-und-brd.
7 Gesetzblatt I, Nr. 5, S. 89.

geführt worden. Das Gesetz war das erste und einzige der DDR, welches von der Volkskammer nicht einstimmig beschlossen wurde, sondern mit 14 Gegenstimmen und 8 Enthaltungen.[8] Ein Schwangerschaftsabbruch konnte danach in den ersten 12 Wochen ohne weitere Voraussetzungen im Rahmen der Krankenversicherung in einer Klinik vorgenommen werden. Durchführung und Nachbehandlung des Abbruchs wurden versicherungsrechtlich dem Krankheitsfall gleichgestellt und ein Recht auf kostenlose Verhütungsmittel statuiert. Strafbar waren nur gewerbsmäßige oder nicht ärztlich durchgeführte Schwangerschaftsabbrüche sowie ein Abbruch gegen den Willen der Schwangeren.

Die fehlende öffentliche Diskussion sollte nicht über durchaus heterogene ethische Einstellungen zum Schwangerschaftsabbruch in der DDR hinwegtäuschen, die aber nicht zwingend mit entsprechenden (repressiven) rechtlichen Forderungen verknüpft waren.[9] Frauen wollten weiterhin über ihr Leben bestimmen, freier über Bedenken und Zweifel sprechen, eine Beratung in Anspruch nehmen. Eine grundlegende Strafbarkeit des Schwangerschaftsabbruchs kam aber auch für konfessionell gebundene DDR-Bürger*innen selten in Betracht.[10] Weitreichende Entscheidungen über die eigene Familienplanung, ökonomische Unabhängigkeit und Lebensabschnitte als (doppelt und dreifach belastete) berufstätige Mutter gehörten zur weiblichen Lebensrealität in der DDR.

In der BRD gab es seit den 1960er Jahren öffentliche Proteste und gesellschaftliche Auseinandersetzungen um das Recht von Frauen auf sexuelle und reproduktive Selbstbestimmung. Im Juni 1971 erklärten 374 Frauen öffentlich im Stern: „Wir haben abgetrieben!"[11] Die unter der sozial-liberalen Regierung mit knapper Mehrheit im April 1974 verabschiedete Fristenlösung mit Beratungspflicht wurde zehn Monate später vom Bundesverfassungsgericht für verfassungswidrig und nichtig erklärt, da sie den staatlichen Schutz des ungeborenen Lebens nicht hinreichend garantiere.[12] Daraufhin galt ab 1976 eine komplexe Indikationenregelung, wonach unter bestimmten Bedingungen ein von der Krankenkasse finanzierter Schwangerschaftsabbruch zulässig war. Die Zahl der legalen Schwangerschaftsabbrüche in der BRD stieg deutlich an und wurde zu mehr als 80 % auf eine weit verstandene Notlagen-Indikation gestützt.

Mit dem Regierungsantritt von Bundeskanzler Helmut Kohl und der damit verkündeten „geistig-moralischen Wende" begann ein Jahrzehnt der intensiven Auseinandersetzung um den Schwangerschaftsabbruch. Von Rechtspolitik und Rechtsdiskurs wurde die soziale Notlagenindikation als Missbrauch skandalisiert und allgemeiner Sittenverfall konstatiert. Es gab Verfassungsbeschwerden sowie Normenkontrollanträge

---

8 Hierzu *Schwartz*, in: Wengst/Wentker (Hrsg.), Das doppelte Deutschland, 2008, S. 183 ff.; ferner *Mahrad*, Schwangerschaftsabbruch in der DDR, 1987, S. 248 f.
9 *Maier*, taz v. 15.12.2017, https://taz.de/Debatte-Abtreibung-in-Ost-und-West/!5468046/.
10 Vgl. *Ferree*, Varieties of Feminism, 2012, S. 149 ff.
11 Siehe hierzu https://www.digitales-deutsches-frauenarchiv.de/akteurinnen/aktion-218.
12 BVerfGE 39, 1 ff.

gegen die Krankenkassenfinanzierung[13] und die Lohnfortzahlung[14] beim Schwangerschaftsabbruch. Bis zum Ende der 1980er Jahre ließen Kreiswehrersatzämter die Wehrdienstverweigerung daran scheitern, dass ein Schwangerschaftsabbruch nach einer Vergewaltigung für ethisch vertretbar gehalten wurde.[15] Nachdem Bundeskanzler Kohl in seiner zweiten Regierungserklärung nachdrücklich dazu aufgerufen hatte, alles zu tun, „um die erschreckend hohe Zahl von Schwangerschaftsabbrüchen aus sozialer Notlagenindikation so weit wie möglich zu senken"[16], stiegen die zuvor im niedrigen zweistelligen (in vielen Bundesländern im niedrigen einstelligen) Bereich verbleibenden Ermittlungsverfahren wegen Verstoßes gegen §§ 218 ff. StGB ab 1987 in Bayern und Rheinland-Pfalz auf dreistellige Werte an[17]. Der daraus resultierende Strafprozess gegen einen Gynäkologen und seine Patientinnen vor dem Landgericht Memmingen[18] sollte die Definitionshoheit über eine soziale Notlage exklusiv der Justiz überantworten und rief ein ungeheures Medienecho hervor. Zwar wurde rechtspolitisch auch der Erhalt der sozialen Indikation[19] oder die vollständige Entkriminalisierung[20] gefordert. Doch 1990 entschied das BayObLG, dass Adoption immer eine Alternative und „Nothilfe" zu Gunsten des Embryos gegen die Schwangere zulässig sei,[21] und die Bayerische Landesregierung stellte einen Normenkontrollantrag[22] gegen die Indikationenregelung beim BVerfG.

2. Vom Runden Tisch zum Einigungsvertrag

Die westdeutschen Auseinandersetzungen wurden im Osten mit Besorgnis wahrgenommen. Im Februar 1990 forderte die Sozialistische Fraueninitiative SOFI die „unbedingte Erhaltung der Möglichkeit des legalen Schwangerschaftsabbruches" in der Form von 1972 als „dem elementarsten Recht der Frauen auf eine selbstbestimmte Lebensgestaltung".[23] Im April 1990 wurde vor der Volkskammer für die Beibehaltung der DDR-Fristenregelung demonstriert, im Juni in Bonn und Berlin gegen § 218 StGB, zehntausende Unterschriften wurden gesammelt und Postkarten verschickt.[24] Der Verfassungsentwurf des Runden Tisches für die DDR hatte in Artikel 4

---

13 BVerfGE 78, 320–331.
14 BVerfG, NJW 1990, S. 241 f.
15 Ablehnend BVerwG v. 9. 8. 1988, 6 C 69/87; siehe schon BVerwGE 60, 336–338, stRspr.
16 Plenarprotokoll 11/4 v. 18. 3. 1987, S. 53 f.
17 Siehe Antwort auf Kleine Anfrage, BT-Drs. 11/2907, S. 4.
18 *Friedrichsen*, Abtreibung. Der Kreuzzug von Memmingen, 1991, S. 68 ff.
19 Deutscher Juristinnenbund, Streit 1989, S. 132–134.
20 Gesetzentwurf der Fraktion die Grünen v. 8. 6. 1988, Drs. 11/2422 (neu).
21 BayObLGSt 1990, S. 44–63.
22 Verfahren 2 BvF 2/90, mitentschieden in BVerfGE 88, 203 ff.
23 SOFI, Feministische Studien 8 (1990), S. 146 f.
24 Siehe https://www.mdr.de/zeitreise/schwangerschaftsabbruch-nach-deutscher-einheit100.html.

Absatz 3 vorgeschlagen: „Frauen haben das Recht auf selbstbestimmte Schwangerschaft. Der Staat schützt das ungeborene Leben durch das Angebot sozialer Hilfen."[25]
In der ersten frei gewählten und letzten amtierenden Volkskammer der DDR gaben sich die Fraktionen von CDU, DSU, DA, Liberalen und SPD am 12.4.1990 eine gemeinsame Koalitionsvereinbarung, in welcher auch der Schwangerschaftsabbruch adressiert wurde: „Umfassender Schutz des ungeborenen Lebens durch umfangreiche Beratungs-, Aufklärungs- und Unterstützungsangebote sowie kostenlose Bereitstellung der Kontrazeptiva für Frauen bei Beibehaltung der Fristenregelung zum Schwangerschaftsabbruch."[26] Fristenregelung und kostenlose Verhütungsmittel entsprachen der vorherigen Situation in der DDR, an Beratungsstrukturen fehlte es allerdings. Für die Bundesregierung war diese von der CDU(Ost) mitgetragene Position denkbar weit von einem möglichen Kompromiss entfernt.

Intensive deutsch-deutsche Beratungen, noch verzögert durch den Streit um Wohnort- oder Tatortprinzip[27], hatten schließlich die Übergangsregelung in Art. 31 Abs. 4 EinigungsV zum Ergebnis. Bemerkenswert war die von Beginn an divergente Interpretation des Kompromisses durch seine Urheber: Von der SPD wurde Art. 31 Abs. 4 EinigungsV als Bestätigung des Grundsatzes „Hilfe statt Strafen" angesehen, die Grünen kritisierten ihn scharf als Stillhalteabkommen, die FDP verwies nur auf das letzte Wort des BVerfG und die CDU/CSU sah einen Auftrag zu strafrechtlichen Verschärfungen.[28] Dies gab kaum Anlass zu Hoffnung, dass hieraus in zwei Jahren eine gesamtdeutsche Regelung erwachsen könnte.

3. Die gesamtdeutsche Fristenregelung von 1992

Es war einer der längsten Sitzungstage in der Geschichte des Bundestages: Nach fast 16 Stunden parlamentarischer Debatte entschied der Bundestag in der Nacht vom 25.6. auf den 26.6.1992 mit 355 Ja-Stimmen zu 283 Nein-Stimmen bei 16 Enthaltungen über die Annahme des sog. Gruppenantrages und damit eine Fristenlösung mit Beratungspflicht als gesamtdeutsche Regelung des Schwangerschaftsabbruchs.[29]

Innerhalb und außerhalb des Parlaments war über Monate intensiv diskutiert worden, ethisch, rechtlich, sozial und auch anhand konkreter Regelungsvorschläge.[30] Der Bundestag hatte einen „Sonderausschuß für das ungeborene Leben" eingesetzt,[31] der insgesamt sechs Gesetzentwürfe aus den fünf Fraktionen ohne abschließendes Ergebnis

---

25 Verfassung der Deutschen Demokratischen Republik. Entwurf, Staatsverlag der DDR, April 1990.
26 Koalitionsvereinbarung v. 12.4.1990, https://www.ddr89.de/d/Koalitionsvereinbarung.html.
27 Vgl. die Entschließungsanträge v. 23.8.1990, BT-Drs. 11/7719, 11/7724.
28 Hierzu *Lembke*, Ariadne 77 (2021), i.E., m.w.N.
29 Plenarprotokoll 12/99 v. 25.6.1992, S. 8223–8380.
30 Siehe die Beiträge in *Heil* (Hrsg.), § 218 – Ein Grenzfall des Rechts, Tutzinger Materialien Nr. 68/1991; ferner Deutscher Juristinnenbund, NJ 1991, S. 359–360.
31 Bericht des Sonderausschusses v. 22.6.1992, BT-Drs. 12/2875.

beraten hatte: Bündnis 90/Die Grünen sowie die PDS verlangten die Streichung der Strafvorschriften und ein Recht auf Schwangerschaftsabbruch. Aus der CDU/CSU-Fraktion kam ein Mehrheitsentwurf für eine Indikationenregelung mit Pflichtberatung und ärztlicher Letztentscheidung sowie ein Minderheitsentwurf, der nur eine sehr enge medizinische Indikation akzeptierte. Die Entwürfe der SPD und der FDP sahen jeweils eine Fristenregelung mit oder ohne Pflichtberatung vor, und unter Leitung von Inge Wettig-Danielmeier und Uta Würfel schlossen sich FDP- und SPD-Abgeordnete zum „Gruppenantrag" zusammen, der eine Fristenregelung mit Pflichtberatung und umfangreichen sozialen Hilfen vorsah.

In der 16stündigen Debatte entfielen 51 Redebeiträge auf männliche und 60 Redebeiträge auf weibliche Abgeordnete, obwohl der Frauenanteil im Bundestag 1992 nur 20,5 % (ostdeutsche Frauen: 4,5 %) betrug. Über die tatsächlichen Machtverhältnisse[32] sollte diese bemerkenswerte Verteilung ohnehin nicht täuschen: Die westdeutschen Politikerinnen mussten sich demütigen lassen, die ostdeutschen Abgeordneten wurden für ihre konfrontative Kritik[33] mit aggressiver Abwertung und Ausgrenzung bedacht und später in einem Gutachten für das BVerfG zitiert, um die „Destruktion des Unrechtsbewußtseins"[34] in der DDR zu belegen.

Und ohnehin wurde nicht im Parlament entschieden: Am 28.5.1993 erklärte das BVerfG auf Antrag der Bayerischen Staatsregierung sowie von 249 Mitgliedern des Bundestages mit fünf zu drei Stimmen die Fristenregelung mit Beratungspflicht für unvereinbar mit dem Grundgesetz und nichtig.[35] Das „ungeborene Leben" sei auch „gegenüber seiner Mutter" mit den Mitteln des Strafrechts zu schützen und „der Mutter" sei die „grundsätzliche Rechtspflicht auferlegt, das Kind auszutragen". Die Kriminalisierung von Schwangeren und Ärzt*innen wurde damit zementiert, die Krankenkassenfinanzierung beseitigt und dem Gesetzgeber eine kaum lösbare Aufgabe gestellt. Erst 1995 konnte mit dem Schwangeren- und Familienhilfe-Änderungsgesetz[36] eine gesetzliche Regelung beschlossen werden, welche die Entscheidung des BVerfG umsetzte.

---

32 Ausführlich *Berghahn*, in: Helwig/Nickel (Hrsg.): Frauen in Deutschland 1945 – 1992, 1993, S. 71 – 138.
33 Abgeordnete Schenk, Plenarprotokoll 12/99, S. 8234: „Seit ich in der BRD lebe, [Zwischenruf Siegfried Hornung [CDU/CSU]: Sie leben wohl nicht gern in der „BRD"?] habe ich sehr viel gelernt über das Frauenbild, den Sexismus, das Patriarchat und auch das Verhältnis zwischen Staat und Kirche in diesem Land, vor allem in der hinter uns liegenden Debatte über die Neuregelung des Schwangerschaftsabbruchs."
34 *Kriele*, Die nicht-therapeutische Abtreibung vor dem Grundgesetz, 1992, S. 48 f.
35 BVerfGE 88, 203 ff.
36 BGBl. 1995 I, S. 1050 ff.

II. Der (westdeutsche) Rechtsdiskurs zum Schwangerschaftsabbruch: schutzlose Embryonen, gefährliche Mütter und Schwangerschaft als Normalzustand

Hintergrund der zweiten Entscheidung des Bundesverfassungsgerichts zur Strafbarkeit des Schwangerschaftsabbruchs und zur Austragungspflicht der Schwangeren war ein exklusiv männlicher Rechtsdiskurs, der sich durch Pathos, Emotion und Wirklichkeitsabstinenz sowie Kontinuitäten seit den 1970er Jahren und einige markante rechtsdogmatische Leerstellen auszeichnete.[37]

Geführt wurde er von Juraprofessoren, denn noch 1989 waren nur 2 % der Rechtsprofessuren in der Bundesrepublik mit Frauen besetzt.[38] Zwar kamen ab 1990 auch Juristinnen zu Wort, doch als Praktikerinnen und nur in den weniger angesehenen rechtspolitischen Zeitschriften, nicht auf Tagungen oder gar in Kommentaren. Im Fokus des Rechtsdiskurses stand der Embryo, die Schwangere wurde meist nur als natürliches Umfeld[39] oder Gefährdung gesehen, kaum als Grundrechtsträgerin. Empirische Daten und soziale Realitäten wurden – trotz eines großen Forschungsprojekts des Max-Planck-Instituts für ausländisches und internationales Strafrecht[40] – kaum in den Blick genommen. Kenntnisreich sprachen die Herren Professoren aber über den Zustand der Schwangerschaft als geringfügige Beeinträchtigung, zudem von „der Mutter" durch sexuelle Aktivitäten selbst schuldhaft verursacht.[41] Doch auch rechtsdogmatisch ließen ihre Beiträge einige Wünsche offen, sie glichen eher rechtsphilosophischen Abhandlungen, überdies von ungewöhnlich hoher Emotionalität.[42]

Der Rechtsdiskurs verweigerte sich dabei in doppelter Hinsicht seiner genuinen Aufgabe, ein Diskurs über Rechtsfragen zu sein: Die Position des Embryos wurde rechtsphilosophisch überhöht als vor- und überstaatlich rechtlicher Regelung und damit insbesondere dem Zugriff des demokratischen Gesetzgebers entzogen, während die Position der (ungewollt) Schwangeren zum Naturzustand erklärt wurde, in dem sie konsequent keine Rechte geltend machen konnte.

1. Der Embryo jenseits des Rechts: philosophische Letztfragen

Professorale juristische Texte zum Schwangerschaftsabbruch befassen sich mit den letzten Fragen. Es geht ihnen um das Lebensrecht schlechthin, Bestand und Legitimation des Staates, das Zusammenleben in der Gemeinschaft und überpositives

---

37 Ausführlich *Lembke*, Ariadne 77 (2021), i.E.
38 *Schultz u. a.*, De jure und de facto: Professorinnen in der Rechtswissenschaft, 2018, S. 97.
39 Hierzu *Sacksofsky*, in: Rudolf (Hrsg.), Geschlecht im Recht, 2009, S. 191–215.
40 *Eser/Koch* (Hrsg.), Schwangerschaftsabbruch im internationalen Vergleich, 1988.
41 Exemplarisch *Tröndle*, in: Thomas/Kluth (Hrsg.): Das zumutbare Kind, 1993, S. 161 (163, 167).
42 Tiefpunkt wohl *Kriele* (Fn. 34), insbes. S. 45 ff., 66 ff., 116 ff.: kreativer Umgang mit Statistiken, selektive Zitate, Verbalinjurien und Verschwörungsmythen.

(Menschen-)Recht. Für die spezifische Gattung des juristischen Fachaufsatzes spielte der allgemeine Sittenverfall eine bemerkenswert prominente Rolle und waren die Texte ungewöhnlich emotional und von Pathos erfüllt; auch scheuten sie vor Bezugnahmen auf nationalsozialistische Euthanasie und anderen Argumentationen, die ihre wissenschaftliche Redlichkeit in Frage stellten, keineswegs zurück.[43]

Die Erörterung der rechtlichen Probleme des Schwangerschaftsabbruchs als philosophisches Problem brachte diverse Entlastungen mit sich. Schwierige dogmatische Fragen wie die „Austragungspflicht" mussten nicht erörtert werden. Ferner bot sich Anfang der 1990er Jahre die radikal utilitaristische Position von Peter Singer und Norbert Hoerster als Pappkamerad[44] für die Profilierung und Popularisierung einer einfachen Gegenposition an. Überdies gab es zwar eine Rechtsphilosophie als anerkannte Königsdisziplin großer Rechtsdenker, aber keine anerkannte Rechtssoziologie. Die Befassung mit sozialen Realitäten im Recht wurde als „politisch" und damit unwissenschaftlich diskreditiert, sie konnte nicht ohne Rechtfertigung erfolgen.[45]

Abstrakte Erörterungen erlauben überdies abstrakte Abwägungen, bei denen objektivlogisch „das menschliche Leben", welches „vernichtet" werden soll, stets Vorrang hat vor „der Persönlichkeitsentfaltung" oder den „Abtreibungsinteressen" der Schwangeren.[46] Mit der sozialen Realität oder der konkreten Situation einer unerwünschten Schwangerschaft muss sich ein solcher Ansatz ebenso wenig befassen wie mit der rechtlichen Kernfrage[47] nach dem Verhältnis von Schutz und Eingriff, Unter- und Übermaßverbot. Ohne weitere rechtliche Anknüpfung wurde die Position des Embryos stattdessen zu einem überstaatlichen „Menschenrecht" erklärt,[48] während zugleich offenkundig nicht im Blick war, dass die Bundesrepublik 1985 (die DDR bereits 1980) die UN-Frauenrechtskonvention ratifiziert hatte, welche in Artikel 16 jeder Frau das Recht auf „freie und verantwortungsbewusste Entscheidung über Anzahl und Altersunterschied ihrer Kinder" garantiert.

Letztlich sollte von der Regelung des Schwangerschaftsabbruchs auch die Legitimation des Staates als solche abhängen, der unbedingte Schutz des „ungeborenen Lebens" wird zum Lackmustest. Die Ausgrenzung aller potentiell schwangeren Staatsbürgerinnen aus der politischen Gemeinschaft[49] konnte dagegen ignoriert werden, denn Frauen waren naturgemäß exkludiert. Ihre Erfahrungen mit ungewollter Schwangerschaft hatten keine Bedeutung und als kompetente Sprecherinnen waren sie schon auf Grund ihrer

---

43 Exemplarisch *Kriele* (Fn. 34), insbes. S. 45 ff., 66 ff., und *Schöttler*, ZRP 1992, S. 132–136; sehr kritisch schon *Rupp-von Brünneck*, BVerfGE 39, 1 (80) – Sondervotum.
44 Bewusst missverständlich *Schünemann*, ZRP 1991, S. 379 (383).
45 Vgl. *Denninger/Hassemer*, KritV 1993, S. 78 (126 f.).
46 Exemplarisch *Steiner*, Der Schutz des Lebens durch das Grundgesetz, 1992, S. 13 f.
47 Siehe *Classen*, GA 138 (1991), S. 209 ff.
48 Exemplarisch *Schöttler*, ZRP 1992, S. 132–136.
49 Hierzu *Lembke*, Journal Netzwerk Frauen- und Geschlechterforschung NRW Nr. 43/2018, S. 28–36.

(potentiellen) Betroffenheit und damit unterstellten Parteilichkeit ausgeschlossen.[50] Die Herren Professoren hatten dagegen eine komfortable Diskursposition, da sie wahlweise den Embryo vertraten, von dem kein Widerspruch zu erwarten war, oder in der Verhandlung letzter Menschheitsfragen als Einzelne immer für das Allgemeine sprechen konnten. Inwieweit sie selbst betroffen und parteilich waren, weil sie von hierarchischen Geschlechterverhältnissen erheblich profitierten, war schon keine formulierbare Frage.

Im Rechtsdiskurs um den Schwangerschaftsabbruch bleibt es damit bei klassischen Geschlechterarrangements: Die männlichen Professoren sind Geist, Kraft und Entscheidung, während den Frauen die Rolle der unterworfenen Natur zugewiesen wird.

2. Die schwangere Frau im Rechtsdiskurs: (Gebär-)Mutter oder Gefahr

Die Schwangere als Rechtssubjekt ist im Rechtsdiskurs zum Schwangerschaftsabbruch merkwürdig abwesend. Ute Sacksofsky hat für das erste Abtreibungsurteil des BVerfG deutlich herausgestellt, wie das Gericht nur vom Embryo her denkt und die Schwangere verschwinden lässt: „Über weite Strecken liest sich die Entscheidung ohnehin so, dass Frauen bei der Abtreibung überhaupt nicht oder nur als das Umfeld und das Gegenüber des Embryos erscheinen. […] Erst nach sieben Seiten der materiellen Begründung, in der die Schwangere nur als „Mutterleib" vorkommt, erkennt das Gericht überhaupt schützenswerte Interessen der Frau an."[51] Über die Prüfung ihrer Grundrechte wird regelmäßig hinweggegangen.

Entscheidet sich die ungewollt Schwangere – im Rechtsdiskurs beharrlich als „Mutter" bezeichnet – für das Austragen der Schwangerschaft, folgt sie in dieser Lesart nur ihrer Natur. Entscheidet sie sich gegen die Schwangerschaft, will sie entweder keine Verantwortung übernehmen oder ist durch ihren Partner beeinflusst.[52] Mit der Ablehnung der Austragung wird die Schwangere zur Gefahr für den Embryo und zur Störerin. Es waren hauptsächlich Männer, welche die „Normalsituation" der Schwangerschaft als „temporäre Beeinträchtigung" beschrieben und die Schwangere auf ihren Körper reduzierten, der nur passiv austrägt, was stets zumutbar sein soll.[53] Das BVerfG machte per generischem Maskulinum den so kreierten Naturzustand der ungewollten Schwangerschaft sogar zum Jedermannsproblem.[54]

Margot von Renesse, Juristin, Bundestagsabgeordnete und Mutter von vier Kindern, widersprach vehement den Imaginationen des herrschenden Rechtsdiskurses von „der

---

50 Empörung bei *Thomas/Kluth* (Hrsg.), Das zumutbare Kind, 1993; unklar *Classen*, GA 138 (1991), S. 209 (218).
51 *Sacksofsky* (Fn. 39), S. 210.
52 Ausführlich *Tröndle* (Fn. 41), S. 161 ff.
53 Exemplarisch *Schünemann*, ZRP 1991, S. 379 (385).
54 BVerfGE 39, 1 (49): „Für die inhaltliche Ausfüllung des Unzumutbarkeitskriteriums müssen jedoch Umstände ausscheiden, die den Pflichtigen nicht schwerwiegend belasten, da sie die Normalsituation darstellen, mit der jeder fertig werden muß."

Schwangeren als einem bloßen Nährboden der Schwangerschaft und einem Instrument der Geburt", welche „kraß allen Vorstellungen von Menschenwürde widersprechen", die unteilbar auch für die Schwangere gelte.⁵⁵ Schwangerschaft sei ein aktiver komplexer Prozess, der weit über körperliche Duldung hinausgehe, und die Schwangere kein Objekt. Auch Ute Sacksofsky attestierte dem BVerfG, „keine Vorstellung davon zu haben, wie massiv schon die körperlichen Veränderungen und damit Eingriffe in die intimste Sphäre, nämlich die Körperlichkeit, durch eine ungewollte Schwangerschaft sind".⁵⁶

Hintergrund der Konstruktion des „Normalzustandes" für die Frau dürfte die Systemrelevanz unbezahlter Sorgearbeit gewesen sein,⁵⁷ aber auch das Fehlen von Argumenten, welche für eine Zumutbarkeit von erzwungener Schwangerschaft und erzwungener Geburt sprechen könnten. Umso drastischer brandmarkte das BVerfG jene Frauen, die der postulierten Berufung zu sorgender Aufopferung und mütterlicher Erfüllung nicht Folge leisten: „Es gibt viele Frauen, die von vornherein zum Schwangerschaftsabbruch entschlossen und einer Beratung nicht zugänglich sind, ohne daß ein nach der Wertordnung der Verfassung achtenswerter Grund für den Abbruch vorliegt. Diese Frauen [...] lehnen die Schwangerschaft ab, weil sie nicht willens sind, den damit verbundenen Verzicht und die natürlichen mütterlichen Pflichten zu übernehmen. [...] Das sich entwickelnde Leben ist ihrer willkürlichen Entschließung schutzlos preisgegeben."⁵⁸ Die Entscheidung für einen Schwangerschaftsabbruch kann der Rechtsdiskurs offensichtlich nicht akzeptieren.

3. Leerstellen: Austragungspflicht und Menschenwürde

Doch weder rechtsphilosophische Erörterungen noch die imaginative Normalisierung ungewollter Schwangerschaften beantworten die zentralen rechtsdogmatischen Fragen. Teils wird Kreatives geboten: Hans Thomas glaubt, dass die Natur der Schwangeren die Austragungspflicht auferlegt,⁵⁹ Gerd Roellecke verortet die Schutzpflicht bei ihr statt beim Staat⁶⁰ und das BVerfG erklärt sich bereit, den verlorengegangenen mütterlichen Schutzwillen zu suchen⁶¹. Teils werden zwar staatliche Schutzpflicht und Untermaß-

---

55 *von Renesse*, ZRP 1991, S. 321 (322 f.).
56 *Sacksofsky* (Fn. 39), S. 210.
57 Siehe *Scheurer*, Streit 1990, S. 109; ferner die pathetischen Rügen der ungenügenden Bereitschaft zu Pflege und Aufopferung bei den heutigen Frauen durch *Schöttler* ZRP 1992, S. 132 (135), und *Tröndle* (Fn. 41), S. 161 ff.
58 BVerfGE 39, 1 (55 f.).
59 *Thomas*, in: ders./Kluth (Hrsg.), Das zumutbare Kind, 1993, S. 10, woran konsequent die Frage anschließt: „Darf sich die Mutter gegen die ‚Zumutung' ihrer weiblichen Natur zur Wehr setzen?".
60 *Roellecke*, JZ 1991, 1045 (1049 f.).
61 BVerfGE 39, 1 (45).

verbot geprüft, aber die Prüfung des Eingriffs auf Seiten der Schwangeren und des Übermaßverbotes durch Pauschalurteile zur Zumutbarkeit ersetzt.[62]

Eine solche Prüfung ist unvollständig und blendet die Spezifika der Schwangerschaft als „Zweiheit in Einheit"[63] aus: Die Schutzpflicht zu Gunsten von Kindern gegenüber ihren Eltern kann der Staat erfüllen, indem er diese ersatzweise von anderen Angehörigen, Pflegeeltern oder einer Institution versorgen lässt. Die Schutzpflicht zu Gunsten des noch nicht außerhalb der Gebärmutter lebensfähigen Embryos kann der Staat nur zu erfüllen versuchen, indem er der ungewollt Schwangeren eine Austragungspflicht auferlegt[64] und damit ein Leistungsrecht des Embryos an ihrem Körper[65] statuiert. Entscheidend sind daher nicht abstrakte Rechtsgüterabwägungen, sondern die Frage, ob die (strafrechtliche) Durchsetzung oder auch nur die Statuierung einer Austragungspflicht mit der Verfassung vereinbar ist.[66]

In Reaktion auf Margot von Renesse hat das BVerfG zwar konzediert, dass Schwangerschaft und Elternschaft mehr als vorübergehende Beeinträchtigungen sind,[67] aber weiter an der Leerformel von der „Normalsituation" der (ungewollten) Schwangerschaft und der unbegründeten Zumutbarkeit festgehalten. Dabei hätte auch schon Anfang der 1990er Jahre durchaus der Erkenntnis Raum gegeben werden können, dass die strafrechtliche oder anderweitige staatliche Erzwingung einer ungewollten Schwangerschaft und Geburt niemals „zumutbar" ist, weil der damit verbundene Eingriff in körperliche Integrität, Intimsphäre und personale Autonomie sich außerhalb des Rahmens bewegt, den die Menschenwürde absteckt,[68] indem die ungewollt Schwangere zum Objekt für die Erfüllung der staatlichen Schutzpflicht gemacht wird.

---

62 Erfreuliche Ausnahme: *Höfling*, in: Thomas/Kluth (Hrsg.), Das zumutbare Kind, 1993, S. 119 (133 ff.).

63 BVerfGE 88, 203 (253, 276); mit deutlich anderen Schlussfolgerungen Mahrenholz und Sommer in ihrem Sondervotum, ebd., S. 341 ff.

64 Zur Austragungspflicht als unverzichtbarem Element der verfassungsgerichtlichen Argumentation siehe Verfassungsrichterin *Graßhof*, in: Thomas/Kluth (Hrsg.), Das zumutbare Kind, 1993, S. 289 (292).

65 Hier liegt der Unterschied zum Verbot der Embryonenforschung; fehlsam *Kriele* (Fn. 34), S. 37 ff., und *Steiner* (Fn. 46), S. 26 f.

66 Zutreffend *Classen*, GA 138 (1991), S. 209 (215); *von Renesse*, ZRP 1991, S. 321 (323).

67 BVerfGE 88, 203 (256): „eine intensive, die Frau existentiell betreffende Pflicht zum Austragen und Gebären des Kindes […] und eine darüber hinausgehende Handlungs-, Sorge- und Einstandspflicht nach der Geburt über viele Jahre".

68 Vgl. *von Renesse*, ZRP 1991, S. 321 (324): Personenwürde der Frau als unübersteigbare Grenze des Strafgesetzgebers, durchgängige Straflosigkeit der Schwangeren.

III. Kulturelle Differenzen oder westdeutsche Hegemonie?

Die rechtlichen Diskurse um die Regulierung des Schwangerschaftsabbruchs im Prozess der „Deutschen Einheit" können unterschiedlich gelesen werden. Die Vorgeschichte zeigt immerhin deutlich, dass es um einen spätestens in den 1960er Jahren begonnenen[69] und in den 1980er Jahren intensivierten Kulturkampf in der BRD ging, der nach 1990 mit ostdeutschen Disziplinierungsobjekten weitergeführt wurde. Die von den Neubürgerinnen mitgebrachten Erwartungen an Gleichstellungs- und Sozialpolitiken stellten große Herausforderungen für die Bundesrepublik dar. Diskurse über „das menschliche Leben" und die Konstruktion ostdeutscher Frauen als durch die Diktatur in ihrem Rechtsbewusstsein wie in ihrer Mütterlichkeit grundlegend beschädigt[70] boten willkommene Ablenkung. Letztlich konnten die gleichstellungspolitischen Anfechtungen der „Deutschen Einheit" trotz hohen Modernisierungsdrucks in eine Konsolidierung des westdeutschen *Status quo* umgewandelt werden.

1. Rechtsbewusstsein und Unrechtsstaat

Das „fehlende Rechtsbewusstsein" war ursprünglich eine genuin westdeutsche Angelegenheit und wurde vom BVerfG schon in seinem ersten Abtreibungsurteil 1975 thematisiert.[71] Vordergründig ging es darum, durch Strafrecht Einfluss auf die Bürger*innen zu nehmen, welche das „Tötungsunrecht" des Schwangerschaftsabbruchs nicht erkennen konnten oder wollten; zugleich konnte angesichts der offensichtlichen Wirkungslosigkeit von §§ 218 ff. StGB nur auf eine vage Präventionswirkung spekuliert werden. Das – im Vergleich zu sozialpolitischen Maßnahmen relativ kostengünstige – Strafrecht taugt aber wenig als Mittel der Volkspädagogik[72] oder der Markierung abweichender Meinungen als persönliches oder professionelles Defizit. Mit der „Deutschen Einheit" wurden die Bemühungen rechtlicher Erziehung jedenfalls sofort auf die Bevölkerung im Beitrittsgebiet umgeschwenkt,[73] mussten doch die Ostdeutschen erst einmal Demokratie und den Rechtsstaat[74] (kennen)lernen. Ob die Regelungen zum

---

69 Der Kulturkampf entfaltete sich schon in der Weimarer Republik, wie nicht nur das lebhafte Schrifttum, sondern vor allem auch entsprechende Anträge im Reichstag seit 1920 zeigen.
70 Grundlegend zur Konstruktion ostdeutscher Menschen: *Pates/Schochow* (Hrsg.), Der „Ossi". Mikropolitische Studien über einen symbolischen Ausländer, 2013; sowie *Matthäus*, femina politica 2019, S. 130–135.
71 BVerfGE 39, 1 (57 f., 65 f.).
72 So kritisch *Denninger/Hassemer*, KritV 1993, S. 78 (114 ff.).
73 Exemplarisch *Kriele* (Fn. 34), S. 48. Und selbst die Befürworter der Fristenregelung mit Beratungspflicht, exemplarisch *Denninger/Hassemer*, KritV 1993, S. 78 (126), können sich von einem (ggf. auch instrumentellen) Blick auf die entwicklungsbedürftige ostdeutsche Bevölkerung nicht frei machen.
74 Zur Debatte um Gerechtigkeit versus Rechtsstaat spannend *Wilke*, in: Matthäus/Kubiak (Hrsg.), Der Osten, 2016, S. 169 ff., welche davor warnt, dass eigene Recht(ssystem) jeglicher Kritik zu entziehen.

Schwangerschaftsabbruch sowie die Abschaffung der Gleichstellungs- und Sozialpolitiken den gewünschten Lernerfolg erzielen konnten, bleibt zweifelhaft.

Eine explorative Studie, die sich Ende der 1990er Jahre mit dem Rechtsbewusstsein von ost- und westdeutschen Frauen anlässlich ihrer Einstellungen zum Schwangerschaftsabbruch befasste, stellte fest, dass es in den Bewertungen der konkreten Rechtslage keinen West-Ost-Unterschied gab, wohl aber in der grundsätzlichen Wahrnehmung von Recht.[75] Während die befragten westdeutschen Frauen eher souverän mit Recht umgingen, demokratische Grundsätze bemühten und differenzierte Kritik übten, nahmen die befragten ostdeutschen Frauen das Recht eher als Zwangsapparat und sich selbst als Rechtsunterworfene wahr.[76] Als mögliche Erklärung hierfür wurde primär eine Beeinflussung durch ihre Erfahrungen mit dem autoritären Recht der DDR genannt sowie zusätzlich der Bildungsgrad und politische Aktivitäten.[77]

Erfahrungen mit dem raschen Beitritt und der zeitlich sehr gedrängten Transformation, mit sozialem Abstieg, kultureller Abwertung und dem radikalen Ausschluss aus öffentlichen, politischen und rechtlichen Diskursen wurden nicht in Betracht gezogen. Gleiches gilt für die Möglichkeit, dass durch die Entscheidung des BVerfG vom 28. 5. 1993, die insbesondere für ostdeutsche Frauen weitgehend unerklärlich bleiben musste, im Zweifel jene Entfremdung vom Recht eingetreten sein könnte, die ihnen vorher als mangelndes Rechtsbewusstsein unterstellt worden war.[78] Demokratie sollten die Neubürgerinnen lernen, doch zum zweiten Mal hatte das BVerfG autoritativ gegen demokratische Mehrheiten entschieden und diese in die Schranken seines Verständnisses von Lebensschutz und weiblicher Bestimmung verwiesen.[79] Ferner hatte es eine verfassungsrechtlich höchst fragwürdige Austragungspflicht statuiert und ein bedenkliches Frauenbild offenbart.

Über die Demokratie war dadurch vielleicht weniger zu lernen als über das Patriarchat.[80] Die „Deutsche Einheit" erwies sich für viele Frauen, insbesondere in und aus Ostdeutschland, als recht brutales Machtspiel zu ihren Lasten.[81] Ihr feministisches Engagement im Herbst 1989, an Runden Tischen und versuchsweise in der Parteipolitik wurde als naiv diskreditiert und ihre Stimmen zählten nicht. Über Nacht waren ihre

---

75 *Heitzmann*, Rechtsbewusstsein in der Demokratie, 2002.
76 *Heitzmann*, ebd., S. 160–217.
77 *Heitzmann*, ebd., S. 214–217. Dennoch richtig ist die von *Berghahn* (Fn. 32), S. 74, geteilte Beobachtung: „In der DDR hat Recht hauptsächlich als Umsetzung staatlicher Interessen und Strategien funktioniert, nicht als Abwehrrecht oder Teilhabemöglichkeit für einzelne."
78 Bis heute wissen viele Frauen inklusive Feministinnen in Ost und West sowie viele Jurastudierende nicht, dass eine verfassungsrechtlich begründete „Austragungspflicht" für alle, auch ungewollt, Schwangeren besteht, und glauben es häufig nicht, wenn sie es erfahren.
79 Hierzu *Berghahn*, in: Busch/Hahn (Hrsg.), Abtreibung. Diskurse und Tendenzen, 2015, S. 166 ff.
80 Siehe *Lembke*, Patriarchat lernen (2020), https://www.digitales-deutsches-frauenarchiv.de/angebote/dossiers/30-jahre-geteilter-feminismus/patriarchat-lernen.
81 Ausführlich *Young* (Fn. 4), S. 151 ff., 223 ff.

Gleichstellungsansprüche, die ökonomische Absicherung durch Lohnarbeit und die Infrastruktur der Kinderbetreuung verschwunden; viele von ihnen verließen ihre Herkunftsregion. Sofern sie nicht (ungewollt) schwanger wurden, winkte ihnen die Freiheit, ferner eine jahrelang diskutierte Erweiterung von Art. 3 Abs. 2 GG ohne rechtspraktische Auswirkungen sowie eine durchaus modernisierungsbedürftige Rechts- und Gesellschaftsordnung.

2. Gleichberechtigung und „Deutsche Einheit"

Doch die gemeinsame Entwicklung neuer Politiken auf Augenhöhe war nicht vorgesehen.[82] Die „Deutsche Einheit" erfolgte durch Erstreckung der westdeutschen Institutionen, Eliten und Regelungen auf das Beitrittsgebiet. Die damit verbundenen Rückschritte im Geschlechterverhältnis mussten gerechtfertigt werden. Neben dem Topos des defizitären ostdeutschen Rechtsbewusstseins spielte die (vorgeblich) beschädigte Mütterlichkeit ostdeutscher Frauen eine wesentliche Rolle in westdeutschen Konsolidierungsbemühungen. Ende der 1990er Jahre hatte die „Töpfchentheorie" Konjunktur, wonach der exklusiv im Osten verortete Rechtsextremismus auf die staatliche Kinderbetreuung in der DDR zurückzuführen sei.[83] Und um die Jahrtausendwende erhielten Kindsmorde mit der unzutreffenden Behauptung große mediale Aufmerksamkeit, sie würden im Osten weitaus häufiger stattfinden und seien eine Folge von „Familienplanung" durch Abtreibung.[84]

Das in der DDR propagierte Leitbild der „berufstätigen Mutter" hatte eben nicht nur zu Doppel- und Dreifachbelastungen geführt, sondern zugleich auch Berufstätigkeit, ökonomische Unabhängigkeit, individuelle Entscheidungen über die eigene Familienplanung und körperliche Integrität als wichtige Dimensionen weiblicher Lebensrealität verankert. Darauf wollten ostdeutsche Frauen nicht verzichten. Die BRD war 1990 gleichstellungspolitisch allerdings kaum wettbewerbsfähig, sondern wies gerade auch im westeuropäischen Vergleich ein erhebliches Modernisierungsdefizit in Bezug auf die Geschlechterverhältnisse auf.[85] Der Prozess der „Deutschen Einheit" setzte westdeutsche politische Akteur*innen zusätzlich zu internen Prozessen unter Druck, sich zum Fehlen staatlicher Gleichstellungspolitiken, zum konservativen Familienrecht, zur schweren ökonomischen Benachteiligung von Frauen, zu fehlender Kinderbetreuung, zu geschlechtsspezifischer Gewalt und anderen Missständen zu verhalten.

Schnell zur Hand war der Hinweis auf die erheblichen Kosten wirksamer Gleichstellungs- und Sozialpolitiken, welche als unverdiente Privilegien schon die DDR ruiniert

---

82 Siehe *Kollmorgen*, in: ders. u. a. (Hrsg.), Diskurse der deutschen Einheit, 2011, S. 301 ff.
83 Kritisch *Schochow*, in: Pates/Schochow (Hrsg.), Der „Ossi". Mikropolitische Studien über einen symbolischen Ausländer, 2013, S. 175–187.
84 Lesenswerte Analyse von *Heft*, Kindsmord in den Medien. Eine Diskursanalyse ost-westdeutscher Dominanzverhältnisse, 2020.
85 *Gerhard*, Für eine andere Gerechtigkeit, 2018, S. 293 ff. m.w.N.

hätten.⁸⁶ Die Fristenregelung zum Schwangerschaftsabbruch wurde als „Relikt des Unrechtsregimes der realsozialistischen DDR"⁸⁷ diffamiert und das Label des „Unrechtsstaates" ohne Weiteres auf alle DDR-Gleichstellungs- und Sozialpolitiken, Vereinbarkeitsmaßnahmen und die Forderungen ostdeutscher Frauenbewegungen erstreckt. Nur sehr wenige Stimmen im Rechtsdiskurs mahnten einen differenzierten Blick an, gerade auch auf die DDR-Fristenregelung, welche in vielen westlichen Ländern Parallelen fand.⁸⁸ Überdies führte die Aufgabe flankierender sozialpolitischer Maßnahmen⁸⁹ mit dem Einigungsvertrag faktisch zu einem Konzept der „Strafe statt Hilfen" und damit zur Verfassungswidrigkeit.⁹⁰

Das System der Bundesrepublik setzte sich in allen Bereichen durch; Art. 31 Abs. 4 EinigungsV war nur ein Aufschub gewesen. Mit Töpfchentheorie und Kindsmord konnte das Schreckgespenst der ostdeutschen berufstätigen Raben-Mutter reaktiviert und damit ein bestimmtes westdeutsches Mutterbild aufgewertet werden.⁹¹ Eine gesamtdeutsche verfassungskonforme Regelung des Schwangerschaftsabbruchs ist indes noch nicht gefunden. Nach der Einheit geborene Jurist*innen fragen kritischer nach der Rechtfertigung der Austragungspflicht und dem desaströsen Frauenbild in juristischen Debatten. 30 Jahre später ist es Zeit für eine verfassungsrechtlich belastbare Begründung der Austragungspflicht – oder die Einsicht in notwendige Veränderungen.

---

86 Sehr kritisch *Berghahn* (Fn. 32), S. 71 f.
87 *Tröndle* (Fn. 41), S. 190.
88 *Classen*, GA 138 (1991), S. 209.
89 Zur Kritik am familienpolitischen „Nicht-Leistungssystem" der BRD siehe *Scheurer*, Streit 1990, S. 109 ff.
90 *Oberlies*, ZRP 1992, S. 264 (267).
91 Vgl. *Vinken*, Die deutsche Mutter, 2001.

Konvergenz oder Divergenz?
Einstellungen von Parteimitgliedern und Partizipation bei Bundestagswahlen im Ost-West-Vergleich

Von *Benjamin Höhne*, Berlin

I. Einleitung[1]

2020 wurde die deutsch-deutsche Einheit zum 30. Mal gefeiert. Im Jahr zuvor war ein anderes rundes Nationaljubiläum zelebriert worden: der 70. Geburtstag des 1949 eigentlich als provisorische Verfassung verabschiedeten Grundgesetzes. Dabei wurde in manch einer Festrede von Politikerinnen und Politikern sowie in den Kommentaren von Medienschaffenden zur Verfassungsgrundlage der vereinten Bundesrepublik Deutschland eine einseitige Westperspektive deutlich. Dass das Grundgesetz zu diesem Zeitpunkt erst seit 29 Jahren in Ostdeutschland galt, war ein mitunter vernachlässigtes Detail. Doch wie können Ost- und Westdeutsche zusammenwachsen, wenn nicht nur bei nationalen Gedenktagen, sondern auch in öffentlichen Diskursen eine Westsichtweise vorherrscht, die sich als Teil einer „Dominanzkultur"[2] einer Mehrheitsgesellschaft kritisieren lässt?

Mit Sicherheit hat sich in den vergangenen Jahren viel im Ost-West-Dialog getan: Zum Beispiel berichtet die Hamburger Wochenzeitung Die Zeit wöchentlich auf ein paar Extraseiten exklusiv aus dem Osten (die aber nur dort verlegt werden). Selbstbewusster und selbstverständlicher verschaffen sich Ostdeutsche mittlerweile öffentlich Gehör.[3] Profunde wissenschaftliche Arbeiten zur ostdeutschen Sozialstruktur und zu den Transformationsprozessen tragen zu mehr Nachdenklichkeit und Versachlichung bei.[4] Stereotype Herabsetzungen wie „Jammerossi" oder „Besserwessi" sind kaum noch zu vernehmen. Plakative Vereinfachungen wie die, dass der Westen die finanziellen

---

1 Ich danke *Malte Cordes, Daniel Hellmann, Suzanne S. Schüttemeyer, Hendrik Träger* und *Felix Wortmann Callejón* für hilfreiche Hinweise zum Manuskript dieses Beitrags.
2 Vgl. *Miethe*, Berliner Debatte Initial 2019, S. 5–19.
3 Vgl. zum Beispiel die 2019 ins Leben gerufene Initiative „Wir sind der Osten" oder das 2009 initiierte „Netzwerk Dritte-Generation Ostdeutschland", die beide „Ostthemen" in gesamtdeutschen Debatten vertreten und befördern wollen und dabei Resonanz in den klassischen Medien und auf Social Media gefunden haben.
4 Vgl. z. B. *Mau*, Lütten Klein, 2019.

Hauptlasten der Vereinigung durch den Solidaritätszuschlag trage (der jedoch auch im Osten gezahlt wurde und seit dem Jahr 2021 für ca. 90 Prozent aller Steuerzahlenden entfallen ist) und der Osten dafür Dankbarkeit zeigen, sich der „blühenden Landschaften"[5] erfreuen und vor allem mit der in der alten Bundesrepublik bewährten politischen Ordnung arrangieren solle, treten zugunsten differenzierterer Wahrnehmungen in den Hintergrund.

Doch bedeutet eine facettenreichere und nach drei Jahrzehnten infolge von Gewöhnungsprozessen und binnenstaatlicher Arbeitsmigration offenbar erwachsenere Verständigung von Menschen aus den beiden deutschen Herkunftsgebieten mit ihren jeweiligen Sozialisationserfahrungen auch eine Annäherung von Ost und West im politisch-kulturellen Sinne? Oder trifft das Gegenteil zu und beide Teile Deutschlands nehmen sich zwar mehr wahr, aber entwickeln sich im politischen Denken, Fühlen und Handeln auseinander? Man denke etwa an die islam- und fremdenfeindliche „Pegida"[6] („Patriotische Europäer gegen die Islamisierung des Abendlandes") aus Dresden sowie die im gesamten Osten bei Wahlen viel erfolgreicheren Rechtspopulistinnen und Rechtspopulisten von der Alternative für Deutschland (AfD), die sich dort nicht geschlossen zum Rechtsextremismus abgrenzen.[7] Auch hat der alte westdeutsche Begriff „Dunkeldeutschland"[8], der einen ganzen Landstrich über einen Kamm schert, im Zuge von Angela Merkels Flüchtlingspolitik ein Wiederaufleben erfahren. Zugespitzt ließe sich fragen, ob er womöglich den einst dominierenden Paternalismus des Westens gegenüber dem Osten ersetzt hat. Kurzum: Die Fragestellung dieses Beitrags nach einem Zusammenwachsen oder einem Auseinanderdriften scheint nicht leicht zu beantworten zu sein.

Dem Stand der politischen Einheit soll in diesem Beitrag mit besonderem Augenmerk auf die neueren Bundesländer der vereinten Republik nachgegangen werden. Forschungsleitend ist die Frage nach politischer Konvergenz oder Divergenz zwischen Ost und West. Aufgeworfen wird sie nicht bloß für das bereits vergleichsweise gut erforschte Wahlverhalten, sondern auch für die politische Wertebasis der aktiven Mitglieder der Bundestagsparteien, über die es bisher nur wenige repräsentative Studien gibt bzw. bei denen Ost-West-Gesichtspunkte nicht systematisch im Forschungsfokus standen.[9]

---

5 *Helmut Kohl*, Fernsehansprache von Bundeskanzler Kohl anlässlich des Inkrafttretens der Währungs-, Wirtschafts- und Sozialunion am 1. Juli 1990, 1990, https://www.bundesregierung.de/breg-de/service/bulletin/der-entscheidende-schritt-auf-dem-weg-in-die-gemeinsame-zukunft-der-deutschen-fernsehansprache-des-bundeskanzlers-zum-inkrafttreten-der-waehrungsunion-am-1-juli-1990-788446 (Abruf am 29.1.2021).
6 Vgl. *Decker*, in: Decker/Henningsen/Jakobsen (Hrsg.), Rechtspopulismus und Rechtsextremismus in Europa, 2014, S. 75–90.
7 Vgl. *Priester*, Vierteljahreshefte für Zeitgeschichte 2019, S. 443–453.
8 Vgl. *Ondreka*, Süddeutsche Zeitung v. 26.8.2015.
9 Vgl. *Bürklin/Rebenstorf*, Eliten in Deutschland, 1997; *Welzel*, Demokratischer Elitenwandel, 1997; *Spier/Klein/von Alemann/Hoffmann/Laux/Nonnenmacher/Rohrbach*, Parteimitglieder in Deutschland, 2011; *Klein/Becker/Czeczinski/Lüdecke/Schmidt/Springer*, ZParl 2018, S. 81–98.

Politische Einstellungen sind die Grundlage politischen Handelns.[10] Parteimitglieder, besonders die sich innerparteilich Beteiligenden, sind intensiver als die meisten Bürgerinnen und Bürger in demokratische Teilhabestrukturen und -prozesse involviert. Daraus resultieren eine Nahsicht auf politische Zusammenhänge und ein größeres Potenzial, zum Funktionieren der repräsentativen Demokratie beizutragen. Die politischen Verantwortungsträgerinnen und -träger unter ihnen, insbesondere in den Parteivorständen und mehr noch in den gewählten Volksvertretungen auf kommunaler Ebene, den Landesparlamenten, dem Bundestag und Bundesrat bis hin zum Europäischen Parlament, können politische Ost-West-Differenzen – innerparteiliche wie innerstaatliche – abbauen. Allerdings können sie diese je nach politischem Kalkül oder Repräsentationsanspruch auch vertiefen oder ausbauen.

Die Parteimitglieder bzw. die Parteien stehen in einem komplizierten wechselseitigen Verhältnis zu den Wählerinnen und Wählern bzw. dem Wahlsystem.[11] Bereits Ende der 1950er Jahre hat der französische Parteienforscher Maurice Duverger festgestellt, dass im Beziehungsgeflecht aus Parteien und Wahlen ähnlich wie beim Henne-Ei-Problem oft nicht eindeutig erkennbar sei, was Ursache und was Wirkung ist.[12] Gegensätze innerhalb der wahlberechtigten Bevölkerung müssen nicht notwendigerweise eine perfekte Spiegelung im Parteiensystem erfahren und umgekehrt. Folglich ist auch die hier vorgenommene Gegenüberstellung von Parteimitglieder- und Bevölkerungseinstellungen keine Kausalanalyse, sondern eine empirische Beschreibung, die es erlaubt, Übereinstimmungen und Abweichungen zwischen beiden bei der Ost-West-Thematik herauszuarbeiten und zu deuten.

II. Empirie und methodische Vorgehensweise

Methodenterminologisch ist der vorliegende Beitrag eine Quer- und Längsschnittanalyse auf zwei Ebenen (politische Einstellungen sowie Partizipation) und für zwei verschiedene Gruppen (Parteimitglieder sowie Wählerinnen und Wähler): Der erste Teil der Analyse befasst sich mit aktuellen politischen Einstellungen von Mitgliedern aller Bundestagsparteien (Abschnitt IV.). Im zweiten Teil folgt eine Auseinandersetzung mit der Partizipation bei Wahlen seit der ersten gesamtdeutschen Bundestagswahl 1990 bis zu der bisher letzten im September 2017 (Abschnitt V.).

Die quantitativen Daten aus der primäranalytischen Querschnittuntersuchung zu den politischen Einstellungen von Mitgliedern der (seit 2017) sieben Bundestagsparteien stammen aus einem Forschungsprojekt zur Bundestags-Kandidatenaufstellung 2017 (#BuKa2017) des Instituts für Parlamentarismusforschung (IParl). Sie wurden im Vorfeld der Bundestagswahl 2017 zwischen September 2016 und Juli 2017 erhoben,

---

10 Vgl. *Gabriel*, Politische Orientierungen und Verhaltensweisen im vereinigten Deutschland, 1997; *Niedermayer*, Bürger und Politik, 2001.
11 Vgl. *Saalfeld*, Parteien und Wahlen, 2007; *Rohrschneider*, German Politics 2015, S. 354–376.
12 Vgl. *Duverger*, Die politischen Parteien, 1959.

wobei die Rekrutierung von Bundestagskandidatinnen und -kandidaten im Zentrum des Forschungsinteresses stand. Auf den von den IParl-Feldforschungsteams besuchten Nominierungsversammlungen erhielten alle anwesenden Parteimitglieder standardisierte Fragebögen. Ausgewählt wurden 90 Wahlkreis- und 48 bzw. die Hälfte aller Landesparteiversammlungen zur Verabschiedung von Kandidierendenlisten mittels einer nach Parteien und Landesverbänden geschichteten Zufallsstichprobe, um ein für diese Parteien repräsentatives Sample zu gewinnen. 7.923 Parteimitglieder haben teilgenommen. Davon konnten 1.657 Mitglieder den östlichen Parteiuntergliederungen und 6.249 den westlichen zugeordnet werden. Die Ausschöpfungsquote betrug insgesamt 51 Prozent.

Anders als bei reinen Parteimitgliederbefragungen, die auch inaktive Mitglieder oder sogenannte Karteileichen um Auskunft bitten[13], konzentriert sich die IParl-Studie auf die aktiv in den Parteien Engagierten und kommt damit den innerparteilichen Einstellungswelten besonders nahe. Ost-West-vergleichend untersucht werden hier zentrale politische Wertvorstellungen der aktiven Parteimitglieder im zwei- und eindimensionalen Raum. Letzterer basiert auf einer Links-Rechts-Skala, die auch bei einer Vorwahlbefragung der Bevölkerung zur Bundestagswahl 2017 (*German Longitudinal Election Study*, GLES) verwendet wurde. Ihre Hinzuziehung ermöglicht die Kontrastierung der Einstellungen von Parteiaktiven mit denen der parteinahen Bevölkerung.[14]

Daran schließt die sekundäranalytische Längsschnittuntersuchung der Partizipation bei Bundestagswahlen an. Die Daten zu den acht in diesem Zeitraum abgehaltenen Wahlen wurden durch den Bundeswahlleiter zur Verfügung gestellt. Der Analysegegenstand ist somit die elektorale Wettbewerbsebene des deutschen Parteiensystems. Von parlamentarischen Konzentrationseffekten, wie sie vor allem durch die Fünf-Prozent-Sperrklausel entstehen, gehen keine Verzerrungen aus. Weitere Vorzüge dieser Fallauswahl sind, dass die in Deutschland wichtigsten Wahlen analysiert und sie separat für Ost- und Westdeutschland ohne Einschränkungen gegenübergestellt werden können. Anders als bei einem Vergleich der Ergebnisse von Landtagswahlen, die in der Literatur als Second-Order-Wahlen eingeordnet werden, muss nicht mit auseinanderfallenden Wahlterminen, anderen Wahlkampfthemen und Personen sowie nur schwer exakt bestimmbaren Wechselverhältnissen mit der Bundesebene umgegangen werden.[15] Indikatoren der Wahl- und der Parteiensystemforschung, die bei der vergleichenden empirischen Analyse herangezogen werden, sind die Wahlbeteiligung, die ungültige Wahl, die Zweitstimmenanteile der Großparteien CDU, CSU und SPD unter den

---

13 Vgl. z. B. *Klein/Becker/Czeczinski/Lüdecke/Schmidt/Springer* (Fn. 9).
14 Detaillierte Informationen zum methodischen Design der IParl-Studie können hier abgerufen werden: https://www.iparl.de/de/methodisches.html und hier zur GLES-Studie: https://gles.eu/ (Abruf jeweils am 8.2.2021).
15 Vgl. *Arzheimer/Falter*, in: Falter/Gabriel/Weßels (Hrsg.), Wahlen und Wähler, 2005, S. 244–283; *Völkl*, Reine Landtagswahlen oder regionale Bundestagswahlen?, 2009.

Wahlberechtigten, die Asymmetrie zwischen CDU/CSU und SPD sowie die elektorale Fragmentierung.[16]

Die drei diesem Beitrag zugrundeliegenden Datensätze wurden getrennt nach einem Ost- und einem West-Parteien bzw. -Wahlgebiet aufbereitet. Berlin wurde in einen Ost- und einen Westteil unterteilt, wobei die Grenzen der Hauptstadtwahlkreise infolge mehrerer Wahlkreisneuzuschnitte nicht immer ganz exakt zur damaligen innerdeutschen Grenze verliefen.[17]

III. Forschungsstand

In der Politischen Kulturforschung wurde wiederholt aufgezeigt, dass unter den Ostdeutschen grundlegende politische Einstellungen wie das Vertrauen in die Demokratie oder die Zufriedenheit mit ihren Kerninstitutionen wie dem Bundestag oder der Bundesregierung schwächer ausgeprägt sind als unter den Westdeutschen.[18] Während man sich im Osten somit insgesamt reservierter gegenüber den Grundlagen und den konkreten Ausgestaltungen der gesamtdeutschen Demokratie zeigt, findet die Idee des Sozialismus dort nach wie vor mehr Zustimmung.[19] Untersuchungen zur ostdeutschen Gemütslage haben in jüngster Zeit, längst nicht nur innerhalb der Wissenschaft, Konjunktur.[20] Dennoch ist über die politischen Einstellungen von Parteimitgliedern im Ost-West-Vergleich – soweit ersichtlich – nur sehr wenig bekannt.[21]

Dass die Uhren im Osten Deutschlands auch bei den Wahlen anders als im Westen ticken, wird in der Wahlforschung kaum bezweifelt[22], wenngleich sich auch Studien finden lassen, die in Bezug auf bestimmte Fragestellungen Gemeinsamkeiten herausarbeiten.[23] Beispielsweise sind parteitreue Stammwählerinnen und -wähler im Osten seltener anzutreffen, was nicht zuletzt mit einem Ost-West-Gefälle bei der Parteiidentifikation in Verbindung steht.[24] Die Wechselwahl findet häufiger statt, folglich ist

---

16 Vgl. *Kneuer/Lauth*, in: Lauth/Kneuer/G. Pickel (Hrsg.), Handbuch Vergleichende Politikwissenschaft, 2016, S. 453–468.
17 Zur Bundestagswahl 2017 wurden z. B. die Wahlkreise 76 und 83 bis 86 dem Ost-, die Wahlkreise 75 und 77 bis 82 dem Westgebiet zugerechnet.
18 Vgl. *Höhne*, Vertrauen oder Misstrauen?, 2006; *Niedermayer*, ZParl 2009, S. 383–397; *Mannewitz*, Politische Kultur und demokratischer Verfassungsstaat, 2015.
19 Vgl. *S. Pickel/G. Pickel*, ZPol 2020, S. 483–491.
20 Vgl. z. B. *Foroutan/Hensel*, Die Gesellschaft der Anderen, 2020; *Nichelmann*, Nachwendekinder, 2019; *Schönian*, Ostbewusstsein, 2020.
21 Siehe Fn. 9.
22 Vgl. *Elff/Roßteutscher*, German Politics, 2011, S. 107–127; *Rohrschneider/Schmitt-Beck/Jung*, Electoral Studies, 2012, S. 20–34; *Träger*, ZParl 2015, S. 57–81; *Jesse*, GWP 2020, S. 321–343.
23 Vgl. jüngst z. B. *Hebenstreit*, 2020, https://regierungsforschung.de/waehlerpolarisierung-in-ost-und-westdeutschland/ (Abruf am 29.1.2021).
24 Vgl. *Jörs*, German Politics 2003, S. 135–158.

die Volatilität größer. Daher gelten Wahlen in Ostdeutschland als unberechenbarer; ihr Ausgang ist für Meinungsforschungsinstitute schwerer prognostizierbar als im Westen. Bei sogenannten Denkzettelwahlen reüssieren „Protestparteien"[25]. Beispielsweise gelang es der 1987 in der alten Bundesrepublik gegründeten rechtsextremen Partei „Die Deutsche Volksunion" (DVU), zur Landtagswahl 1998 in Sachsen-Anhalt aus dem Stand heraus 12,9 Prozent der gültigen Stimmen zu erzielen.

Einer der größten Unterschiede auf der Parteiensystemebene bestand seit 1990 im Auftreten einer reinen Ostpartei.[26] Als Nachfolgeorganisation der DDR-Staatspartei SED entwickelte sich die PDS rasch zu einer postsozialistischen Partei, die sich auf die für sie neuen demokratischen Spielregeln der alten Bundesrepublik einließ, dabei einen mühsamen Lernprozess durchlief[27] und angesichts ihrer relativ breiten Wählerinnen- und Wählerbasis auch von Forschenden, die ein besonderes Augenmerk auf politischen Extremismus richteten, als „ostdeutsche Volkspartei"[28] eingeordnet wurde. Ihre Profilierung als Sprachrohr ostdeutscher Belange und Interessen trug zur Schließung einer Repräsentationslücke bei, die sich nach dem Verpflanzen der Westparteien in die ostdeutsche Transformationsgesellschaft aufgetan hatte.[29] Dass sie sich im Osten bis heute weniger tief und breit verwurzelt haben, ist auch am kontinuierlich schwächeren Abschneiden von Bündnis 90/Die Grünen und den Freien Demokraten (FDP) zu erkennen. Beide Parteien verfehlten in den vergangenen drei Jahrzehnten bei den Landtagswahlen in den 1990 neu hinzugekommenen Bundesländern häufig die Sperrklausel, nicht zuletzt, weil ihre gesellschaftlichen Vorfelder, zum einen das postmaterialistisch geprägte links-alternative und zum anderen das freiberuflich geprägte liberal-bürgerliche Milieu, nur rudimentär ausgebildet waren. Beide Parteien gehören zum Beispiel aktuell nicht dem 2016 gewählten Landtag von Mecklenburg-Vorpommern an. In jüngerer Vergangenheit zeichnet sich jedoch mit wachsenden grünen und liberalen Gesellschaftsschichten eine – besonders für die grüne Partei spürbare – Aufwärtsbewegung ab.

Die 2013 gegründete AfD versucht, der Partei Die Linke, die 2007 aus der Fusion von der PDS und der Agenda 2010-kritischen WASG hervorgegangen ist und seither auch im Westen Fuß fassen konnte, das Ostpartei-Profil streitig zu machen. In der Tat schnitt die rechtspopulistische Partei bei den Bundestagswahlen 2013 und 2017 im Osten um 1,4 bzw. 11,2 Prozentpunkte stärker als im Westen ab. Auch Stimmenwanderungsbilanzen bei Wahlen weisen zwischen Linkspartei und AfD regelmäßig ein Negativsaldo

---

25 Vgl. *Holtmann*, Die angepassten Provokateure, 2002.
26 Vgl. *Detterbeck/Renzsch*, in: Jun/Haas/Niedermayer (Hrsg.), Parteien und Parteiensysteme in den deutschen Ländern, 2008, S. 39–55; *Gabriel*, in: Bytzek/Roßteutscher (Hrsg.), Der unbekannte Wähler?, 2011, S. 157–176.
27 Vgl. *Holzhauser*, Die „Nachfolgepartei", 2019.
28 *Neu*, Das Janusgesicht der PDS, 2004, S. 260.
29 Vgl. *Birsl/Lösche*, ZParl 1998, S. 7–24.

auf.³⁰ Der Erfolg der AfD in Ostdeutschland erklärt sich aber kaum allein aus ihrem landsmannschaftlichen Profilierungsversuch, der im Bundestagswahlkampf 2017 durch plakative Reminiszenzen an die Umsturzbewegung in der untergehenden DDR deutlich wurde.³¹ Vielmehr knüpft die AfD an eine im Osten traditionell häufigere Wahlneigung gegenüber Rechtsaußenparteien an, die dort auch stärker gesellschaftlich verankert sind.³² Dementsprechend rückte die AfD mit ihrem größeren Rechtskurs im Osten in den Jahren 2020/21 zunehmend in das Visier der Verfassungsschutzämter.³³ Hinzu kommen allgemeine soziokulturelle und sozioökonomische Ansätze zur Erklärung der Wahlerfolge der AfD, die in den neueren genauso wie in den älteren Bundesländern miteinander um Deutungskraft konkurrieren.³⁴

Für die Narrative zu der im vorliegenden Aufsatz im Mittelpunkt stehenden Frage nach der Konvergenz oder der Divergenz bei der politischen Entwicklung von Ost und West im vereinten Deutschland lassen sich Konjunkturen erkennen. Zu Beginn der 1990er Jahre war von einer relativ zügigen Angleichung des Parteienwettbewerbs und des Wahlverhaltens ausgegangen worden.³⁵ Schließlich galt es zu Beginn der Systemtransformation keineswegs als ausgemacht, dass sich die Nachfolgepartei der SED im ostdeutschen Parteiensystem etablieren würde. Aber schon bald wurde die Konvergenz- durch die Divergenz-These abgelöst. Ausbleibende Annäherungen oder sich sogar vergrößernde politische Differenzen zwischen beiden Teilen Deutschlands wurden identifiziert und ihre Ursachen diskutiert, u. a. mit dem Konzept der Regionalisierung.³⁶ Dieses proklamierte den Vorzug, auch innerhalb der alten Bundesrepublik Unterschiede – etwa mit Blick auf die (bayerische) CSU, die bremische SPD oder die baden-württembergischen Bündnisgrünen und deren jeweilige Wahl – adäquat in den Blick nehmen zu können.

Später erlebte die Konvergenz-These im Zuge erodierender Parteibindungen in Deutschland (aber auch in anderen Ländern Europas) eine Renaissance. Unter umgekehrtem Vorzeichen wurde nunmehr eine mögliche Anpassung des westdeutschen Parteiensystems an das ostdeutsche thematisiert. Daran knüpfte die Avantgarde-These an, die – etwas bemüht – längst nicht nur für Parteien und deren Verhältnis zur Bevölkerung bestimmte Mangelerscheinungen im Osten als wahrscheinliche Voweg-

---

30 Vgl. z. B. für die Landtagswahl 2019 in Sachsen *Bukow*, 2019, https://www.boell.de/de/landtagswahl-sachsen (Abruf am 29. 1. 2021).
31 Vgl. *Bednarz*, Sächsische Zeitung 5. 8. 2019, S. 20; *Winter*, Der Spiegel 24. 8. 2019, S. 12; *Rietzschel/Schneider*, Süddeutsche Zeitung 6. 8. 2019, S. 5.
32 Vgl. *Faus/Mannewitz/Storks/Unzicker/Vollmann*, Schwindendes Vertrauen in Politik und Parteien, 2019; *Decker/Brähler* (Hrsg.), Autoritäre Dynamiken, 2020.
33 Vgl. *Bubrowski/Wehner*, FAZ v. 26. 1. 2021, S. 4.
34 Vgl. *Arzheimer/Berning*, Electoral Studies 2019; *Manow*, Die Politische Ökonomie des Populismus, 2018; *Pesthy/Mader/Schoen*, PVS 2020.
35 Vgl. *Niedermayer/Stöss*, in: dies. (Hrsg.), Parteien und Wähler im Umbruch, 1994, S. 11–36.
36 Vgl. *Gabriel* (Fn. 26); *Haas/Jun/Niedermayer*, in: dies. (Hrsg.), Parteien und Parteiensysteme in den deutschen Ländern, 2008, S. 9–38.

nahme von noch bevorstehenden Entwicklungen im Westen versteht.[37] An ihr wird kritisiert, dass es keinen monokausalen Einfluss des Ostens auf den Westen gäbe, sondern in beiden Teilen Deutschlands (verschiedenartige oder ähnliche) Adaptionen infolge allgemeiner gesellschaftlicher Entwicklungen stattfänden.[38]

IV. Politische Wertvorstellungen von aktiven Parteimitgliedern

Wie sich die aktiven Parteimitglieder aus Ost- und Westdeutschland auf der sozioökonomischen und der soziokulturellen Konfliktachse des Parteienwettbewerbs selbst verorten, ist Abbildung 1 zu entnehmen. Entsprechend der Ergebnisse aus der IParl-Befragung in der zweiten Hälfte des Jahres 2016 und der ersten im Jahr 2017 ist die größte innerparteiliche Differenz zwischen Ost und West bei der Partei Die Linke auszumachen. In ihren westlichen Landesverbänden verorten sich die Befragten im arithmetischen Mittel gesellschaftspolitisch libertärer sowie sozial- und wirtschaftspolitisch staatszentrierter als im Osten. Diese Einstellungsverteilung korrespondiert mit der verbreiteten Einordnung der Linkspartei als eine sich beinahe im Dauerzwist befindliche Flügelpartei mit eher links-dogmatischen Westverbänden, deren Personal teils aus linken Splittergruppen entstammt, und bei ihrem politischen Handeln eher pragmatisch-realpolitisch orientierten Landesverbänden im Osten.[39]

In den anderen Parteien fallen Ost-West-Binnenunterschiede bei der Werteverortung ihrer Mitglieder zwar weniger ins Gewicht, sind aber ebenfalls auf dem Fehlerniveau von fünf Prozent signifikant.[40] Auf der sozioökonomischen Dimension, bei der es vor allem um eine größere oder kleinere Rolle des Staates in der Wirtschaft geht, kristallisiert sich parteiübergreifend eine zentripetale Einstellungsordnung heraus: Die ostdeutschen Gebietsverbände aller Parteien neigen im Mittel stärker zu einer ausgleichenden Position in der politischen Mitte als ihre Pendants im Westen, die in der Sozial- und Wirtschaftspolitik entweder mehr den Staat oder aber mehr den Markt betonen. Für die aktiven Parteimitglieder des linken politischen Spektrums ist aus diesen Befunden somit keine größere Zuneigung zu Sozialismusideen herauszulesen, wie sie regelmäßig für die ostdeutsche Bevölkerung im Aggregat ausgemacht wird.

Auf der soziokulturellen Konfliktdimension, die von Themen wie Einwanderung, Minderheitenpolitik oder europäische Integration geprägt ist, ist ebenfalls ein innerparteiliches Ost-West-Gefälle auszumachen. Die Parteimitglieder im Osten teilen mit Ausnahme der Bündnisgrünen etwas seltener libertäre Wertvorstellungen (SPD,

---

37 Vgl. *Engler*, Die Ostdeutschen als Avantgarde, 2002; *Friedrich-Ebert-Stiftung* (Hrsg.), Ostdeutschland als Avantgarde?, 2015.
38 Vgl. *Jesse*, in: Lorenz (Hrsg.), Ostdeutschland und die Sozialwissenschaften, 2011, S. 99–119.
39 Vgl. *Höhne*, Die Linke, 2016; *Träger*, in: Jun/Niedermayer (Hrsg.), Die Parteien nach der Bundestagswahl 2017, 2020, S. 159–186.
40 Nach T-Tests sind die Ost-West-Unterschiede nicht signifikant bei der SPD auf der soziokulturellen und der sozioökonomischen Konfliktdimension sowie bei der CDU und der AfD nur auf der ersteren Dimension.

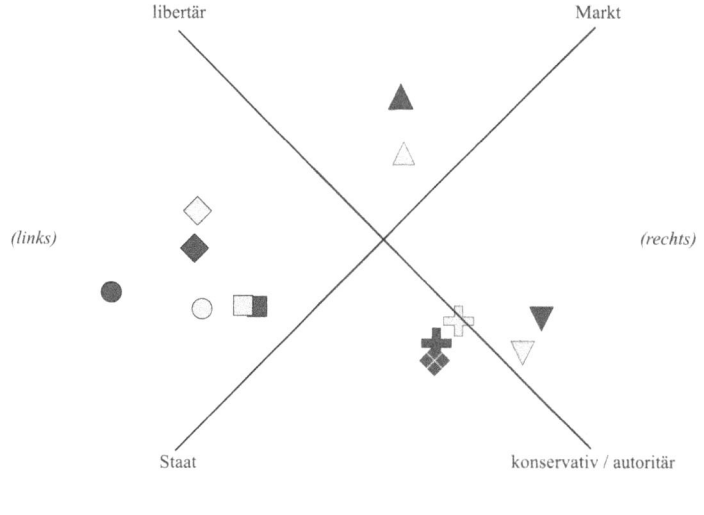

Abbildung 1: Politische Werte von Parteimitgliedern im mehrdimensionalen Raum
Quelle: IParl/#BuKa2017-Zufallssample. Die Aussagen auf der soziokulturellen Konfliktachse (N=7.420) (von links oben nach rechts unten) lauteten: „Die Politik sollte sich in erster Linie um die Aufrechterhaltung von Ruhe und Ordnung in unserem Land kümmern. Die Politik sollte ihr Hauptaugenmerk auf die freie Entfaltung unterschiedlicher Lebensstile richten." Sozioökonomische Konfliktachse (N=7.528) (von links unten nach rechts oben): „Die Politik sollte sich aktiv um die Steuerung der Wirtschaft bemühen. Die Politik sollte sich aus der Wirtschaft heraushalten." Die nur angedeutete Links-Rechts-Dimension ergab sich durch Kippen der beiden Konfliktachsen um jeweils 45 Grad nach links, d. h. der ursprünglich vertikalen, soziokulturellen sowie der ursprünglich horizontalen, sozioökonomischen.

Linkspartei und FDP) und geringfügig häufiger konservative bis autoritäre Haltungen (CDU und AfD). Die ostdeutschen Bündnisgrünen stehen nach der IParl-Parteimitgliederbefragung im Vergleich zu denen im Westen soziokulturell ein Stück weiter links (siehe Abbildung 1, vgl. auch Abbildung 2).

Bei der eindimensionalen Links-Rechts-Skala sind ebenfalls nur geringfügige Abweichungen zwischen den gemittelten Selbstverortungen der Parteimitglieder im Osten und im Westen auszumachen (siehe Abbildung 2). Signifikant sind sie lediglich bei der SPD (auf dem Fehlerniveau von fünf Prozent) und der AfD (bei zehn Prozent). Im Hinblick auf Veränderungen über die Zeit lässt sich für Ostdeutschland anhand der Streuwerte aus der aktuellen Parteimitgliederbefragung inzwischen nicht mehr bescheinigen (siehe Anmerkungen zu Abbildung 2), dass die „Links-Rechts-Dimension […] in fast allen Parteien breiter aufgefächert"[41] ist. Bei der CDU, den Bündnisgrünen

---

41 *Jesse* (Fn. 38), S. 107.

und der Linkspartei trifft sogar das Gegenteil zu, d. h. die Standardabweichung fällt im Osten etwas geringer als im Westen aus. Beide Befunde deuten auf eine Harmonisierung politischer Wertvorstellungen innerhalb der Parteien hin.

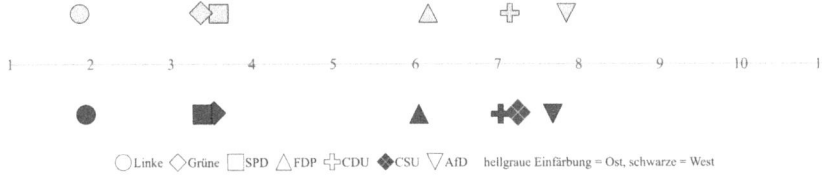

Abbildung 2: Selbstverortung von aktiven Parteimitgliedern auf der Links-Rechts-Achse
Quelle: IParl/#BuKa2017-Zufallssample (N=7.721). Die Frage lautete: „Man spricht in der Politik immer wieder von „links" und „rechts". Wenn Sie einmal an Ihre eigenen politischen Ansichten denken, wo würden Sie sich auf einer Skala einordnen, bei der 1 „links" bedeutet und 11 „rechts"?" Standardabweichungen: Linke: s_{Ost}=0,921 (N=198), s_{West}=1,154 (N=612); Grüne: s_{Ost}=1,266 (N=151), s_{West}=1,443 (N=1.031); SPD: s_{Ost}=1,557 (N=408), s_{West}=1,505 (N=1.236); FDP: s_{Ost}=1,442 (N=193), s_{West}=1,464 (N=977); CDU: s_{Ost}=1,603 (N=219), s_{West}=1,717 (N=1.270); CSU: s=1,655 (N=370); AfD: s_{Ost}=1,787 (N=449), s_{West}=1,613 (N=607).

Im Vergleich zu den Befragten in der Bevölkerung, die eine Parteineigung angegeben haben, zeichnet sich ein bereits aus der wissenschaftlichen Literatur[42] bekanntes Bild ab: Die Mitglieder der Parteien weisen durchweg etwas radikalere politische Orientierungen auf, d. h. auf der Links-Rechts-Achse weiter von der Mitte entfernte Positionen, als deren Anhängerinnen und Anhänger (vgl. Abbildung 2 und 3). Parteimitglieder schöpfen das Achsenspektrum somit mehr aus als die Bürgerinnen und Bürger, die einer Partei nahestehen. Am größten fällt die Differenz zwischen beiden Gruppen im Westen bei der Linkspartei mit einem Abstandsbetrag von 1,5 und im Osten bei der CDU mit 1,2 aus. Erklärungen dafür könnten bei der Linken in ihrer radikaleren Ausrichtung im Westen liegen, die dort zu einer größeren Distanz gegenüber ihren Wählerinnen und Wählern führt. Bei der CDU im Osten verweist der relativ große Abstand zur eigenen Anhängerschaft in der Bevölkerung, die sich beinahe exakt in der politischen Mitte verortet, auf deren schwierige Lage, eine Antwort auf die populistische Herausforderung von rechts zu finden.[43] Auch die Ost-West-Abweichungen bei den Links-Rechts-Einstellungen sind innerhalb der Bevölkerung ausgeprägter als unter den Parteimitgliedern, wenngleich sie nur bei einer Identifikation mit der FDP und der Linkspartei signifikant ausfallen (jeweils auf dem Fehlerniveau von fünf Prozent). Bezüglich der Nähe oder der Distanz von Parteimitgliedern und -anhängern ergibt sich im Ost-West-Vergleich kein einheitliches Muster.

---

42 Vgl. bspw. *Freire*, Party Politics 2008, S. 189–209.
43 Vgl. *Höhne*, GWP 2020, S. 157–168; vgl. auch *Heinze*, Strategien gegen Rechtspopulismus?, 2020.

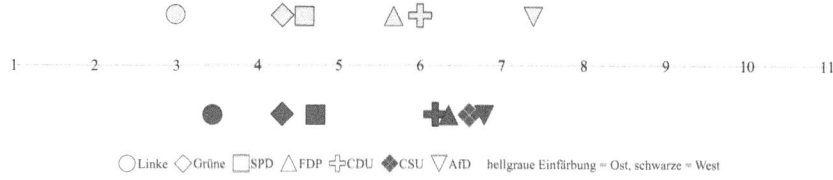

Abbildung 3: Links-Rechts-Selbstverortung der Bevölkerung mit Parteibindung
Quelle: GLES 2017 (N=1.273). Die Fragen lauteten: „In der Politik reden die Leute häufig von „links" und „rechts". Wo würden Sie sich auf der Skala von 1 bis 11 einordnen?" „In Deutschland neigen viele Leute längere Zeit einer bestimmten politischen Partei zu, obwohl sie auch ab und zu eine andere Partei wählen. Wie ist das bei Ihnen: Neigen Sie – ganz allgemein gesprochen – einer bestimmten Partei zu? Und wenn ja, welcher?"

V. Partizipation bei Bundestagswahlen

1. Wahlbeteiligung und ungültiges Wählen

Die Teilnahme an Wahlen ist nach wie vor die wichtigste politische Partizipationsform. Vereine, Bewegungen, direkte Demokratie oder deliberative Bürgerräte haben ihr bisher – allein schon an den Beteiligungszahlen gemessen – nicht den Rang ablaufen können. Selbst die bisher geringste Wahlbeteiligungsquote – bei der Bundestagswahl 2009 – lag im Osten bei ca. 65 Prozent (siehe Abbildung 4). Im Vergleich von Ost und West verdeutlicht sich, dass die prozentuale Beteiligung über den gesamten Analysezeitraum hinweg im Osten niedriger ausfällt. Ähnlich verläuft auch die Richtung der Entwicklung bei den jüngsten Wahlen: Von 2009 auf 2013 und auf 2017 lag für Ost und West eine Aufwärtsbewegung vor, die als populistische Mobilisierung und Gegenmobilisierung bei einem zunehmend polarisierten Wettbewerb interpretiert werden kann.[44]

Als Erklärung für die niedrigere Wahlbeteiligung im Osten werden vor allem die schwächeren Parteibindungen[45] und die geringer ausgebildete Wahlnorm, d.h. ein Gefühl der intrinsischen Verpflichtung zur Wahlteilnahme[46], herangezogen. Eine in Teilen mangelnde Systemunterstützung lässt sich daraus nicht ableiten. Genauso wenig kann es einen demokratietheoretisch begründbaren Mindestwert für die Höhe der Wahlbeteiligung geben, auch wenn hinter Wahlenthaltungen bestimmter sozialer Gruppen Selbst- oder Fremdexklusionen stehen, die für den gesellschaftlichen Zusammenhalt in einem demokratischen Gemeinwesen problematisch sein können.[47]

---

44 Vgl. *Haußner/Leininger*, ZParl 2018, S. 69–90.
45 Vgl. *Steinbrecher*, in: Faas/Gabriel/Maier (Hrsg.), Politikwissenschaftliche Einstellungs- und Verhaltensforschung, 2019, S. 325–347.
46 Vgl. *Hur*, Electoral Studies 2016, S. 55–62.
47 Vgl. *Schäfer*, Der Verlust politischer Gleichheit, 2015.

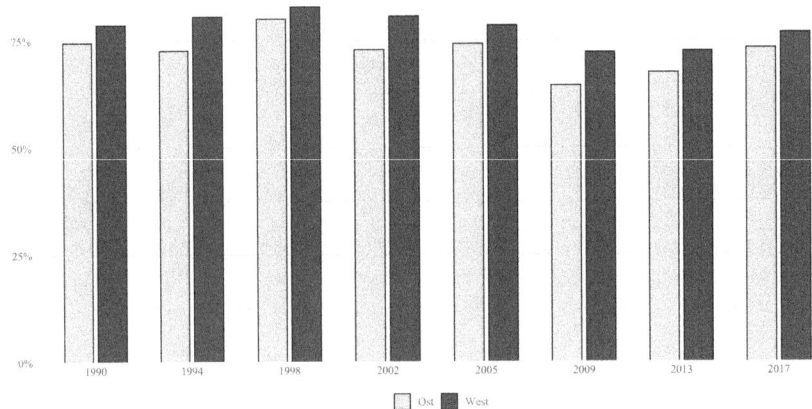

Abbildung 4: Wahlbeteiligung bei Bundestagswahlen
Quelle: Eigene Berechnung auf Basis der Zweitstimmen nach Angaben des Bundeswahlleiters.

Die Gründe für die Abgabe ungültiger Stimmen können in politische und apolitische unterschieden werden.[48] Geht man davon aus, dass westdeutschen Wählerinnen und Wählern nicht seltener Fehler beim Ausfüllen des Stimmzettels unterlaufen als ostdeutschen – und umgekehrt, des Weiteren, dass die Mängelaufkommen beim Auszählen der Stimmen in den Wahllokalen[49] ebenfalls ungefähr gleich verteilt sind, wäre eine Differenz zwischen beiden Vergleichsgruppen als politisches Zeichen interpretierbar. Tatsächlich wird im Osten der Republik durchgängig etwas häufiger ungültig gewählt, so der Befund für die ungültigen Zweitstimmen zu Bundestagswahlen (siehe Abbildung 5). Die Differenz zum Westen lag bisher in einer Spannweite zwischen +0,1 und +0,7 Prozentpunkten. Sie lässt sich in der Tat als eine Systemabneigung eines (geringen) Teils der Wählerschaft im Osten verstehen. Die höchsten Anteile ungültiger Stimmen wurden im Osten 1998 mit 1,9 Prozent und im Westen 2005 mit 1,5 Prozent erreicht. Seit 2005 ging in Ost wie West der Anteil der ungültigen Stimmen von Wahl zu Wahl zurück und erreichte 2017 die niedrigsten Werte in der Zeitreihe. Im Osten wählten nur noch 1,3 Prozent ungültig, im Westen 0,9 Prozent. Dies deutet auf eine beidseitige innerdeutsche Angleichung unter Beibehaltung eines Niveauunterschieds hin.

---

48 Vgl. *Lavies*, PVS 1968, S. 212–222; *Nyhuis*, ZPol 2014, S. 255–280.
49 Vgl. *Goerres/Funk*, German Politics 2019, S. 61–79.

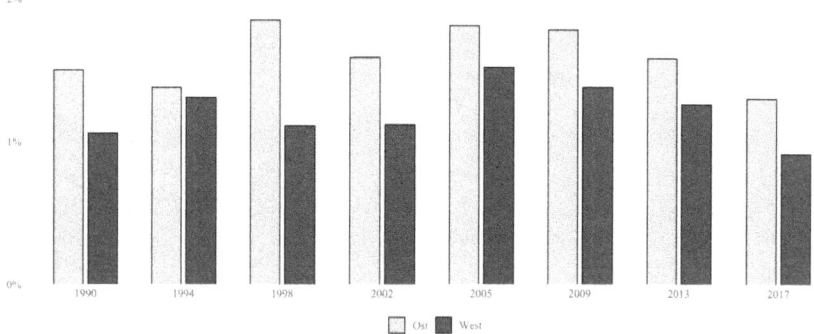

Abbildung 5: Ungültige Zweitstimmen bei Bundestagswahlen
Quelle: Eigene Berechnung nach Angaben des Bundeswahlleiters.

2. Gesellschaftliche Verankerung der Volksparteien

Die CDU, die CSU und die SPD beanspruchen nach wie vor Volksparteien[50] zu sein, obwohl es immer schwieriger für sie wird, dieses Selbstbild angesichts ihrer seit 1990 beinahe ununterbrochen sinkenden Mitgliederzahlen[51] und ihrer sich soziostrukturell verengenden Mitgliederzusammensetzung[52] aufrechtzuerhalten. Ihre abnehmende gesellschaftliche Integrationskraft zeigt sich auch bei Wahlen. Im Osten haben die beiden Unionsparteien und die Sozialdemokraten zusammen nur bei der Bundestagswahl 1994 mit 50,1 Prozent der Zweitstimmen geringfügig mehr als die Hälfte aller Wahlberechtigten hinter sich versammeln können (siehe Abbildung 6). 2017 fielen sie zusammen auf 29,9 Prozent ab und markierten damit einen, wahrscheinlich nur vorläufigen, Negativrekord. Im Westen sind CDU, CSU und SPD bei den Bundestagswahlen zwar noch stärker verankert, lagen aber auch dort erstmals 2009 und erneut 2017 deutlich unterhalb der 50-Prozent-Marke.

Die zunehmende elektorale Schwäche der Parteien mit Volksparteienanspruch gilt in erster Linie für die SPD.[53] Ihr sind die angestammten Sozialmilieus – wozu im Kern die

---

50 Vgl. *Jun*, in: ders./Niedermayer (Hrsg.), Die Parteien nach der Bundestagswahl 2017, 2020, S. 71–104; *Oppelland*, ebd., S. 43–69; *Weigl*, ebd., S. 221–252.
51 Die Parteimitgliederstatistik weist zwischen 1990 und 2019 bei der CDU nur im Jahr 1999 einen Zuwachs aus, bei der SPD nur 2017. Bei der CSU wurden 1995, 1998, 1999, 2013 und 2019 mehr Zugänge als Abgänge verbucht, siehe *Niedermayer*, ZParl 2020, S. 419–448.
52 Vgl. *Klein/Becker/Czeczinski/Lüdecke/Schmidt/Springer* (Fn. 9).
53 Vgl. *Jun* (Fn. 50).

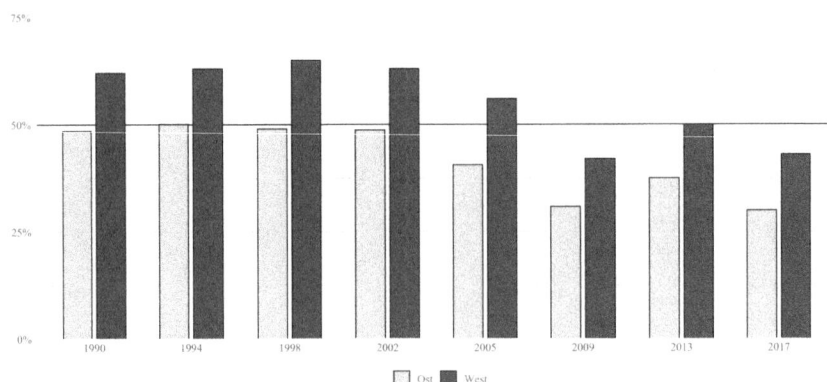

Abbildung 6: Zweitstimmenanteile von CDU, CSU und SPD an den Wahlberechtigten
Quelle: Eigene Berechnung nach Angaben des Bundeswahlleiters; 50-Prozent-Marke hervorgehoben.

Industriearbeiterschaft gehörte – schneller weggebrochen als die der Unionsparteien.[54] Letztere stützen sich auf ein im Westen noch vorhandenes katholisches Milieu, das sich allerdings quantitativ (nachweisbar über die Anzahl der Kirchenmitglieder) und qualitativ (messbar über die Kirchgangshäufigkeit) dezimiert.[55] Dass CDU, CSU und SPD bei den drei jüngsten Wahlen zum Deutschen Bundestag an Boden verloren hatten und zwar trotz gestiegener Wahlbeteiligung, deutet auf eine zentrifugale Wettbewerbsdynamik im Parteiensystem hin. Die Schwäche der Volksparteien, die nach ihrem Idealverständnis Kräfte der politischen Mitte und des politischen Zusammenhalts sind, leistet somit der derzeitigen parteipolitischen Polarisierung Vorschub.

Besonders unter Druck sind CDU und SPD im Osten, wo Parteien links und rechts von ihnen erstarken. Beispielsweise kam Die Linke in Thüringen bei der Landtagswahl im Oktober 2019 auf 31,0 Prozent, während die AfD in Sachsen einen Monat zuvor ihren bisherigen Bestwert mit 27,5 Prozent verbuchen konnte.[56] Beide Parteien haben es im Westen wiederum sichtlich schwerer und kommen dort selten über einen Anteil von zehn Prozent. Auch für das prozentuale Kräfteverhältnis zwischen den Unionsparteien auf der einen Seite und den Sozialdemokraten auf der anderen ist ein Ost-West-Unterschied auszumachen: In der Parteiensystemforschung als Asymmetrie bezeichnet, klafft es im Osten weiter auseinander; zugleich ist die Asymmetrie zugunsten der CDU dort schwächer ausgeprägt (siehe Abbildung 7). Bei den Bundestagswahlen 1998, 2002

---

54 Vgl. *Elff/Roßteutscher* (Fn. 22).
55 Vgl. *Lois*, Comperative Population Studies 2011, S. 127–160.
56 Vgl. *Jesse*, ZParl 2020, S. 304–325; *Oppelland*, ZParl 2020, S. 325–348.

und 2005 lag die SPD mit Gerhard Schröder im Osten vor der CDU. Dies gelang ihr im Westen nur einmal – 1998 bei der Abwahl von Helmut Kohl. 2002 hatte der Osten sogar die Wiederwahl der rot-grünen Bundesregierung entschieden, nicht zuletzt wegen des dort wenig populären Unionskanzlerkandidaten Edmund Stoiber.[57]

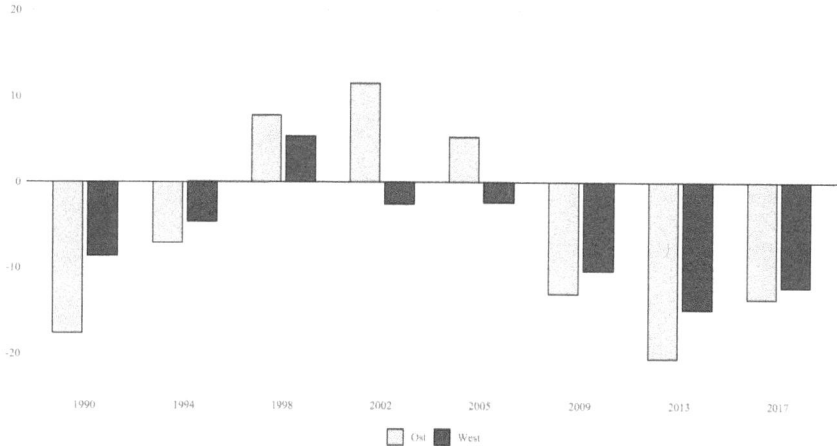

Abbildung 7: Asymmetrie zwischen CDU/CSU und SPD bei Bundestagswahlen
Quelle: Zweitstimmenanteil der SPD – Zweitstimmenanteil CDU (+ CSU), eigene Berechnung nach Angaben des Bundeswahlleiters.

3. Elektorale Fragmentierung und Regierungskoalitionen

Die elektorale Fragmentierung – bestimmt über den in der Parteiensystemforschung gängigen Indikator der effektiven Anzahl der Parteien[58] – ist im Osten Deutschlands im arithmetischen Mittel über alle bisher abgehaltenen Bundestagswahlen um 0,6 Punkte größer als im Westen (siehe Abbildung 8). Bei der Wahl 2017 wurden mit 5,5 im Osten und 5,0 im Westen Höchstwerte der Fragmentierung markiert, die auch auf Angela Merkels Geflüchteten- und Migrationspolitik zurückgeführt werden können.[59] 2013 war die Anzahl der Parlamentsparteien temporär eingebrochen, da die FDP[60] erstmals in ihrer Geschichte und die gerade erst gegründete AfD[61] nur knapp unter der Fünf-Prozent-Hürde blieben. Bei den drei letzten Bundestagswahlen lag die Fragmentie-

---

57 Vgl. *Jesse* (Fn. 38).
58 Vgl. *Laakso/Taagepera*, Comparative Political Studies 1979, S. 3–27.
59 Vgl. *Dostal*, The Political Quarterly 2017, S. 589–602.
60 Vgl. *Höhne/Jun*, in: Jun/Niedermayer (Hrsg.), Die Parteien nach der Bundestagswahl 2017, 2020, S. 133–157.
61 Vgl. *Lewandowsky/Giebler/Wagner*, PVS 2016, S. 247–275.

rungsdifferenz im Schnitt nur noch bei 0,3, was als Anzeichen für eine Angleichung der Parteiensysteme in Ost- und Westdeutschland verstanden werden kann.

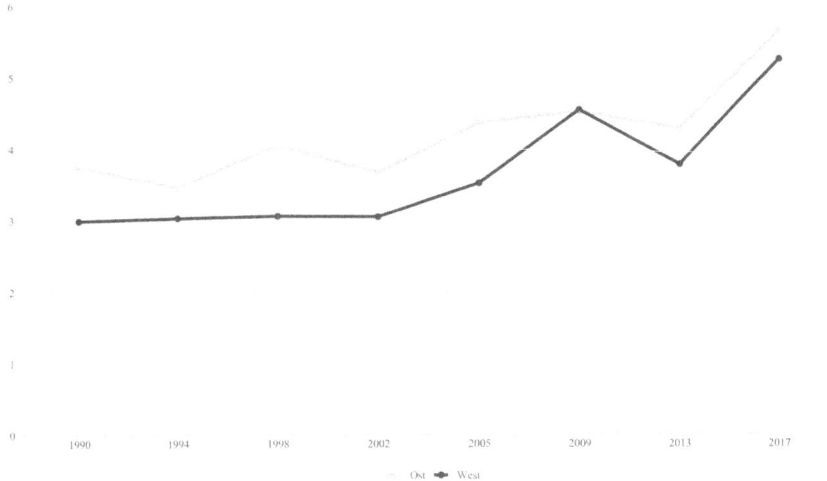

Abbildung 8: Fragmentierung der Parteiensysteme in Ost- und Westdeutschland
Quelle: Effektive Parteienzahl nach *Laakso/Taagepera* (Fn. 58) der im Bundestag vertretenen Parteien (Berechnungsgrundlage: Zweitstimmenergebnis, CDU- und CSU-Werte wurden zusammengezählt), eigene Berechnung nach Angaben des Bundeswahlleiters.

Die insgesamt gestiegene Fragmentierung auf der elektoralen Wettbewerbsebene bleibt nicht ohne Folge für die parlamentarisch-gouvernementale Arena.[62] Eine Große Koalition aus CDU/CSU und SPD, die im Bundestag über mehr als Zwei-Drittel der Mandate verfügte oder verfügt hätte (ausgenommen bisher nur die Wahlen 2009 und 2017), kommt in Ostdeutschland kaum noch auf die absolute Parlamentsmehrheit. Nach den Landtagswahlen im Herbst 2019 in Brandenburg und Sachsen bildeten sich deshalb sogenannte Kenia-Koalitionen (Große Koalition plus Grüne), unter Führung der SPD bzw. der CDU. Die erste Dreiparteienkoalition in Ostdeutschland war die sogenannte Ampelkoalition aus SPD, FDP und dem Bündnis 90, die 1990 in Brandenburg für eine Wahlperiode die Regierung stellte. Auch mit der in Deutschland bisher selten praktizierten Minderheitsregierung wird wahrscheinlich häufiger zu rechnen sein. Die bisher längsten Erfahrungen mit ihr wurden zwischen 1994 und 2002 in Sachsen-Anhalt gesammelt. Zuletzt folgte 2020 aufgrund fehlender koalitionspolitischer Alternativen in Thüringen eine Minderheitsregierung aus Linkspartei,

---

62 Vgl. *Bräuninger/Debus/Mueller/Stecker*, Parteienwettbewerb in den deutschen Bundesländern, 2020.

Sozialdemokraten und Bündnisgrünen, die – auch dies ein ostdeutsches Novum – von der CDU unterstützt wird.[63]

Die in Ostdeutschland größere Fragmentierung des Parteiensystems verlangt von den Parteien eine erhöhte koalitionspolitische Flexibilität.[64] Die westdeutschen Parteien, für die es ebenfalls schwieriger wird, klassische Koalitionen von zwei Parteien eines politischen Lagers zu schmieden oder aber auf die in der Vergangenheit immer als sichere Bank verfügbare Große Koalition zu setzen, können auf die positiven oder negativen Erfahrungen aus dem ostdeutschen Demokratielabor zurückgreifen. Damit können die neueren Bundesländer für die Koalitionspolitik tatsächlich eine wegweisende Rolle spielen.

VI. Zusammenfassung und Schlussfolgerungen

Das Ziel dieses Beitrags war herauszufinden, ob erstens bei den politischen Einstellungen von aktiven Parteimitgliedern und zweitens bei der Partizipation der Wählerinnen und Wähler bei Bundestagswahlen Muster zwischen Ost- und Westdeutschland auszumachen sind, die sich überlappen oder aber voneinander abweichen bzw. sich im Zeitverlauf entweder aufeinander zubewegen (Konvergenz) oder auseinanderentwickeln (Divergenz). Alle untersuchten Indikatoren haben gezeigt, dass es einen beträchtlichen Fundus an Gemeinsamkeit gibt, der relativ geringfügigen Unterschieden zwischen Ost und West gegenübersteht. Auch bei der Bewertung der hier vorgefundenen Empirie kommt es somit auf die Perspektive und die Akzentuierung an.[65]

Bei den politischen Einstellungen der aktiven Mitglieder der derzeitigen Bundestagsparteien sind kaum (noch) größere Abweichungen voneinander festzustellen; am sichtbarsten fielen sie innerhalb der Linkspartei aus. Zugleich waren die vorgefundenen Unterschiede zwischen den Ost- und den Westverbänden zumeist signifikant (soziokulturelle und sozioökonomische Werthaltungen sowie Links-Rechts-Selbstverortung). Folglich bestehen bei den politischen Einstellungen der aktiven Parteimitglieder aus den neueren und den älteren Bundesländern Unterschiede, die jedoch nicht überbewertet werden sollten. Politikeinstellungen der Parteiaktiven und der parteinahen Bevölkerung konnten durch Eigenverortungen auf der Links-Rechts-Skala in Beziehung zueinander gesetzt werden. Demnach standen die befragten Mitglieder aus dem Osten und dem Westen innerhalb einer Partei zumeist näher beieinander als die Ostparteimitglieder zur jeweiligen parteinahen Ostbevölkerung oder die Westparteimitglieder zur Westbevölkerung mit angegebener Parteibindung. Wenngleich dieser Befund neue Fragen für die Forschung aufwirft, kann an dieser Stelle auf einen bereits etablierten Erklärungsansatz verwiesen werden: Dieser stellt auf die Präge- und Integrationskräfte

---

63 Vgl. *Höhne*, GWP 2020, S. 157–168.
64 Vgl. *Baumann/Debus/Gross*, PVS 2017, S. 179–204.
65 Vgl. dazu auch schon die Überlegungen bei *Fuchs/Roller/Weßels*, APuZ 1997, S. 3–12 und ferner *Lorenz* (Hrsg.), Ostdeutschland und die Sozialwissenschaften, 2011.

gemeinsamer Organisationszugehörigkeiten von ost- und westdeutschen Parteimitgliedern ab. Neben den Parteiorganisationen sind die Parlamente, insbesondere der Deutsche Bundestag, Lernorte für interpersonale Verständigungen und Einstellungsangleichungen.[66]

Auf die zweite Frage nach Konvergenz oder Divergenz beim Wahlverhalten liegen mit Blick auf die nachgezeichneten Entwicklungen in Ost und West erstens zumeist dieselben Kurvenverlaufsrichtungen und zweitens – bei den jüngeren Bundestagswahlen – tendenziell verringerte Abstände zwischen beiden Gebieten vor. Die nach wie vor bestehende Verschiedenheit manifestiert sich in den neueren Ländern Deutschlands u. a. in einer geringeren Wahlbeteiligung und einer größeren Fragmentierung des Parteiensystems. Somit unterstützen die analysierten Zeitreihen weder die Konvergenz- noch die Divergenz-These. Weder haben sich Ost-West-Unterschiede gänzlich abgeschliffen noch ist ein Auseinanderstreben zu beobachten. Vielmehr lassen sich die empirischen Befunde als Verstetigung einer abgeschwächten Differenz zwischen neueren und älteren Bundesländern lesen. Wahrscheinlich wird sie auch in näherer und mittlerer Zukunft fortbestehen, auch wenn eine prospektive Datenfortschreibung von acht Bundestagswahlen kaum eine ausreichend valide Grundlage für einen weitreichenden Ausblick bilden kann.

Mit dem Soziologen Steffen Mau[67] ließe sich die Schlussfolgerung treffen, dass nicht mehr abgewartet zu werden braucht, bis sich der politische Osten dem politischen Westen angeglichen hat, sondern vielmehr Unterschiedlichkeit anerkannt wird. So wie die Politische Kultur und die politische Partizipation in Bayern anderen Regelmäßigkeiten unterliegen als etwa in Bremen oder Baden-Württemberg, weist auch der Osten mit seinen historischen Wurzeln in der DDR und vor allem den kollektiven Transformationserfahrungen nach 1990 bestimmte Eigenheiten auf, die bis heute im Politikverständnis – im Postfaktizismus gerade auch auf der Gefühlsebene[68] – und im politischen Verhalten zum Ausdruck kommen. Es ist höchste Zeit, diese langen Linien mit ihren Brüchen als identitätsstiftend anzuerkennen und sie konstruktiv in Ost-West-Dialoge einzubringen. Vor allem braucht es politische Maßnahmen zum Abbau eklatanter Repräsentationsdefizite von Ostdeutschen in ost- und gesamtdeutschen Elitenpositionen, wie sie auch im Abschlussbericht der Regierungskommission „30 Jahre Friedliche Revolution und Deutsche Einheit" gefordert werden.[69] Erinnert sei an eine jahrzehntealte Einsicht der Politischen Kulturforschung, dass eine repräsentative Demokratie bzw. ihre Repräsentantinnen und Repräsentanten von der gesellschaftlichen

---

66 Für die Parteien vgl. *Träger*, Die ostdeutschen Landesverbände in den Bundesparteien, 2011; für den Bundestag vgl. *Schöne*, Probleme und Chancen parlamentarischer Integration, 1999; *Patzelt*, ZParl 2000, S. 542–568.

67 Vgl. *Mau* (Fn. 4).

68 Vgl. *Strohschneider/Blamberger/Freimuth* (Hrsg.), Vom Umgang mit Fakten, 2018.

69 Vgl. *Bundesministerium des Inneren* (Hrsg.), 2020, https://www.bundesregierung.de/resource/blob/974430/1825612/471801f1274a16aa54361a009bca4ef9/2020-12-07-abschlussbericht-data.pdf (Abruf am 29.1.2021).

Anerkennung leben, ja geradezu zwingend auf sie angewiesen sind.[70] Sie gilt auch für die ostdeutsche Bevölkerung und ihre Eliten aus Politik, Verwaltung, Wirtschaft, Interessengruppen, Justiz, Medien und Wissenschaft.

---

70 Vgl. *Almond/Verba*, The Civic Culture, 1963.

Der unitarisch-kooperative Föderalismus seit der Wiedervereinigung

Von *Florian Meinel*, Göttingen*

I. Einleitung

Bei der Thüringer Landtagswahl im Herbst 2019 errangen zum ersten Mal seit dem Zweiten Weltkrieg die Flügelparteien – also AfD und Linkspartei – eine absolute Stimmenmehrheit im Landtag. Ausgerechnet in Thüringen, hieß es sogleich, und zwar vor allem aus dem Westen. In Thüringen, dem Land, in dem die NSDAP 1930 ihre erste Regierungsbeteiligung errungen hatte. Es folgte der taktische Coup der Wahl Thomas Kemmerichs zum Ministerpräsidenten, der bundespolitisch erzwungene Rücktritt, die widerwillige Wiederwahl Bodo Ramelows in einer CDU-tolerierten Minderheitsregierung. Auch jenseits Thüringens ist das Regieren mit unkonventionellen, brüchigen Mehrheiten in den ostdeutschen Ländern zur Normalität geworden. Im Laufe des Jahres 2020 bestanden die ostdeutschen SPD-Ministerpräsidenten bei der Nachbesetzung einer Richterstelle am Bundesverfassungsgericht – und zwar ausgerechnet mit der symbolisch wichtigen Zuständigkeit für Versammlungs- und Meinungsfreiheit – ultimativ und am Ende erfolgreich auf einer ostdeutschen Lösung. In der seit dem Rücktritt von Andrea Nahles mehr oder weniger führungslosen Partei behielt regionale Identitätspolitik die Oberhand über Parteidisziplin. Gleichzeitig machte der Vorgang noch einmal die dramatische Unterrepräsentation von Menschen mit einer „ostdeutschen Biographie" in der gesamten deutschen Elite der Verwaltung, der Justiz, der Medien, der Wirtschaft und Wissenschaft offenkundig, die zuletzt auch der Abschlussbericht der Kommission „30 Jahre Friedliche Revolution und Deutsche Einheit" der Bundesregierung Ende 2020 aufgelistet hat.[1] Ende 2020 scheiterte außerdem der erste Medienänderungsstaatsvertrag in Sachsen-Anhalt, wo Ministerpräsident Haseloff parlamentarisch gezwungen wurde, die Beschlussvorlage zurückzuziehen.

---

* Vortrag im Rahmen der Ringvorlesung „30 Jahre Deutsche Einheit" der Juristischen Fakultät der Julius-Maximilians-Universität Würzburg, gehalten am 16.12.2020. Die Vortragsform wurde beibehalten.

1 Abschlussbericht der Kommission „30 Jahre Friedliche Revolution und Deutsche Einheit", https://www.bundesregierung.de/resource/blob/974430/1825612/471801f1274a16aa5436 1a009bca4ef9/2020-12-07-abschlussbericht-data.pdf?download=1 (letzter Abruf am 31.1. 2021).

In diesem Vorgang kam vieles zusammen: Eine an die Vorgänge in Thüringen erinnernde parteipolitische Konstellation, das Ausscheren eines Landes aus den Selbstverständlichkeiten und Loyalitäten des Verhandlungsföderalismus und die Brüskierung einer in den neuen Ländern zunehmend als westdeutsch wahrgenommenen Verfassungsinstitution der Bundesrepublik: des öffentlich-rechtlichen Rundfunks.

Diese Beispiele, die sich um andere vermehren ließen, sind gewiss eine willkürliche Auswahl politischer Ereignisse. Immerhin aber sind sie Anlass zu fragen, wie sich der deutsche Föderalismus durch die und seit der Wiedervereinigung verändert hat. Was macht den deutschen Typus des Bundesstaates aus (II.)? Wie ist die Frage des Föderalismus im Einigungsprozess (III.) und in den ihm folgenden Verfassungsreformen (IV.) behandelt worden? Und was hat sich schließlich unter der Oberfläche verfassungsrechtlicher und institutioneller Kontinuität verändert (V.)?

II. Einige Merkmale des unitarisch-kooperativen Föderalismus

Der verfassungsrechtliche Typus des unitarisch-kooperativen Föderalismus, der sich in der Bundesrepublik entwickelt hat, ist nämlich für solche eher subkonstitutionellen Veränderungsprozesse durchaus offen. Warum? Wodurch zeichnet er sich aus?

Unitarisch ist der Föderalismus vor allem durch die Konzentration der meisten Gesetzgebungskompetenzen beim Bund. Bis auf wenige Felder – Polizei, Schulen, Hochschulen – sind alle politisch wichtigen Regelungsfelder beim Bund konzentriert. Unitarisch ist der Föderalismus außerdem durch die Verteilung der Steuerertragshoheit, die die Finanzierung der Länderhaushalte vor allem durch die Beteiligung am Gesamtsteueraufkommen bewerkstelligt und ihnen nur wenige eigene Finanzierungsmöglichkeiten eröffnet. Dadurch ergibt sich das, was man das Popitzsche Gesetz nennt: die Anziehungskraft des größten Budgets. Da die finanzielle Leistungsfähigkeit des Bundes die der Länder stets weit übersteigt, steht die verfassungsrechtlich festgeschriebene bundesstaatliche Kompetenzverteilung immer unter dem Druck des Tausches von finanzieller Förderung gegen Mitspracherechte des Bundes.

Dezentral ist in der Bundesrepublik dagegen vor allem das Verwaltungssystem. Der deutsche Bundesstaat beruht auf der systematischen Trennung zwischen Rechtsetzung und Verwaltung, weil nach Art. 83 GG die Bundesgesetze grundsätzlich von den Ländern vollzogen werden. Diese Regelung weist den Ländern politisch eine Doppelstellung zu. Sie sind selbst Staaten, gewiss, aber zugleich riesige Verwaltungskörperschaften, die gemeinsam die dezentrale Exekutive des Bundes bilden. Das hat in allererster Linie historische Gründe,[2] prägt aber den Föderalismus wie kaum ein anderes Prinzip und führt dazu, dass regionale Unterschiede vor allem durch die Tradition unterschiedlicher Verwaltungskulturen sichtbar und erfahrbar werden. Eher zentralistische Verwaltungskulturen wie in Bayern können auf diese Weise neben der völlig

---

2 Hierzu und zur Evolution des deutschen Föderalismus nach wie vor *Oeter*, Integration und Subsidiarität im deutschen Bundesstaatsrecht, 1998.

unterschiedlichen Struktur von Stadtstaaten ebenso existieren wie ganz unterschiedliche Modelle der Kommunalverfassung.

Die zentrale Institution, über die Bund und Länder miteinander verknüpft sind, ist aus diesem Grund weniger die in ihren Handlungsmitteln im Regelfall beschränkte Rechtsaufsicht des Bundes als vielmehr der aus den Landesregierungen gebildete Bundesrat. Im Bundesratsmodell haben auch die Landesregierungen eine charakteristische Doppelfunktion. Sie sind zugleich Spitze der Exekutive im jeweiligen Land und Teil des obersten Bundesorgans Bundesrat. Das erklärt insbesondere die hohe Präsenz der Ministerpräsidenten in der Bundespolitik. Durch den Bundesrat sind die Landesregierungen außerdem sehr wichtige Stätten der Rekrutierung von politischem Personal auf Bundesebene. Die Bedeutung des Bundesrates geht dabei weit über dessen formale Gesetzgebungsbefugnisse hinaus: Weil die Länder durch ihre dauernde Abstimmung im Bundesrat ein großes Verhandlungssystem bilden, ist es möglich, die Form föderaler Verhandlungen auch jenseits der formellen Prozesse im Bundesrat zu praktizieren, insbesondere in den Ministerpräsidentenkonferenzen, die sowohl in der Flüchtlings- als auch in der Corona-Krise eine zentrale Rolle gespielt haben, in Fachministerkonferenzen und anderen Institutionen.

Schließlich hat der deutsche Typus des Bundesstaates eine starke Fundierung im Parteiensystem und im Verhältniswahlrecht.[3] Er führt dazu, dass es weder eine starke Unterscheidung von Bundes- und Landespolitik noch eine stabile Unterscheidung von Regierung und Opposition gibt. Zunächst verhindert das Bundesratssystem eine eindeutige institutionelle Trennung zwischen den Parteien auf Landes- und Bundesebene. Auch die parteipolitische Positionsbildung ist auf beiden Ebenen thematisch und personell eng verflochten. Zum anderen führt das auf Bundes- und Landesebene praktizierte Verhältniswahlrecht dazu, dass auch in den Ländern in Parteikoalitionen regiert wird. Dies wiederum hat zur Folge, dass die Kongruenz von Bundestags- und Bundesratsmehrheit eine seltene historische Ausnahme und in absehbarer Zeit nicht mehr zu erwarten ist. Da die in den Ländern regierenden Parteikoalitionen über den Bundesrat an der Positionsbildung im Bund beteiligt sind, sind selbst Parteien, die im Bund in der Opposition sind, wegen ihrer Regierungsbeteiligung in den Ländern kaum je auf eine eindeutige Oppositionsrolle festgelegt, noch nicht einmal die Linkspartei, die immerhin einen Ministerpräsidenten stellt und an weiteren zwei Regierungen beteiligt ist. Eine ausschließliche Oppositionsrolle fällt derzeit nur der AfD zu.

III. Der Föderalismus im Einigungsprozess 1990

Die Erwartungen der Akteure des Vereinigungsprozesses an den Föderalismus des wiedervereinigten Deutschlands waren im Wendejahr höchst unterschiedlich. Diejenigen, die grundsätzliche Veränderungen erhofften, befanden sich eher in der Minderheit, wie etwa der Bonner Staatsrechtler Josef Isensee. Er berief sich auf der Son-

---

3 Grundlegend nach wie vor *Lehmbruch*, Parteienwettbewerb im Bundesstaat, 3. Aufl., 2000.

dertagung der Vereinigung der Deutschen Staatsrechtslehrer im Frühjahr 1990 noch einmal auf die konservative Tradition des föderalen Denkens, auf den Föderalismus als Verteidigung des Besonderen und als Begrenzung von Umverteilung: „Was seine Kritiker in der bisherigen Bundesrepublik vermißt haben, liegt nun vor uns: Raumbezogene, geschichtlich gegebene Ungleichheit. Der Föderalismus vermag regionale Ungleichheit aufzunehmen, auszugleichen, aber auch zu hegen. Einheit stellt sich im Bundesstaat nicht allein her über gesamtstaatlichen Mehrheitsentscheid, sondern auch über wechselseitige Absprache und Übereinstimmung, über Kooperation und Osmose – über offene Formen der staatlichen Einigung, in denen ein Moment ursprunghafter Staatsvertraglichkeit und Verfassunggebung in der staatsrechtlichen Normallage fortwirkt. Der Föderalismus legitimiert im bundesstaatlichen Homogenitätsrahmen das Recht auf regionales Anderssein."[4]

Ganz anders die deutschen Ministerpräsidenten, die im Juli 1990 Eckpunkte für den Föderalismus im Vereinten Deutschland beschlossen.[5] Was ihnen vorschwebte, war eindeutig auf den Erhalt des *Status quo* gestimmt: Ihre Forderungen bezogen sich vor allem auf die Frage des Finanzausgleichs und der Gesetzgebungskompetenzen: Stärkung der Finanzkraft der Länder, Konnexitätsprinzip, Ausgleich von Disparitäten durch den Bund, Stärkung des Subsidiaritätsprinzips durch eine verschärfte Bedürfnisklausel, mehr Zustimmungsgesetze. Institutionelle Reformen wurden nicht ins Auge gefasst. Das lag natürlich auch daran, dass die Frage des Föderalismus von ostdeutscher Seite nicht prominent gestellt wurde. Der Runde Tisch hatte zu diesem Thema noch nicht einmal eine Arbeitsgruppe, und auch ansonsten hat die Frage wohl in den Beratungen keine zentrale Rolle gespielt, da sein Verfassungsentwurf schließlich in weitgehend wörtlicher Übernahme von Formulierungen des Grundgesetzes eine bundesstaatliche Verfassung vorsah. Die frei gewählte Volkskammer beschloss im Juli 1990 noch die Abschaffung der Bezirke und die Gliederung des Staatsgebietes in die Länder,[6] so wie sie im Wesentlichen bis 1952 bestanden hatten.[7] Dahinter verbarg sich allerdings weniger ein inneres Reformprogramm als eine rechtstechnische Bedingung der staatsrechtlichen Einheit durch den Beitritt nach Art. 23 GG a.F.

1. Föderalismus im Einigungsvertrag

So ist es nicht verwunderlich, dass die Parteien des Einigungsvertrags in kaum einer Hinsicht so selbstverständlich davon ausgehen, dass sich die Länder der ehemaligen DDR bruchlos in das Verfassungsgefüge der Bundesrepublik einfügen würden wie im Hinblick auf die föderale Ordnung. Während die Übernahme des sozial- und rechts-

---

4 *Isensee*, VVDStRL 49 (1990), S. 63.
5 Eckpunkte der Länder für die bundesstaatliche Ordnung im vereinten Deutschland (Beschluss vom 5.7.1990), ZParl 1990, S, 461 ff.
6 *Fulbrook*, in: Umbach (Hrsg.), German Federalism, 2002, S. 146.
7 Verfassungsgesetz zur Bildung von Ländern in der Deutschen Demokratischen Republik (Ländereinführungsgesetz), GBl. DDR 1990 I, S. 955.

staatlichen *Acquis* ausgesprochen differenziert geregelt wurde – der Einigungsvertrag besteht in seinen knapp tausend Seiten fast ausschließlich aus Vorschriften der Rechtsüberleitung – fanden sich zur verfassungsrechtlichen Seite der Wiedervereinigung nur einige dürre Regelungen. Die Änderungen, die der Einigungsvertrag am bundesstaatlichen Verfassungsrecht vornahm, waren ausgesprochen überschaubar: Art. 36 EV verpflichtete die neuen Länder, den zentralistischen Rundfunk der DDR durch Staatsvertrag in das übliche Organisationsmodell der öffentlich-rechtlichen Landesanstalt zu überführen. Die wenigen im Rahmen der Rechtsüberleitung getroffenen im weiteren Sinne verfassungsrechtlichen Regelungen in Anlage I Kap. II Sachgebiet A beschränken sich auf eher technische Fragen wie das Erlöschen von Ehrensoldansprüchen aus Orden der DDR oder Übergangsfristen für die Teilnahme neuer Parteien an der gesamtdeutschen Wahl. Die wichtigste Regelung traf Art. 4 EV, der die Mehrheitsverhältnisse im Bundesrat neu gestaltete. Die Spreizung der Stimmgewichtung wurde von drei bis fünf auf drei bis sechs Stimmen erweitert, was einem kleinen relativen Einflussgewinn und einem minimalen absoluten Einflussverlust der tonangebenden westdeutschen Länder entsprach: Die alten Fünfstimmenländer hatten knapp über, die neuen Sechsstimmenländer haben knapp unter zehn Prozent des Stimmgewichts. Auch diese Regelung hing aber kaum mit der Einheit zusammen, handelte es sich doch um eine alte Forderung aus Bayern und Nordrhein-Westfalen, die ihre Vetoposition beim verfassungsändernden Einigungsvertrag nun nutzten, um sie durchzusetzen. Auch für das föderative Verfassungsorgan Bundesrat bildete die Wiedervereinigung damit keine tiefgreifende Zäsur, und zwar auch deswegen, weil das Regierungssystem in den ostdeutschen Ländern der Blaupause des Westens folgte: Die Landesverfassungen sahen ohne Ausnahme parlamentarische Regierungsmodelle mit Verhältniswahlrecht und daher in der Regel mit Koalitionsregierungen vor. Sie konnten die im Westen erprobte Technik der politischen Abstimmung der Bundesratsarbeit in den Staatskanzleien übernehmen und ließen sich sogar in das Modell der politischen Koordinierung zwischen den SPD- und Unionsgeführten Ländern (A- und B-Länder) integrieren.

Für diese Kontinuität gab es natürlich gute Gründe. Nicht zuletzt entsprach sie ja der gemeinsamen staatsrechtlichen Tradition. Das Bundesratsmodell mit dezentralem Vollzug hatte den Bundesstaat schon von 1871 bis 1933 geprägt, und den größten historischen Einschnitt im deutschen Föderalismus – das Ende der Preußischen Hegemonie – wollte 1990 von einigen Träumern abgesehen niemand mehr rückgängig machen. Schon ein Jahr nach der Wiedervereinigung bemerkte Bernhard Schlink in einem Aufsatz über die deutsch-deutschen Verfassungsentwicklungen des Jahres 1990, dass die Zukunft des Föderalismus nicht von einer verfassungsrechtlichen Neugestaltung, sondern schlicht von der Prosperität der neuen Länder abhängen werde. Denn: „Groß Neues ist nicht nachzutragen im Verfassungsrecht der neuen, größeren Bundesrepublik. Das wird nicht nur mit Befriedigung, sondern auch mit einer gewissen Enttäuschung registriert. Aber selbst wo diese gewisse Enttäuschung begegnet, ist zugleich oft eine Erleichterung zu spüren, dass die neuen großen Aufgaben, die die

Zukunft innen- wie außenpolitisch stellt, auf bewährter und gefestigter verfassungsrechtlicher Grundlage in Angriff genommen werden können."[8]

2. Das Einigungsfolgenrecht als föderale Nebenverfassung

Keine dieser Erwartungen oder Forderungen nahm die Veränderungen vorweg, die der Föderalismus im Zuge der Einheit erfahren sollte. Weder bildete er sich zu einer neuen raumhaften Ordnung geschichtlicher Ungleichheit aus noch wurden die Länder in eine stärkere Finanz- und Regelungsautonomie entlassen noch blieb aber andererseits alles einfach beim Alten. Charakteristisch für den Wiedervereinigungsprozess ist vielmehr, dass sich die Eingliederung der „neuen Länder" – wie man selbst in Baden-Württemberg ganz bedenkenlos über das vormalige Königreich Sachsen sagte – auf der Basis institutioneller Kontinuität durch den Aufbau einer temporären Nebenverfassung vollzog. Dadurch wurde ein bis heute nicht ganz verlassener Entwicklungspfad eingeschlagen.

Schon die Institutionalisierung der vereinigungsbezogenen Angelegenheiten auf Bundesebene geschah ausschließlich in Form von Beauftragten: Dem Beauftragten für die Stasi-Unterlagen oder dem Beauftragten der Bundesregierung für die neuen Bundesländer.[9] Letzterer war zunächst einfach ein Staatssekretär im Bundeswirtschaftsministerium, bevor die Regierung Schröder den Aufbau Ost „zur Chefsache" machte, diesen Zuständigkeitsbereich in das Kanzleramt zog und unter die Leitung eines Staatsministers beim Bundeskanzler stellte. Unterhalb der symbolischen Ebene änderte das wenig, schließlich war der Bund schon vorher der wesentliche Ansprechpartner der neuen Länder gewesen. Vor allem aber hatte dieser Beauftragte kaum nennenswerte Befugnisse, sondern sollte vor allem den Stellenwert seiner Aufgabe sichtbar machen. Nach dem Ende der Rot-Grünen-Regierung wurde das Amt daher – eigentlich folgerichtig – aus dem Kanzleramt zurück in die Ressorts gegeben. Zunächst wurde es zu einem protokollarischen Titel, der jeweils einem Minister mit ostdeutschem Hintergrund umgehängt wurde (Wolfang Tiefensee, Thomas De Maizière), seit 2011 ist der Ostbeauftragte jeweils ein Parlamentarischer Staatssekretär (Christoph Bergner, Iris Gleicke, Marco Wanderwitz).

Der Aufbau der staatlichen Institutionen in den neuen Ländern und die Erneuerung des Verwaltungsaufbaus vollzog sich vor allem im Austausch mit westdeutschen Partnerländern: Die berüchtigten Verwaltungshilfeverträge – im Osten langfristig vor allem als Freihandelsabkommen für unterdurchschnittlich gute West-Juristen mit leicht kolonialer Schlagseite wahrgenommen – schufen Patenschaften zwischen Bayern und Sachsen, Niedersachsen und Sachsen-Anhalt, Nordrhein-Westfalen und Brandenburg, Hamburg, Bremen, Schleswig-Holstein und Mecklenburg-Vorpommern sowie Bayern, Hessen, Rheinland-Pfalz und Thüringen. „Während die politische Rekonstitution

---

8 *Schlink*, Der Staat 30 (1991), S. 163 (179 f.; Zitat 180).
9 So lautet tatsächlich der amtliche Name, obgleich das Grundgesetz ja keine „Bundesländer", sondern nur Länder kennt.

der Länder dem Institutionentransfer voranging, war ihre administrative Rekonstitution in erheblichem Maße der durch die Personaltransfers vermittelten Rezeption westdeutscher Verwaltungspraxis zu verdanken."[10] Zweifellos hatten diese Verwaltungspatenschaften große Vorzüge. Mit ihrer Hilfe gelang es, eine ausdifferenzierte Verwaltungsexpertise in die neuen Länder zu transferieren und dadurch eine sektorale Transformation in kurzer Zeit zu bewerkstelligen. Sie waren also angesichts der Schnelligkeit des Strukturwandels und des Fehlens einer leistungsfähigen Verwaltungselite in den ostdeutschen Ländern praktisch alternativlos. Sie hatten aber zur Folge, dass sich eine politische Eigenart des westdeutschen Föderalismus nicht auf den Osten übertrug: Waren die Länder im Westen vor allem durch Eigenarten der Verwaltung und die Persistenz lokaler Verwaltungskulturen als selbständige politische Größen erfahrbar, so galt das nach dem Austausch der Verwaltungen in Brandenburg, Mecklenburg-Vorpommern, Sachsen-Anhalt, Sachsen und Thüringen in weitaus geringerem Maße.

In noch stärkerem Maße entstand eine einigungsbedingte Nebenverfassung auf dem Gebiet der Finanzverfassung. Die Finanzverfassung der alten Bundesrepublik, die im Zuge der Finanzreform 1969 durchgreifend unitarisiert wurde, war dem Leitbild der „einheitlichen Lebensverhältnisse" und dem nahezu vollständigen Ausgleich der Finanzkraft der Länder in ganz erheblichem Maße verpflichtet. Das ließ sich nicht ohne weiteres fortschreiben. Natürlich hatte es schon vor 1990 arme und reiche Länder gegeben. Das krasse Gefälle, das sich nun zwischen West und Ost auftat, war aber schon aus politischen Gründen nicht innerhalb des Verfassungsrahmens zu bewerkstelligen.[11] Schließlich hätte man durch direkte Umverteilung zwischen den Ländern die Kosten der Einheit sehr deutlich gemacht, was auch angesichts der bevorstehenden gesamtdeutschen Wahl vermieden werden sollte. Deswegen fiel schon vor dem Einigungsvertrag die Entscheidung, die ostdeutschen Länder in den Finanzausgleich nicht durch gegenseitige Leistungen und überhaupt nicht verfassungsrechtlich, sondern durch Nebenhaushalte des Bundes zu integrieren. Dies geschah vornehmlich durch den Fonds Deutsche Einheit und durch Sonderleistungen des Bundes für Altlastensanierung. Auch als die ostdeutschen Länder ab 1995 in den Finanzausgleich integriert wurden, wurde für sie ein Sonderregime aus Fehlbetragsbundesergänzungszuweisungen und weiteren Sonderzuweisungen des Bundes geschaffen.

Diese finanzverfassungsrechtlichen Aspekte sind nicht nur deswegen von großer Bedeutung, weil in jeder Föderation die Verteilung der Finanzmassen und die institutionellen Wege der Aushandlung ihrer Verteilung ganz wesentlich die Machtverteilung und die institutionelle Dynamik bestimmen.[12] Für das wiedervereinigte Deutschland gilt das in besonderem Maße: Verhandlungspartner der neuen Länder bei Fragen ihrer besonderen Finanzierungsbedürfnisse waren nicht die anderen Länder, sondern der

---

10 *Lehmbruch* (Fn. 3), S. 132.
11 *Ritter*, Der Preis der deutschen Einheit, 2006.
12 Grundsätzlich *Waldhoff*, VVDStRL 66 (2007), S. 216 ff.

Bund. Das war einerseits zwangsläufig, weil eben nur der Bund über die finanziellen Mittel verfügte, die es brauchte, um Kohls Politik einer möglichst bruchlosen Transformation zu stemmen. Es war aber andererseits auch folgenreich, weil es die Einbindung der ostdeutschen Länder in das intraföderale Verhandlungssystem verzögerte. Die elf alten Länder konnten, vereinfacht gesagt, im Wesentlichen weitermachen wie bisher – und die Sonderbedürfnisse des Ostens auf den Bund abschieben. Dadurch sind institutionelle Mechanismen des westdeutschen Föderalismus erhalten worden, die die Sonderstellung der ostdeutschen Länder perpetuieren.

IV. Föderalismusreformen im wiedervereinigten Deutschland

Diese Abtrennung der Einheitsfrage von der allgemeinen verfassungsrechtlichen Struktur des deutschen Föderalismus – formale Integration der Länder, aber einheitsbedingte Sonderregime in Verwaltungsaufbau und Finanzverfassung – hatte auch langfristige Folgen. Vor allem bewirkte sie, dass sich die Diskussion über den Föderalismus im wiedervereinigten Deutschland weitgehend unverändert in den Bahnen der alten Bundesrepublik vollzog. Schon der Reformauftrag nach Art. 5 EV war in dieser Hinsicht sehr begrenzt gewesen:

„Die Regierungen der beiden Vertragsparteien empfehlen den gesetzgebenden Körperschaften des vereinten Deutschlands, sich innerhalb von zwei Jahren mit den im Zusammenhang mit der deutschen Einigung aufgeworfenen Fragen zur Änderung oder Ergänzung des Grundgesetzes zu befassen, insbesondere

– in bezug auf das Verhältnis zwischen Bund und Ländern entsprechend dem Gemeinsamen Beschluß der Ministerpräsidenten vom 5. Juli 1990,

– in bezug auf die Möglichkeit einer Neugliederung für den Raum Berlin/Brandenburg abweichend von den Vorschriften des Artikels 29 des Grundgesetzes durch Vereinbarung der beteiligten Länder […]."

In der Föderalismusdiskussion tauchten daher nach 1990 nur die Fragen auf, die auch vorher schon bestimmend gewesen waren: Die schleichende Aushöhlung der Landesgesetzgebungszuständigkeiten und die stärkere Einbindung der Länder in die Umsetzung des Gemeinschaftsrechts. Auch die Gemeinsame Verfassungskommission beschäftigte sich fast ausschließlich mit Fragen der Neuordnung der Gesetzgebungskompetenzen, die mit der Einheit nichts zu tun hatten[13]. Insbesondere die europapolitische Diskussion dominierte seit dem Vertrag von Maastricht die Diskussion über die Kompetenzverteilung und erschien als das vorrangige Problem, demgegenüber die durch die Einheit aufgeworfenen Fragen keine große Beachtung fanden. Vor allem aber wurden die Fragen der föderalen Lastenverteilung vollständig an die parallel und außerhalb der gemeinsamen Verfassungskommission stattfindenden Verhandlungen über den 1993 geschlossenen Solidarpakt I delegiert.

---

13 *Oeter* (Fn. 2), S. 363 ff.; *Grotz*, in: Jesse (Hrsg.), Eine normale Republik?, 2013, S. 335 ff.

Ähnliches gilt auch für die Föderalismusreform des Jahres 2006. Im Beschluss des Bundestages von Oktober 2003 zur Einsetzung der Reformkommission taucht die Frage der Einheit nicht mehr auf, stattdessen sollte die Kommission nun „Vorschläge zur Modernisierung der bundesstaatlichen Ordnung in der Bundesrepublik Deutschland [unterbreiten] mit dem Ziel, die Handlungs- und Entscheidungsfähigkeit von Bund und Ländern zu verbessern, die politischen Verantwortlichkeiten deutlicher zuzuordnen sowie die Zweckmäßigkeit und Effizienz der Aufgabenerfüllung zu steigern".[14] Die damals ersonnenen Neuregelungen sind bekannt: Die Neufassung der Gesetzgebungskompetenzen und die Abschmelzung der Zustimmungstatbestände. Die Kommission schrieb mit diesem Programm eine Leiterzählung fort, die ebenfalls bereits aus der Zeit vor der Wende stammte, nämlich die Theorie der sogenannten „Politikverflechtungsfalle" (Fritz Scharpf). Politische Systeme werden nach dieser Theorie in dem Maße innovationsunfähig wie durch Mitentscheidungsverfahren in Mehrebenensystemen Vetospieler entstehen. Der Föderalismus galt, auch und gerade wegen der 1970 bis 1982, 1990 bis 1998 und 2000 bis 2005 gemachten Erfahrungen mit gespaltenen Mehrheiten in Bundestag und Bundesrat als Reformhemmschuh. Ob das berechtigt war, erscheint heute zweifelhaft, gerade weil die wichtigste innenpolitische Reform, die Arbeitsmarktreform von 2003, aus der Zeit vor der Föderalismusreform stammt. Doch darauf kommt es hier nicht an. Entscheidend ist nur, dass die Theorie der Politikverflechtung wiederum nichts mit der Wiedervereinigung zu tun hatte. Sie war entstanden als Kritik an den paradoxen Effekten des Verbundföderalismus der 1960er und 1970er Jahre[15] – einer Geschichte, an der der Osten nicht nur gar keinen Anteil hatte, sondern im Gegenteil: Die Kritik der Politikverflechtung und Verflechtung der Haushalte von Bund und Ländern war mehr oder weniger ausdrücklich eine Agenda der saturierten westdeutschen Länder, deren politischer Zugang zu den Entscheidungsmechanismen im Bund unangefochten war, während die Verflechtung mit dem Bund der Verantwortung des Bundes für den Einigungsprozess für die ostdeutschen Länder nach wie vor eine vitale Voraussetzung war. Entsprechend waren es mit Edmund Stoiber, Franz Müntefering und Roland Koch auch vor allem westdeutsche Politiker, die in der Föderalismuskommission den Ton angaben und die Agenda setzten.

V. Im Schatten der Kontinuität

Im Prozess der Wiedervereinigung wurde der in der alten Bundesrepublik entwickelte Typus des unitarisch-kooperativen Föderalismus ohne Hegemonie nach alledem nie ernsthaft in Frage gestellt. Seine Weiterentwicklung vollzog sich ohne nennenswerte Veränderungen innerhalb der verfassungsrechtlichen Ausgangslage. Gleichwohl hat sich der deutsche Föderalismus infolge der Wiedervereinigung natürlich verändert, wenn

---

14 BT-Drs. 15/1685.
15 *Scharpf* u. a. (Hrsg.), Politikverflechtung, 3 Bde, 1976–1979.

auch eher unterhalb der verfassungsrechtlichen Ebene, mittelbar, durch Veränderungen des politischen Systems.

Der erste solche Faktor ist das Parteiensystem. Zu den Eigenarten des unitarisch-koorperativen Föderalismus gehört eine – mit partieller Ausnahme der CSU – ausgeprägte Schwierigkeit, innerhalb der Parteien eine dezidert auf regionale Interessen abzielende Politik zu formulieren. Diese parteipolitische Logik des Föderalismus ist in gewisser Weise das große Problem der neuen Länder geblieben. Die Ostdeutschen hatten nach der Einheit lange eine wenig befriedigende Wahl: Sie konnten sich zum einen den westlich dominierten Parteien anschließen. Bei ihnen verhinderte aber einerseits die anhaltend unitarische Grundpositionierung der SPD nach der Wende, andererseits die Loyalität der CDU zum westdeutschen Föderalismus, dass die politischen Interessen der ostdeutschen Länder hinreichend deutlich zum Ausdruck kommen konnten. Oder aber sie konnten sich der PDS anschließen, die unter der Oberfläche sozialistischer, also unitarischer Programmatik *de facto* als Regionalpartei des Ostens fungierte. Eine solche Regionalpartei bleibt im unitarischen Bundesstaat aber notwendigerweise ein Fremdkörper, trotz Regierungsbeteiligungen auf Landesebene, die seit der 1994 von Reinhard Höppner gebildeten, PDS-tolerierten SPD-Minderheitsregierung in Sachsen-Anhalt schrittweise akzeptiert wurden.

Der zweite Faktor ist die Elitenrekrutierung und Elitenzirkulation. Die dezentrale Verwaltung im Vollzugsföderalismus gewährleistet Eigenständigkeit der Länder vor allem im Bereich der Regierungs- und Verwaltungsfunktionen. Die Landesregierungen und die Spitzen der Landesverwaltungen sind daher natürliche Rekrutierungsstätten für die politischen Eliten auch des Bundes. Die systemische Bedeutung der hohen Elitenzirkulation zwischen Bund und Ländern ist in der politikwissenschaftlichen Forschung gut beschrieben.[16] Diese Elitenrekrutierung über die Länder hat zwar in einigen Ausnahmefällen auch in den neuen Ländern funktioniert, nicht aber grundsätzlich. Nur vier von 133 Abteilungsleitern in Bundesministerien hatten im Herbst 2020 eine ostdeutsche Biographie. Das hängt mit Sicherheit nicht nur mit individuellen Lebensläufen und Karrierewegen zusammen. Die hohe Abhängigkeit der neuen Länder vom Bund dürfte hierbei eine ebenso wichtige Rolle spielen wie die aus dem Westen importierte und daher wenig durchsetzungsstarke und nicht hinreichend lokal verwurzelte Verwaltungskultur. Vielleicht wäre es daher an der Zeit, eine Quotenregelung des Grundgesetzes neu zu entdecken, die es schon gab, bevor die „Quote" zu einem Kampfbegriff wurde: Art. 36 Abs. 1 S. 1 GG verlangt seit 1949, dass bei den obersten Bundesbehörden Beamte aus allen Ländern in angemessenem Verhältnis zu verwenden sind. Zur Geltung kam diese Norm bisher schon deswegen nicht, weil ganz überwiegend nur Art. 33 Abs. 2 GG, nicht aber Art. 36 Abs. 1 S. 1 GG als subjektives Recht interpretiert wurde.[17] Auch hatte eine solche föderative Diversitätsklausel nach dem

---

16 *Manow*, in: Manow/Ganghof (Hrsg.), Mechanismen der Politik, 2005, S. 251.
17 *Bauer*, in: Dreier, GG, Bd. II, 3. Aufl. 2015, Art. 36, Rn. 15 m. umf. N.

Ende der preußischen Hegemonie lange keinen evidenten politischen Sinn mehr.[18] Doch beides muss natürlich nicht so bleiben. Gerade die vergessene Bestimmung des Art. 36 GG erinnert nämlich daran, dass nicht nur das Recht der parlamentarischen Repräsentation, sondern die gesamte Ämterordnung nicht nur ein Verwaltungsproblem, sondern eine erstrangige Verfassungsfrage der Demokratie ist.[19]

---

18 *Butzer*, in: Maunz/Dürig, GG, 83. Lfg., 2018, Art. 36, Rn. 5 ff.
19 *Roßbach*, Das Personal der Republik, 2021.

„Wir sind ein Volk!" – Sind wir ein Volk?
Gesellschaftliche Befunde
und zeitgeschichtliche Reflexionen

Von *Peter Fäßler*, Paderborn

Im Jahr 1990, die Mauer war gefallen und die deutsche Einheit stand vor der Tür, da machte folgender Witz die Runde: „Trifft ein Ossi einen Wessi und ruft ihm zu: ‚Hey, wir sind ein Volk!' ‚Stell dir vor', sagt der Wessi, ‚wir auch!'". Wie leicht einzusehen ist, beruht die Pointe darauf, dass beide Dialogpartner mittels des Personalpronomens „wir" auf zwei unterschiedliche Großgruppen verweisen. Während die aus Ostdeutschland stammende Person im arglosen Überschwang ihre bevorstehende Zugehörigkeit zum vereinten Deutschland und damit zu der einen deutschen Nation verkündet, gibt der Gesprächspartner recht unverblümt zu erkennen, dass die westdeutsche Erfolgsgesellschaft lieber unter sich bleiben und die „arme Verwandtschaft" aus der DDR auch künftig außen vorhalten möchte. Vermutlich lachte man im Westen ungehemmter, wohl auch gehässiger, über den Witz als im Osten der Republik.

Der fiktive Dialog bringt zwei Einstellungen zum Ausdruck, die durchaus mit den Ergebnissen repräsentativer Umfragen jener Zeit in Einklang stehen. Zum einen fühlten sich die Menschen in der untergehenden DDR mehrheitlich als Gesamtdeutsche, eine spezifisch ostdeutsche Kollektividentität lässt sich aus den damaligen Umfrageergebnissen nicht herauslesen.[1] Der Politikwissenschaftler Thomas Krüger, Präsident der Bundeszentrale für politische Bildung, geht davon aus, dass sich eine solche ostdeutsche Kollektividentität erst geraume Zeit nach der Vereinigung im Oktober 1990 herausgebildet habe.[2] In Westdeutschland hingegen sei die Frage nach der gesamtdeutschen Verbundenheit erkennbar zurückhaltender verhandelt worden, die Vorbehalte gegenüber den „Schwestern und Brüdern" der vormaligen DDR waren doch recht ausgeprägt.[3] Die Reserviertheit verweist auf eine weitere Einstellung, die in dem eingangs geschilderten Witz mitschwingt und die großes gesellschaftspolitisches Spannungspotential birgt. Es ist das Narrativ vom überlegenen, daher selbstgewissen, ja arroganten „Westen", der auf einen unterlegenen, geringgeschätzten und daher lar-

---

1 *Ahbe*, Ostdeutsche Erinnerung, 2011.
2 Hinweis bei *Ganzmüller*, Ostdeutsche Identitäten, Deutschland Archiv, 24.4.2020, www.bpb. de/308016 (Abruf am 5.2.2021).
3 *Ganzmüller* (Fn. 2).

moyanten „Osten" herabblickt. Die stereotypen Protagonisten der Erzählung sind bekanntlich der „Besserwessi" und der „Jammerossi". Tatsächlich bestätigen frühe Umfragen aus den Jahren 1991, wie weit solche klischeebehafteten Eigen- und Fremdzuschreibungen der beiden deutschen Teilgesellschaften verbreitet waren.[4] Geht man davon aus, dass kollektive Narrative[5] maßgeblich zur Konstruktion kollektiver Identitäten[6] beitragen, dürfte die hier aufgezeigte Form von relationaler Deprivation[7] ein Grund für das alsbald einsetzende und bis heute anhaltende „Fremdeln" eines beachtlichen Teils der ostdeutschen Bevölkerung mit der Bundesrepublik sein.

Laut einer repräsentativen Umfrage vom September 2020 sehen sich 41 % der Befragten aus den nicht mehr ganz so „neuen Bundesländern" in erster Linie als Ostdeutsche und 55 % primär als Deutsche. Die Vergleichswerte im Westen der Republik lauten 16 % und 78 %.[8] Auch wenn der Befund differenziert zu interpretieren ist, beispielsweise mit Blick auf den befragten Personenkreis und auf zulässige Schlussfolgerungen bezüglich der tatsächlichen Existenz einer kollektiven Ost- bzw. West-Identität, drückt er eine signifikante und damit erklärungsbedürftige Divergenz aus. Zudem weisen die entsprechenden Umfrageergebnisse während der vergangenen zwanzig Jahren eine erstaunliche Konstanz auf.[9] Demnach scheinen sich zwei voneinander abweichende kollektive „Wir-Gefühle" im Osten und Westen der Bundesrepublik verfestigt zu haben. Dieser Sachverhalt überrascht, weil nach den beiden einflussreichsten sozialwissenschaftlichen Erklärungsansätzen eine Konvergenz der kollektiven Identitäten Ost- und Westdeutschlands zu erwarten gewesen wäre.

So geht die u.a. prominent von Rainer M. Lepsius vertretene „Sozialisationsthese" davon aus, dass vier Jahrzehnte Sozialismus die grundlegenden politischen, kulturellen und sozialen Einstellungen bzw. Praktiken einer Gesellschaft formten, und damit auch ihr spezifisches Selbstverständnis, sprich ihre kollektive Identität. Diese identitätsstiftenden Effekte einer generationenübergreifend wirkenden Sozialisation würden allerdings schwinden, je mehr Zeit ins Land gehen und damit die Erinnerungen verblassen bzw. von neuen Erfahrungen überlagert würden. Zudem dürfte eine in demokratischen gesamtdeutschen Verhältnissen herangewachsenen Nachwendegeneration kaum noch von jenen sozialistischen Einflüssen geprägt worden sein. Und schließlich habe auch die seit den 1990er Jahren einsetzende Binnenmigration von West nach Ost *et vice versa* zu

---

4 Der Spiegel 30/1991 und 31/1991.
5 *Kraus*, Narrative Psychologie, in: Grubitzsch/Weber (Hrsg.), Psychologische Grundbegriffe, Hamburg, 1998.
6 Zum Konzept kollektiver Identität *Niethammer*, Kollektive Identität, 2000, S. 19–20.
7 *Pollack*, Das unzufriedene Volk, 2020, S. 197.
8 ARD-DeutschlandTREND, 1.10.2020, https://www.infratest-dimap.de/fileadmin/user_upload/DT2010_Bericht.pdf (Abruf am 5.2.2021).
9 *Heitmeyer*, Ein Land, Die Zeit, 4.12.2008, S. 13.

einer Durchmischung vormals getrennter west- und ostdeutscher Gesellschaften und damit zu einer Erosion regionalspezifischer Ost-West-Identitäten beigetragen.[10]

Der andere Erklärungsansatz, die „Situationsthese" wie sie u. a. Pickel und Pollack Ende der 1990er Jahre formulierten, nimmt an, dass divergierende west- und ostdeutsche Identitätsmuster auf die jeweiligen sozioökonomischen Lebensumstände zurückzuführen seien. So betrachtet erscheint es stimmig, wenn sich in den „neuen" Bundesländern nach dem Abklingen der frühen Vereinigungseuphorie, den fast die ganze Bevölkerung erfassenden Abstiegserfahrungen bzw. -ängsten und der Verärgerung über vermeintliche Vereinigungsprofiteure aus dem Westen eine kollektive Ostidentität herausgebildet habe. Allerdings hätte die seit ungefähr 2000 einsetzende Angleichung der materiellen wie immateriellen Lebensbedingungen in Ost und West dieser Logik folgend ein stärkeres Gemeinschaftsgefühl im Sinne einer gesamtdeutschen Identität generieren müssen.[11]

Offenkundig aber existiert nach wie vor ein – wohlgemerkt graduelles – deutschdeutsches Identitätsschisma, was insbesondere in jüngster Zeit erhebliche gesellschaftliche wie politische Spannungen erzeugt. Zwar kennt das föderale Deutschland seit Langem ausgeprägte Formen regionalen Selbstbewusstseins – das bayerische „mir san mir"-Gefühl ist in dem Zusammenhang schon sprichwörtlich geworden –, aber im hier zu diskutierenden Falle korreliert die ostdeutsche Identität mit einer problematischen Distanz zu Demokratie, Rechts- und Sozialstaat. So sind derzeit knapp die Hälfte der befragten Ostdeutschen mit der Demokratie wenig bis gar nicht zufrieden, wobei die konkreten Kritikpunkt erst mal keine Rolle spielen. Der entsprechende Wert für die westdeutsche Gesellschaft fällt mit 31 % deutlich geringer aus.[12] Das Meinungsbild bezüglich des bundesdeutschen Rechtsstaats präsentiert sich ähnlich düster, was vielleicht noch gravierender für die Stabilität unseres Gemeinwesens einzustufen ist. Denn wenn das öffentliche Vertrauen in eine unabhängige Rechtsprechung erodiert, scheint die Wahrung des inneren Friedens und die Akzeptanz des staatlichen Gewaltmonopols essenziell gefährdet. Vor allem die allgemein hohe Wertschätzung für das Karlsruher Bundesverfassungsgericht ist in dem Zusammenhang von zentraler Bedeutung. Ein Blick in die USA lehrt, welche Schwierigkeiten erwachsen können, wenn die obersten Organe der Rechtsprechung auf Bundestaats- bzw. Bundesebene zum Spielball parteipolitischer Interessen werden.

Auch den etablierten Massenmedien, vor allem den öffentlich-rechtlichen Anstalten, bringt die ostdeutsche Gesellschaft laut einer Umfrage im Auftrag des Mitteldeutschen Rundfunks ein erkennbar höheres Misstrauen entgegen.[13] In der überregionalen Presse, aber auch in Funk und Fernsehen spiegelten Themensetzungen und auch Wertungen

---

10 *Lepsius*, in: Giesen/Leggewie (Hrsg.), Experiment Vereinigung, 1991, S. 71–76.
11 *Pickel/Pollack*, Ostdeutsche Identität, APuZ 1998, S. 9–23.
12 ARD-DeutschlandTREND (Fn. 8).
13 Mdr fragt, Zukunft in den neuen Ländern, 1.-5. 10. 2020, https://www.mdr.de/nachrichten/mitmachen/mdrfragt/ergebnisse-was-will-der-osten-100.html (Abruf am 5. 2. 2021).

vor allem westdeutsche Befindlichkeiten wider, wohingegen ostdeutsche Anliegen eindeutig zu kurz kämen. Das sei nicht überraschend, schließlich säßen kaum Journalist*innen mit ostdeutscher Biographie auf den wichtigen Sesseln in den Redaktionsstuben.[14] Das Beispiel der ablehnenden Einstellung zu den etablierten Leitmedien verdeutlicht die Erklärungskraft sowohl der „Sozialisationsthese" als auch der „Situationsthese". Erstere betont die negativen Erfahrungen vormaliger DDR-Bürger*innen mit einer staatlich gelenkten Medienöffentlichkeit im Sozialismus, letztere die „Überschichtung"[15] der bundesrepublikanischen Medienhäuser mit westdeutschen Journalist*innen. In den letzten Jahren beförderte die digital strukturierte (Medien-) Öffentlichkeit, in der neben den klassischen Medien auch private Influencer u.a.m. mitwirken, die allgemeine Orientierungslosigkeit und Skepsis.

Auf einer analytischen Metaebene bleibt festzuhalten, dass die Passung zwischen dem institutionellen Überbau westlicher Provenienz – Demokratie, Rechtsstaat, Sozialstaat, öffentlich-rechtliche Medienlandschaft – und dem sozialmoralischen Unterbau ostdeutscher Machart nicht im erforderlichen Maße gegeben ist. Nach Offe erwachsen aus einer solchen Konstellation „Unverträglichkeitserscheinungen",[16] die ihren Niederschlag in der sozialempirisch gut belegten Distanz der ostdeutschen Bevölkerung gegenüber dem bundesrepublikanischen Institutionensetting finden.

Zu den Unverträglichkeitserscheinungen zählt ebenfalls das gegenüber dem Westen des Landes divergierende ostdeutsche Wahlverhalten und die daraus abgeleitete Parteienlandschaft. Schon in den 1990er und frühen 2000er Jahren verzeichneten rechte Parteien wie die Deutsche Volksunion (DVU) in Sachsen-Anhalt oder die NPD in Sachsen Wahlerfolge, wie sie im Westen nicht gegeben waren. Auch der Aufstieg der AfD in den östlichen Bundesländern steht in dieser historischen Kontinuitätslinie. Verschärfend kommt hinzu, dass in Thüringen, Brandenburg, Sachsen-Anhalt und Sachsen der völkisch-nationale „Flügel" um Björn Höcke, Jörg Urban u. a. die Landesverbände dominiert. Eine weitere Abweichung zur Situation in Westdeutschland stellt die relativ starke Präsenz der Partei „Die Linke" dar, die mit Bodo Ramelow in Thüringen sogar den Ministerpräsidenten stellt. Lange galt sie als regionale Interessenvertretung der vormaligen DDR-Bürger*innen, soweit sie sich dem SED-Regime verbunden fühlten. In Westdeutschland blieben den Sozialisten vergleichbare Erfolge bislang verwehrt. Umgekehrt schafften es Grüne und FDP nur bedingt, ostdeutsche Wähler dauerhaft und in großer Zahl an sich zu binden. Beiden „Bonsaiorganisationen"[17] hängt zu sehr das Image als typische Westpartei an, die vornehmlich privilegierte Kreise vertreten würden.

Mindestens ebenso bemerkenswert wie die spezifisch ostdeutsche Parteienlandschaft ist das Engagement rechter Gruppen im vorpolitischen, vorzugsweise ländlich-struktur-

---

14 *Bösch*, in: Böick/Goschler/Jessen (Hrsg.), Jahrbuch, 2020, S. 333–347.
15 *Mau*, Lütten Klein, 2019.
16 *Offe*, Tunnel, 1992, S. 52.
17 *Mau* (Fn. 15), S. 144.

schwachen Raum Ostdeutschlands. Hier rächt sich, dass die etablierten Parteien in der Fläche kaum präsent sind. Auch andere zivilgesellschaftliche Akteure wie die Kirchen, Wohlfahrtsverbände oder Gewerkschaften spielen im Vergleich zu den westdeutschen Regionen eine eher bescheidene Rolle.[18]

Als lehrreich erweisen sich Konfliktsituationen, in denen Interessengemeinschaften mit – zumindest zugeschriebener – ost- bzw. westdeutscher Identität unmittelbar aufeinanderprallen. So geschehen während des bekannten Dresdner Brückenstreits, der von 1995 bis 2013 die städtische Bürgerschaft spaltete. Im Kern ging es um den Bau einer weiteren Straßenquerung über die Elbe an einer landschaftlich reizvollen Stelle unweit des „Waldschlösschens". Während die Befürworter des Projektes in erster Linie die Vorteile für den innerstädtischen Verkehrsfluss und damit für das wirtschaftliche Entwicklungspotential der Stadt betonten, kritisierten ihre Gegner das stumpfe Festhalten an einem veralteten, autofixierten Verkehrskonzept. Es ignoriere die ökologischen Folgen und den unwiderruflichen Eingriff in eine einzigartige urbane Flusslandschaft, die seit 2004 sogar der Titel „UNESCO-Weltkulturerbestätte" schmückte. Über die Jahre schaukelte sich der Konflikt hoch, vergiftete die kommunalpolitische Atmosphäre und wurde geradezu hasserfüllt ausgetragen. Auf der einen Seite stilisierten sich die Brückenbefürworter als Vertreter der lokalen und damit ostdeutschen Gesellschaft, als „gelernte DDR-Bürger", die eine Fremdbestimmung durch hinzugezogene „Wessis" ablehnten. Auf der anderen Seite schüttelten die vermeintlich weltoffenen Kulturbürger*innen den Kopf über so viel provinzielle Borniertheit. Der Streit um die Dresdner Waldschlößchenbrücke und den Titel einer UNESCO-Weltkulturerbestätte weist alle Merkmale des *„political sectarianism"*[19] auf, einer verhängnisvollen Tendenz moderner Debattenunkultur. Dabei werden die jeweiligen Gegner als andersartig stigmatisiert und herabgewürdigt (*othering*), man weiß sich in herzlicher Feindschaft einander verbunden (*aversion*) und definiert die eigene Position als die moralisch einzig legitime Haltung (*moralism*). All diese Elemente des *„political sectarianism"* finden sich im Dresdner Brückenstreit wieder. Zudem verdichtete sich in ihm der Gegensatz zwischen sogenannten *„somewheres"* und *„anywheres"*,[20] wobei in beiden Gruppen eine statistische Korrelation mit west- und ostdeutschen Biographien der Beteiligten verknüpft war. Und schließlich sei angemerkt, dass Brückenbefürworter und -gegner innerhalb Dresdens bestimmten Stadtteilen zuzuordnen waren. Diese hoch komplexe soziale Gemengelage macht den Dresdner Brückenstreit zu einem Lehrstück des innerdeutschen Identitätsschismas im Besonderen, der Bruchlinie moderner Gesellschaften sowie innerstädtischer Segregationserscheinungen im Allgemeinen.

Soweit die sozialempirischen und exemplarischen Befunde für die Existenz voneinander abweichender kollektiver Identitäten in Ost- und Westdeutschland. Eine differenzierte

---

18 *Mau* (Fn. 15), S. 145.
19 *Finkel et al.*, Political Sectarianism, Science 370 (2020), S. 533–536.
20 *Goodhart*, Road to Somewhere, 2017.

Peter Fäßler

Analyse ihrer Beschaffenheit wäre hochinteressant, ist aber an dieser Stelle nicht zu leisten. Vielmehr sollen im Folgenden zwei Fragen diskutiert werden:
1. Wie erklärt sich die Herausbildung einer profilierten Ost- und weniger profilierten West-Identität?
2. Warum vermögen das gemeinsame kulturelle Erbe bzw. die demographische Entwicklung nach 1990 eine wünschenswerte Konvergenz beider kollektiver Identitäten und damit den gesamtdeutschen gesellschaftlichen Zusammenhalt nur bedingt zu generieren?

Wie erklärt sich die Herausbildung einer ausgeprägten Ost- und weniger profilierten West-Identität?

Vogel und Leser haben überzeugend herausgearbeitet, dass der maßgebliche Impuls für die Herausbildung eines ostdeutschen „Wir-Gefühls" von der subjektiv empfundenen und auch tatsächlich nachweisbaren Abwertung seitens der westlichen Mehrheits- und Erfolgsgesellschaft ausging.[21] Diese Deprivation spielte sich auf der sozioökonomischen und der kommunikativen Ebene gleichermaßen ab.

Insbesondere während der 1990er Jahre riss der Dreiklang von Deindustrialisierung, Institutionentransfer und Elitenimport die ostdeutsche Gesellschaft in einen kollektiven Abwärtsstrudel.[22] Atemberaubende 80 % der in der vormaligen DDR Erwerbstätigen waren im Laufe der 1990er Jahre mindestens einmal von Arbeitslosigkeit oder Arbeitsbeschaffungsmaßnahmen betroffen. Hinzu kamen jene Personen, die für den Rest ihres Berufslebens weite Wege nach Westdeutschland auf sich nahmen, um dort einer Tätigkeit nachzugehen. Die 35- bis 55-jährigen galten als „Pioniere der Prekarität".[23] Der renommierte Soziologe Ulrich Beck erkannte in den neuen Bundesländern die frühen Anzeichen einer „Brasilianisierung des Arbeitsmarktes",[24] dessen Hauptkennzeichen unsichere und schlecht entlohnte Beschäftigungsverhältnisse seien. Für eine Alterskohorte, die bis dato in einer Welt zwar wenig effizienter, dafür aber sicherer Arbeitsplätze zu Hause war, stellte diese neue und unerwartete Unsicherheit eine psychisch wie materiell schwer zu ertragende Bürde dar. Die Betroffenen machten als Hauptverantwortliche für die flächendeckende Deindustrialisierung und damit für ihre individuelle Arbeitslosigkeit die „Treuhandanstalt" verantwortlich, die als öffentlich-rechtliche Organisation die volkseigenen Betriebe der DDR in Privateigentum überführen sollte. Auch hier entschieden „Wessis" über das Schicksal von „Ossis"; bis heute fungiert die „Treuhand" als „erinnerungskultureller Zombie"[25] der Wiedervereinigung,

---

21 *Vogel/Leser*, ZfVP 2020, S. 177–198.
22 *Engler*, Die Ostdeutschen, 2000; *Kollmorgen*, Subalternisierung, 2011; *Kubiak*, ZfVP 2018, S. 25–42.
23 *Buck/Hönke*, in: Pates/Schochow (Hrsg.), Der „Ossi", 2013, S. 23–53.
24 *Beck*, Berliner Journal für Soziologie 1999, S. 467–478.
25 *Böick*, Treuhand, 2018, S. 15.

der sich trefflich in die gesamtgesellschaftliche Logik von westdeutscher Über- und ostdeutscher Unterschichtung einfügt.

Steffen Mau macht das Interpretament einer westlichen Über- und östlichen Unterschichtung unserer bundesdeutschen Gesellschaft in seinen Analysen sehr stark, und ich meine zu Recht. Denn tatsächlich weisen alle Bereiche des Arbeits- und Wirtschaftslebens in den neuen Bundesländern eine Überschichtung durch „Wessis" und eine Unterschichtung durch „Ossis" auf – in den alten Bundesländern ohnehin![26] Um nur einige Beispiele zu nennen: Auf dem Immobilienmarkt forderten Alteigentümer aus dem Westen gemäß dem Grundsatz „Rückgabe vor Entschädigung" ihre Grundstücke und Häuser zurück und bekamen in den allermeisten Fällen Recht. In der Folge lebten die langjährigen Bewohner*innen der fraglichen Immobilien in der Ungewissheit einer baldigen Kündigung.[27] Zudem griffen westdeutsche Investoren rasch die Filetstücke in den besseren Wohnlagen der Metropolen Dresden, Leipzig oder Potsdam ab. Noch heute treffen Interessent*innen für eine Mietwohnung in gehobener Lage beim Vertragsabschluss meist auf Vermieter*innen mit Wohnort München, Frankfurt oder Stuttgart.

Westdeutsche Über- und ostdeutsche Unterschichtungskonstellationen lassen sich auch auf mikrosozialer Ebene nachweisen. So saßen in den Lehrerzimmern der neuen Bundesländer hinzugezogene Kolleg*innen aus dem Westen als Beamt*innen mit hohem Westgehalt und niedrigem Deputat neben ihren ostdeutschen Kolleg*innen im Angestelltenstatus mit niedrigem Osttarif und hoher Lehrverpflichtung. Es liegt auf der Hand, dass eine solche Unmittelbarkeit böses Blut schafft und kaum konstruktiv aufzulösen ist. Ähnlich, wenn auch räumlich weniger dicht, gestaltete sich die Situation an den Universitäten. Professoren*innen aus den alten Bundesländern besetzten mehrheitlich die Lehrstühle und brachten meist ihre Assistent*innen mit. Studentische Hilfskräfte, Sekretärinnen und Laborpersonal kamen aus dem Osten – die Reinigungskräfte aus Osteuropa. Nur am Rande angemerkt: Aktuell verfügt mit Gesine Grande eine Rektorin an insgesamt über 150 bundesdeutschen Universität über eine ostdeutsche Biographie.

Die entgegen vollmundiger Ankündigungen sehr zögerliche Ansiedlung von Bundesbehörden auf dem Gebiet der ehemaligen DDR sorgt zurecht für Verärgerung, zumal die gesellschaftlichen wie ökonomischen *spread effects* solcher Einrichtungen über sichere, eher gut bezahlte Arbeitsplätze auf die Region sehr groß sind. Selbiges gilt für den privatwirtschaftlichen Sektor. Bis heute liegt keine DAX-Unternehmenszentrale in einem der neuen Bundesländer. Der Hallenser Ökonom Ulrich Blum hat die negativen volkswirtschaftlichen Folgen dieses sogenannten *„Headquarter Gap"* für die nachholende Wirtschaftsentwicklung Ostdeutschlands sehr präzise berechnet.[28]

---

26 *Mau* (Fn. 15), S. 166–185.
27 *Kleßmann*, ZHF 2009, S. 93.
28 *Blum*, ZBW Intereconomics 2019, S. 359–368.

Peter Fäßler

Wäre diese gesamtgesellschaftliche und -institutionelle Überschichtung der östlichen Bundesländer durch westliche Akteure ein temporäres Phänomen, das nach ein oder zwei Jahrzehnten verschwunden wäre, könnte man von einer schmerzhaften, aber unvermeidlichen Transformation sprechen. Allerdings hat sich der West-Ost-Gradient verfestigt, was zu den andauernden gesellschaftlichen Spannungen unserer Tage führt.

Neben der quantifizierbaren sozioökonomischen Deprivation darf auch die medial-kommunikative Zurücksetzung des Ostens in seiner negativen Identitätskonstruktion nicht unterschätzt werden. Abwertende Zuschreibungen in der westliche dominierten (Medien-) Öffentlichkeit wie jener Stereotypus vom undankbaren „Jammerossi" waren dem wechselseitigen Verständnis ebenso abträglich wie die sogenannte „Buschzulage" für die „Entwicklungshilfe" im Beitrittsgebiet. Dabei handelte es sich um einen Gehaltszuschlag für Beamte aus den westlichen Bundesländern, wenn sie in den 1990er Jahren in die neuen Bundesländer wechselten. Ungeachtet der Frage, ob die ergriffene Maßnahme sachlich angemessen war, hallt bei den gewählten Termini ein koloniales Echo und damit eine pejorative Konnotation nach. Sie leisteten zudem der vielfach geäußerten Klage von Bürgerinnen und Bürger der vormaligen DDR über die vermeintliche „Kolonialisierung" durch die alte Bundesrepublik Vorschub. Wenig hilfreich erscheint in diesem diskursiv-abwertenden Kontext das ausgerechnet von Altbundespräsident Joachim Gauck, einem gebürtigen Rostocker, 2015 eingebrachte Wort „Dunkeldeutschland", mit dem er seine verständliche Frustration über die verbreitete, menschenverachtende Xenophobie im Osten Deutschlands zum Ausdruck brachte.

Die generelle kommunikative Herabsetzung verdichtete sich in medialen Diskurshöhepunkten, die bei Lichte betrachtet als Tiefpunkte zu werten sind. Dazu zählt die Debatte um die berühmte „Töpfchenthese" des renommierten Kriminologen Prof. Dr. Pfeiffer aus Hannover.[29] Pfeiffer führte die signifikant höhere Gewaltbereitschaft der ostdeutschen Bevölkerung gegenüber Migrant*innen und fremdländisch aussehenden Touristen in Anlehnung an Adornos Überlegungen zum autoritären Charakter auf die restriktiven Erziehungsmethoden in der DDR zurück.[30] Konkret benannte er die in den Kinderkrippen übliche Praxis, die Kleinen ohne Rücksicht auf individuelle Dringlichkeiten synchron aufs Töpfchen zu setzen. Es liegt auf der Hand, dass Boulevardzeitungen wie die sächsische Morgenpost Pfeiffers auflagensteigernde „Töpfchenthese" in unzulässig verkürzter Form verbreiteten und einen gewaltigen Sturm der Entrüstung erzeugten – im Osten der Republik. Denn kaum ein Vorwurf bringt Menschen so in Rage, wie jener, sie würden ihre Kinder falsch erziehen. Der Westen schwieg zu dem Ganzen und stimmte vermutlich insgeheim zu, wobei letzteres schwerlich zu belegen ist.

Ein ähnlich lautstarkes Echo erntete der spätere Grimme-Preisträger Günter Netzer, als er in der „Sport-Bild" 2002 dem aus Görlitz stammenden Fußballspieler Michael Ballack echte Führungsqualitäten absprach. „Ballack ist in der DDR aufgewachsen", gab Netzer zu bedenken. „Dort zählte das Kollektiv, das hat den Weg für Genies

---

29 *Decker*, Das Töpfchen und der Haß, Der Tagesspiegel v. 11. 5. 1999.
30 *Adorno*, Erziehung, 1966.

verstellt."[31] Gerade weil „der Günter" kein Sozialwissenschaftler, sondern ein äußerst populärer Fußballer und TV-Kommentator war, darf seine küchenpsychologische Einsicht als repräsentativ für die Auffassungen weiter Teile der westdeutschen Bevölkerung gelten. Und auch an diesem Beispiel zeigt sich, welche Gefühlsaufwallungen Kritik an Erziehung und Charakterbildung hervorrufen können.

Sowohl Pfeiffer als auch Netzer griffen mit ihren Äußerungen ein Kernmoment west-/ostdeutscher Identitätsdichotomie auf: westdeutscher Individualismus versus ostdeutschen Kollektivismus, westdeutsche Agilität versus ostdeutsche Passivität. Damit schlugen beide eine Brücke zur deutsch-deutschen Vergangenheit. Viele „gelernte DDR-Bürger*innen" kritisieren, dass vor allem Historiker*innen aus dem Westen ein Narrativ des SED-Regimes etablieren, das sich mit „Versagen und Verbrechen" überschreiben ließe. Sie finden ihre eigenen biographischen Erfahrungen darin nur in Ansätzen wieder. Die eigene Geschichte, so das Argument, erschöpfe sich eben nicht in Stasi, Mauer, Schießbefehl, Trabi oder Mangelwirtschaft. Letztlich geht es bei der emotional geführten Debatte um die Deutungshoheit über die DDR-Geschichte.

Um es zusammenzufassen: die Konstruktion einer spezifischen kollektiven Identität in den neuen Bundesländern bedurfte

– einer gesamtgesellschaftlichen sozioökonomischen Deprivationserfahrung,
– eines westlich dominierten, als abwertend empfundenen Ost-West-Diskurses sowie
– der Rückgriffoption auf die kollektive Erinnerung an die DDR.

Demgegenüber zeigte sich die westdeutsche Mehrheits- und Erfolgsgesellschaft hinsichtlich ihres Selbstverständnisses durch Ostdeutschland kaum herausgefordert. Offensichtlich fühlte sie sich als Maß aller normativen Dinge der Vereinigungsgesellschaft. Substanzielle Herausforderungen, die das kollektive Selbstverständnis der westdeutschen Gesellschaft veränderten, ergaben sich vor allem in puncto kulturelle, ethnische Heterogenität, sexuelle Diversität, Genderdebatte und die Streitfrage der Machtbalance von Nationalstaat und supranationaler Europäischer Union. Alle drei Themenkomplexe hatten aber nichts mit der deutschen Einheit bzw. der ostdeutschen Gesellschaft zu tun.

Warum vermögen das gemeinsame kulturelle Erbe bzw. die demographische Entwicklung nach 1990 eine wünschenswerte Konvergenz beider kollektiver Identitäten und damit den gesamtdeutschen gesellschaftlichen Zusammenhalt nur bedingt zu generieren?

Nach den bisherigen Ausführungen stellt sich die Frage, weshalb noch nach dreißig Jahren deutscher Einheit Mentalitäts- und Einstellungsunterschiede zwischen West und Ost messbar und einigermaßen stabil bleiben. Weder die „Sozialisationsthese" noch die „Situationsthese" bieten hierfür eine plausible Erklärung. Insbesondere gilt es zu

---

31 Der ewige Ossi, FAZ v. 18.9.2003.

klären, warum weder verbindende Momente eines gemeinsamen kulturellen Erbes noch demographische Entwicklungen, die auf eine Verwischung von Ost-West-Populationsgrenzen hinwirken, deutlichere Effekte in den Umfragen nach sich ziehen.

Zur Frage des gemeinsamen kulturellen Erbes: Kultur im engeren Sinne, die schönen Künste, die vermeintliche „Hochkultur" zählt sicher zu den verbindenden Errungenschaften unserer Gesellschaft. Auf dieser Einsicht basiert das Konzept der „Kulturnation". Zweifellos haben sich bundesdeutsche wie DDR-Gesellschaft zu allen Zeiten auf die „Weimarer Klassik" um Goethe und Schiller besonnen. Renommierte Musikstätten wie die Dresdner Semperoper oder das Gewandhaus in Leipzig galten und gelten als gesamtdeutsche Erinnerungsorte, ebenso die weltberühmten Knabenchöre, der Leipziger Thomanerchor und der Dresdner Kreuzchor. Aber auch die moderne Klassik, erinnert sei an das Bauhaus in Dessau oder das Theater am Schiffbauerdamm in Ost-Berlin mit seiner grandiosen Bert Brecht/Helene Weigel-Tradition, tragen zu einer gesamtdeutschen Identitätskonstruktion bei. Die Nutznießer – neudeutsch: User – dieser Kulturangebote dürften aber vornehmlich im gehobenen Bürgertum zu suchen und zu finden sein, welches seinem Selbstverständnis nach eher weniger der antagonistischen West-Ost-Logik verhaftet ist als sozial schwächere Schichten.

Zudem darf ein idealisierender Blick auf diese gesamtdeutsche (hoch-)kulturelle Klammer nicht über ein sehr wohl separiertes deutsch-deutsches Kulturleben in der Zeit von 1945/49 bis 1989/90 hinwegtäuschen. So wurde der Literatenkreis Gruppe 47 jenseits des „Eisernen Vorhangs" kaum rezipiert. Umgekehrt fand die sogenannte Staatsauftragskunst aus dem Pinsel von Werner Tübke, Willi Sitte und Bernhard Heisig im Westen wenig Anklang, ja galt sogar als verfemt. Der Malerfürst Georg Baselitz etwa sprach ihnen jegliche künstlerische Legitimation ab. Kunstausstellungen nach 1990 dokumentierten oft genug die Zurücksetzung ostdeutscher Akteure. Schmerzlich vermisste man beispielsweise Bilder und Plastiken ostdeutscher Provenienz in der 2009 eröffneten Exhibition „60 Jahre – 60 Werke. Kunst aus der Bundesrepublik Deutschland 1949 bis 2009". Zumindest für die letzten zwanzig Jahre des annoncierten Zeitraumes hätte man entsprechende Werke erwarten dürfen. Legendär ist mittlerweile auch der „Dresdner Bilderstreit". Hierbei ging es um ein Ausstellungskonzept, für das die aus Kassel stammende Direktorin des Albertinums, Hilke Wagner, verantwortlich zeichnete. Das Konzept verbannte zahlreiche Bilder von DDR-Künstler*innen ins Depot, was heftigen öffentlichen Protest hervorrief. Die von diesem Akt ausgehende Symbolwirkung erklärt sich von selbst und fügt sich in ein kollektives ostdeutsches Erfahrungsmosaik seit 1990 ein. „Dieser Bilderstreit", merkte denn auch der renommierte Kultursoziologe Karl-Siegbert Rehberg von der TU Dresden an, „ist ein Stellvertreter-Diskurs für die deutsche Vereinigung".[32] Tatsächlich wäre ein derartiger Vorgang mit Rollentausch in Stuttgart, München oder Frankfurt kaum vorstellbar. Letztlich spiegeln sich kulturpolitische Kränkungen dieser Art in Kontroversen über die Deutungshoheit der jüngeren Geschichte, aber auch um die vermeintliche *Political*

---

32 *Locke*, High Noon in Dresden, FAZ v. 16.11.2017.

Correctness, wider, die zuletzt Schriftsteller*innen wie Uwe Tellkamp und Monika Maron losgetreten haben und die in der Loschwitzer Buchhandlung unter Leitung von Susanne Dagen ausgetragen werden.[33]

Die aufgezeigte Ambivalenz von Kultur als gesellschaftliches Bindeglied und Trennelement zugleich offenbart sich an der alltagskulturellen Errungenschaft schlechthin: unserer Sprache. Während Martin Luthers Bibelübersetzung, Johann Wolfgang von Goethes Faust oder Thomas Manns Zauberberg heute bundesweit wertgeschätzt werden, gilt dies für die gesprochene Sprache keineswegs. Im Ranking der Dialekte liegt das Sächsische weit abgeschlagen auf dem letzten Platz. Sein Klang ruft in vielen Köpfen westlich der Elbe vermutlich Assoziationen wie dumpf, ordinär und/oder rechtsradikal hervor. Wenn man um die Korrelation von normativem und ästhetischem Urteil weiß, wenn man sich erinnert, dass vor nicht einmal einem halben Jahrhundert dem Bayerischen die Rolle des Sächsischen unserer Tage zugewiesen war, kann man ein solches Dialektranking durchaus als kultursoziologische Sonde nutzen. Aber auch weniger normative Aspekte der Alltagssprache belegen die Herabsetzung der ostdeutschen Sprachpraxis. So wanderte nur eine geringe Zahl typischer DDR-Begriffe – geschätzt werden 15 bis 20, darunter das unvermeidliche „Fakt" – in den gesamtdeutschen Sprachgebrauch; umgekehrt sickerten 2000 bis 3000 Wörter von West nach Ost.[34]

Ebenso wie bei der Sprachpraxis liegen auch bei der Religion die Unterschiede auf der Hand. Die Säkularisierung erfasst bekanntlich alle modernen Gesellschaften. Allerdings war die sozialistische DDR auf dem Säkularisierungspfad allen anderen Gesellschaften weit vorausgeeilt. Heute gehören nur noch 20 % der ostdeutschen Bevölkerung einer Kirche an. Konkret schlägt sich das im Schulunterricht nieder, wo das Fach Ethik die Religionslehre marginalisiert hat. Im Westen sind die Verhältnisse genau umgekehrt. Wo in den alten Bundesländern Kommunion und Konfirmation gefeiert werden, begehen ostdeutsche Familien die Jugendweihe. Bedenkt man, dass religiöser Überzeugung und kirchlicher Bindung neben der Glaubensdimension auch eine soziale Distinktionsfunktion eigen ist, erkennt man die differenzierende Qualität religiöser Praktiken.

Bleibt nach diesen schlaglichtartigen Befunden zur einigenden, aber auch spaltenden Kraft von Hoch- und Alltagskultur die Frage, ob wenigstens der unaufhaltsame demographische Fluss zu einer Konvergenz west- und ostdeutscher Kollektividentitäten führen wird. Aufgrund des Heranwachsens einer neuen Generation nach der deutsch-deutschen Teilung und einer anhaltenden Binnenmigration müsste man davon ausgehen, dass die Regionalidentitäten schwinden.

Grundsätzlich vollzogen die Bundesrepublik und die DDR über etliche Jahrzehnte den demographischen Gleichschritt. Ab Mitte der 1960er Jahre sank die Geburtenrate westlich und östlicher der Elbe, verkürzt als „Pillenknick" etikettiert, und lag seit Mitte

---

33 *Timtschenko:* Susanne Dagen – Wut im Buch, Zeit Online v. 23. 3. 2017, https://www.zeit.de/2017/13/susanne-dagen-dresden-pegida-buchhaendlerin-buergertum (Abruf am 5. 2. 2021).
34 *Müller-Toovery*, in: Sabrow (Hrsg.), Experiment Einheit, 2015, S. 151–161.

der 1970er Jahre unter der Sterberate. In der DDR verzögerte sich die Entwicklung aufgrund des sogenannten „Honecker-Buckels", der einen kurzfristigen Geburtenanstieg aufgrund verbesserter staatlicher Sozialleistungen bezeichnet. Die westdeutsche Gesellschaft vermochte aufgrund von Zuwanderungen aus dem Mittelmeerraum und der Sowjetunion eine Verjüngungskur zu absolvieren und wurde insgesamt kulturell heterogener.

Nach 1990 aber gerieten beide nunmehr vereinten deutsche Teilstaaten aus dem demographischen Gleichschritt. Die ostdeutschen Länder verzeichneten einen dramatischen, in Friedenszeiten nie dagewesenen Geburtenrückgang um bis zu 50 %. Zugleich wanderten zwischen 1991 und 2013 über 1,8 Mio. Personen in den Westen. Da im Gegenzug 0,6 Mio. Menschen aus der alten Bundesrepublik nach Osten übersiedelten, verbleibt für das Gebiet der ehemaligen DDR eine wanderungsbedingter Negativsaldo von 1,2 Mio. Menschen für den Zeitraum von 1990 bis 2017. Das alleine stellt einen beachtlichen, wirtschaftlich, politisch und gesellschaftlich schwer zu bewältigenden Aderlass dar. Hinzu kommt nun, dass die Zuwanderung nach Osten fast ausschließlich in die Zentren Leipzig, Dresden, Jena, Erfurt oder auch Potsdam erfolgte. Die ländlichen Gebiete in Brandenburg oder Mecklenburg profitierten so gut wie gar nicht davon. Da aber flächendeckend rund ein Viertel der 18- bis 30-Jährigen abwanderten, die überdies eher gut qualifiziert waren, bedeutet das für die strukturschwachen Gegenden, dass ältere und eher schlecht ausgebildete Menschen kaum erfreuliche Perspektiven hatten. Übrigens gehören auch jüngere Frauen zu der Gruppe, die überdurchschnittlich oft den Weg nach Westen antraten.

In der Folge zeichnete sich ein Rückbau sozialer Infrastruktur ab, eine Abwärtsspirale setzte ein, an deren vorläufigen Ende die Verödung ländlicher Räume steht. Neuere Studien belegen, dass es zwischen diesem sozialgeographischen Trend und den Wahlerfolgen namentlich der AfD, aber auch anderer rechtsradikaler Parteien ein kausaler Zusammenhang besteht.[35]

Fazit

Bis heute lassen sich graduelle Divergenzen zwischen ost- und westdeutscher Gesellschaft hinsichtlich kollektiver Identitäten, politischer Einstellungen, mentaler Prägungen und kultureller Praktiken nachweisen. Hierzu tragen unterschiedliche Sozialisationserfahrungen aus der Zeit vor 1990 bei, vor allem aber die sozioökonomische Deprivation nach der Deutschen Einheit.

Die Überlegung, dass aufgrund der demographischen Veränderungen der Ost-West-Unterschied geringer werde, lässt sich nur teilweise bestätigen. Auf der einen Seite sorgen Binnenmigration und sukzessiver Generationswechsel für eine Verwischung tradierter Gruppengrenzen. Auf der anderen Seite sorgt die Abwanderung von mehrheitlich jungen, weiblichen und gebildeten Menschen dafür, dass sich im ländlichen

---

35 *Schneider*, Wirtschaftsdienst 2020, S. 787–792.

Osten Deutschlands eine Gesellschaft herausbildet, die um den Anschluss an eine gebildete, urbane und weltoffene Gesellschaft ringt.

Auch die Erwartung, das gemeinsames kulturelle Erbe könnte als Klammer ein Zusammenwachsen der gesamtdeutschen Gesellschaft befördern, erwies sich als zu eindimensional gedacht. Denn auch kulturelle Praktiken weisen die Janusköpfigkeit von Verbundenheit und Ausgrenzung auf.

Demokratie bleibt eine Dauerbaustelle, um eine lebendige demokratische Kultur muss sich die Gesellschaft zu allen Zeiten aktiv bemühen. Denn erst alltäglicher Austausch, Streit und Konsens erfüllt die politischen Strukturen mit jener Kraft, die das gesamte System stabilisieren. Derzeit durchlaufen wohl sämtliche Demokratien westlichen Zuschnitts eine Phase der Polarisierung und möglicherweise der Instabilität. Das besondere Päckchen, das die Bundesrepublik in dieser Phase zu tragen hat, besteht in dem nach wie vor existierenden West-Ost-Gradienten. Dies zu wissen, scheint mir ein wichtiger Schritt – wie damit umgehen, bleibt Aufgabe künftiger Debatten.

(Teil-)Weitererhebung des Solidaritätszuschlags nach 30 Jahren Deutsche Einheit verfassungswidrig?*

Von *Rainer Wernsmann*, Passau

Die verfassungsrechtliche Rechtfertigung von Steuern ist grundsätzlich unabhängig von der Verwendung des aus ihrer Erhebung erzielten Aufkommens. Der seit 1995 ununterbrochen erhobene Solidaritätszuschlag, der auch eine Steuer ist (Art. 106 Abs. 1 Nr. 6 GG), trägt freilich schon das Verwendungsziel in seinem Namen, nicht den Gegenstand seines Zugriffs. Der Beitrag geht der Frage nach, ob das Grundgesetz seine Weitererhebung ab 2021 (für einen Teil der Steuerpflichtigen) erlaubt, insbesondere ob eine Verknüpfung mit der Finanzierung der Kosten der Deutschen Einheit zu verlangen ist und ob diese auch 30 Jahre nach Vollendung der Einheit Deutschlands noch anzunehmen ist. Der Gesetzgeber selbst sah offensichtlich zumindest die Notwendigkeit des Abschmelzens und hat den Solidaritätszuschlag ab 2021 teilweise abgeschafft.

I. Einleitung

30 Jahre Deutsche Einheit bieten Anlass, auch die mit ihr verbundenen Finanzfragen zu beleuchten – und die aktuelle Corona-Krise, die ebenfalls erhebliche finanzielle Folgen haben wird, wirft erneut die Frage auf, wie der Staat mit enormen außerordentlichen finanziellen Lasten umgehen will. Wird er auf Steuererhöhungen oder Ausgabekürzungen oder Veräußerungen von Staatsvermögen oder Neuverschuldung setzen?

Während der Solidaritätszuschlag nach nahezu einhelliger und zutreffender Auffassung bis 2019 einschließlich für verfassungskonform erachtet wird[1], sehen viele erhebliche verfassungsrechtliche Bedenken, was die weitere Erhebbarkeit ab 2020 – nach Auslaufen des Solidarpakts II – angeht. Die Wissenschaftlichen Dienste des Deutschen Bundestages konstatieren, dass die Diskussion um die Verfassungsmäßigkeit des Soli-

---

* Der Beitrag geht auf den Vortrag zurück, den der Verfasser am 28.10.2020 im Rahmen der Interdisziplinären Ringvorlesung an der Universität Würzburg gehalten hat. Der Autor ist Inhaber des Lehrstuhls für Staats- und Verwaltungsrecht, insbesondere Finanz- und Steuerrecht an der Universität Passau.

1 Statt vieler für die ganz h.M. *Kube*, DStR 2017, S. 1792 (1793, 1797) m.w.N.; a.A. FG Niedersachsen v. 25.11.2009 – 7 K 143/08, DStR 2010, S. 854.

daritätszuschlags für Zeiträume ab 2020 „jüngst einen deutlichen Schub erfahren" habe.²

Der Solidaritätszuschlag wurde unter dieser Bezeichnung erstmals von Juli 1991 bis Juni 1992 für ein Jahr erhoben mit einem Tarif von 7,5% auf die Einkommen- und Körperschaftsteuerschuld erhoben und dann ab dem Jahr 1995 erneut zunächst in derselben Höhe eingeführt. Ab 1998 wurde der Tarif dann von 7,5% auf 5,5% abgesenkt und wird in dieser Höhe derzeit weitererhoben. Mit Wirkung ab 2021 wird der Solidaritätszuschlag für 90% der Bürger abgeschafft,³ da eine Freigrenze existiert. Für Einkommensteuerschuldner jenseits der Milderungszone, als Zuschlag auf die Kapitalertragsteuer sowie für Körperschaftsteuersubjekte (insbesondere Kapitalgesellschaften) wird der Solidaritätszuschlag unverändert in der bisherigen Höhe weiter erhoben. Es handelt sich nicht um einen Freibetrag, so dass nach einer Milderungszone, die der Vermeidung von Progressionssprüngen dient (sonst würde 1 Euro mehr versteuerndes Einkommen zu einer Erhöhung der Solidaritätszuschlagsschuld von mehreren tausend Euro führen), der Solidaritätszuschlag in voller Höhe auf die gesamte Einkommensteuerschuld – vom ersten Euro an – erhoben wird.

Bei der verfassungsrechtlichen Einordnung des Solidaritätszuschlags stellen sich verschiedene Fragen: erstens die grundsätzliche Frage, ob es eine zeitliche Grenze für die Erhebbarkeit des Solidaritätszuschlags gibt, und zweitens – falls diese im Jahr 2021, ab dem der reformierte Solidaritätszuschlag gelten wird, noch nicht erreicht sein sollte – die Frage, ob die Ausgestaltung der Teilrückführung verfassungskonform ist.

II. Kein freies Steuererfindungsrecht der Gesetzgeber – Numerus clausus des Art. 106 GG

Beim Solidaritätszuschlag handelt es sich um eine „Ergänzungsabgabe zur Einkommensteuer und zur Körperschaftsteuer" nach Art. 106 Abs. 1 Nr. 6 GG. Außerhalb der Steuertypen des Art. 106 GG gibt es kein freies Steuererfindungsrecht des Gesetzgebers, so dass eine Steuer unter eine der im Grundgesetz ausdrücklich geregelten Steuern oder Steuerarten subsumierbar sein muss, um gem. Art. 105 Abs. 2 Satz 2 GG regelbar und damit verfassungskonform zu sein.⁴ Gibt es kein freies Steuererfindungsrecht der (Bundes- und Landes-)Gesetzgeber, gibt es – entgegen dem, was Art. 30, 70 GG nahe legen würden – also Steuern, die aus *kompetentiellen* Gründen *niemand* regeln kann.⁵

---

2 WD 4–3000–099/19, S. 22.
3 Vgl. BT-Drs. 19/14103, S. 2.
4 H.M., insbesondere BVerfGE 145, 171 (194f.) m.w.N.
5 Vgl. *Wernsmann*, JZ 2017, S. 954 (956).

III. Ergänzungsabgabe als Typusbegriff

Welche materiell-rechtlichen[6] Grenzen folgen aus dem Begriff der „Ergänzungsabgabe"? Dies ist anhand der üblichen Auslegungsmethoden (Wortlaut, Systematik, Historie sowie Sinn und Zweck) zu ermitteln. Bei der Auslegung von Kompetenzbestimmungen spielt die historische Auslegung (Entstehungs- und Vorgeschichte einer Norm) – sowie auch die Staatspraxis[7] – eine besondere Rolle[8]; ihr kommt hier regelmäßig eine größere Bedeutung zu als in anderen Zusammenhängen. Das Gewicht der historischen Interpretation bemisst das BVerfG dabei differenzierend nach der Struktur und Ausformung des Kompetenztitels: „Die Regelungsgeschichte des jeweiligen Normbestands ist weniger relevant, wenn die Kompetenzmaterie einen Lebenssachverhalt benennt, und maßgeblicher, wenn die Regelungsmaterie normativ-rezeptiv einen vorgefundenen Normbereich aufgegriffen hat; dann kommt dem Gesichtspunkt des Traditionellen oder Herkömmlichen wesentliche Bedeutung zu."[9] Da der Kompetenztitel in den 1950er Jahren im Hinblick auf eine geplante, dann aber nicht eingeführte einfachrechtliche Ergänzungsabgabe in das Grundgesetz aufgenommen wurde, ist davon auszugehen, dass der verfassungsändernde Gesetzgeber das Bild der einfachrechtlich geplanten Abgabe vor Augen hatte.[10]

Den Typusbegriff der „Ergänzungsabgabe" erfüllt der Solidaritätszuschlag, wenn er nach seinem Gesamtbild den Namen „Ergänzungsabgabe" verdient, wenn er nach dem Gesamtbild die typischen und charakteristischen Merkmale aufweist.

---

6 Vgl. zur Differenzierung zwischen formeller und materieller Verfassungsmäßigkeit von Steuern vgl. BVerfGE 123, 1 (17). Soweit nur einzelne Elemente der Regelung den Typusbegriff verfehlen, fehlt es danach nicht an der Gesetzgebungskompetenz, sondern an der materiellen Verfassungsmäßigkeit dieser Regelungselemente, die die aus dem Kompetenzbegriff abgeleiteten Zulässigkeitsanforderungen überschreiten. Hier kommt ein Überschreiten der Zulässigkeitsanforderungen unter dem Gesichtspunkt des zeitlichen Anwendungsbereichs in Betracht.

7 BVerfGE 41, 205 (220); 68, 319 (328); 109, 190 (213).

8 BVerfGE 97, 198 (219); 106, 62 (105); 134, 33 (55 Rn. 55). Hierauf hinweisend auch etwa *Kube*, DStR 2017, S. 1792 (1794); allg. *Jarass*, in: Jarass/Pieroth, GG, 16. Aufl., 2020, Einleitung Rn. 9; *Starck*, in: Isensee/Kirchhof, HStR XII, 3. Aufl., 2014, § 271 Rn. 73 ff.

9 BVerfGE 138, 261 (273 f. Rn. 29) m.w.N.

10 Dazu noch unten Fn. 15, 16.

1. Keine Aufkommensbindung und keine rechtfertigende Verknüpfung von Einnahmen und Ausgaben bei Steuern (§ 3 Abs. 1 AO)

Der Wortlaut der Norm spricht zwar von „Abgabe", gleichwohl entspricht es allgemeiner Auffassung, dass der Solidaritätszuschlag eine Steuer im Sinne des § 3 Abs. 1 AO ist, der den verfassungsrechtlichen Steuerbegriff zutreffend abbildet. Steuern sind eine Form von Abgaben.[11]

Aus dem Begriff der „Ergänzungs-"Abgabe lässt sich freilich entnehmen, dass zusätzliche Anforderungen für die Erhebung dieses Zuschlags zur Einkommen- und Körperschaftsteuer eingehalten werden müssen. Sonst hätte der verfassungsändernde Gesetzgeber schlicht eine Bundeseinkommensteuer neben die – nach Art. 106 Abs. 3 GG Bund und Ländern gemeinsam zustehende – Einkommensteuer stellen können.

Welchen Grenzen unterliegen Ergänzungsabgaben? Steuern fließen generell in den allgemeinen Staatshaushalt. Die Entscheidung über die Verwendung des Steueraufkommens obliegt dem Haushaltsgesetzgeber (Art. 110 GG), nicht dem Steuergesetzgeber. Nach § 7 HGrG, der wegen Art. 109 Abs. 4 GG auch den späteren (Bundes- und Landes-)Haushaltsgesetzgeber bindet, dienen Einnahmen grundsätzlich als Deckungsmittel für alle Ausgaben. Vereinzelt sehen Steuergesetze zwar eine Zweckbindung des Aufkommens vor (vgl. § 7 HGrG), dann handelt es sich um sog. Verwendungszwecksteuern. Der Verwendungszweck setzt der Höhe der Steuerbelastung aber ohnehin keine Grenzen[12], zumal die Steuererhebung und die Verwendung des erzielten Aufkommens in keinem inneren Verhältnis stehen müssen. Es besteht bei Steuern auch keine Verknüpfung im Sinne eines Leistungs-Gegenleistungs-Bezugs wie bei den Vorzugslasten (Gebühren und Beiträge), bei denen die entstandenen Kosten oder der zugewendete Vorteil der Höhe der Abgaben Grenzen ziehen, wobei auch bei Gebühren und Beiträgen keine Aufkommensbindung besteht.[13] Beim Solidaritätszuschlag bestand und besteht ohnehin nie eine rechtliche Verknüpfung mit dem Finanzbedarf nach der Wiedervereinigung, sondern nur eine politische Verknüpfung.[14] Diese politische

---

11 *Waldhoff*, in: Isensee/Kirchhof, HStR V, 3. Aufl., 2007, § 116 Rn. 82 ff.; *Wernsmann*, in: Hübschmann/Hepp/Spitaler, AO/FGO, § 3 AO Rn. 38 ff (März 2016); *Tappe/Wernsmann*, Öffentliches Finanzrecht, 2. Aufl., 2019, Rn. 209 f.

12 *Drüen*, in: Tipke/Kruse, AO/FGO, § 3 AO Rn. 18a; *Waldhoff*, StuW 2002, S. 285 (308); *Tappe/Wernsmann* (Fn. 11), Rn. 224, 273; *Wernsmann*, Verhaltenslenkung in einem rationalen Steuersystem, 2005, S. 431 f. Vgl. auch bereits BVerfGE 7, 244 (254 f.); 65, 325 (344).

13 Vgl. *Wernsmann/Bering*, in: Schweisfurth/Wallmann, Haushalts- und Finanzwirtschaft der Kommunen in der Bundesrepublik Deutschland, S. 277 (278, 288).

14 *Waldhoff*, in: Isensee/Kirchhof, HStR V, 3. Aufl., 2007, § 116 Rn. 139 („politische Verwendungsabsicht"); ebenso FG Nürnberg v. 29. 7. 2020 – 3 K 1098/19, juris Rn. 127. – Aus der nicht-rechtlichen Verknüpfung folgernd, dass ein Solidaritätszuschlag ohne weitere Voraussetzungen erhoben werden kann, *Tappe*, ZRP 2018, S. 186. Gegen Maßgeblichkeit einer rechtlichen Verknüpfung durch Ausgestaltung als Zwecksteuer mit Recht *Seiler*, in: Maunz/Dürig, GG, Art. 106 Rn. 117 (Lfg. 81 – Sept. 2017), der plastisch von „innerer Rechtfertigung" der Ergänzungsabgabe spricht. Ebenso *Kube*, DStR 2017, S. 1792 (1796).

Verknüpfung wird allerdings durchaus erkennbar, und zwar in der Bezeichnung der Ergänzungsabgabe, die abweichend vom Üblichen nicht den Gegenstand bezeichnet, der besteuert werden soll (Einkommen, Umsatz, Erbschaft, Hund, Grunderwerb), sondern schon in ihrer Bezeichnung deutlich macht, wofür das Aufkommen eingesetzt werden soll („Solidarität"), ohne in der Bezeichnung der Abgabe auch nur anzudeuten, was besteuert wird. Es besteht auch eine sprachliche Verwandtschaft zwischen dem Solidaritätszuschlag und den Solidarpakten.[15]

2. „Ergänzung", keine Aushöhlung der Einkommen- und Körperschaftsteuer durch eine Bundeseinkommensteuer

Allerdings muss eine „Ergänzungs-"Abgabe zusätzlichen Anforderungen genügen, um eine schrankenlose und unkoordinierte Erhebung einer Bundeseinkommensteuer zu verhindern vor dem Hintergrund, dass der Bund eine Ergänzungsabgabe – ohne Beteiligung des Bundesrates (Art. 105 Abs. 3 I.V.m. Art. 106 Abs. 1 Nr. 6 GG) – einführen kann. Konkret bedarf der Erörterung, ob die Ergänzungsabgabe durch einen konkreten Finanzbedarf des Bundes veranlasst sein muss.

Das BVerfG hat in einer älteren Entscheidung aus dem Jahr 1972 folgende Kriterien aufgestellt, denen eine Ergänzungsabgabe genügen muss:[16]

(a) Aus dem Wesen der Ergänzungsabgabe folgen Beschränkungen *der Höhe* nach. Eine *„Aushöhlung"* der Einkommen- und Körperschaftsteuer müsse vermieden werden; bei einem Zuschlag von 3 % sei die Grenze aber offensichtlich noch nicht überschritten, und auch die Höhe von derzeit 5,5 % wird allgemein für unproblematisch unter diesem Gesichtspunkt gehalten.

(b) Die Verfassung fordere nicht, die Abgabe „von vornherein" zu *befristen*. Aus den Äußerungen im Gesetzgebungsverfahren, dass die Ergänzungsabgabe „anderweitig nicht auszugleichende Bedarfsspitzen im Bundeshaushalt"[17] sowie einen unumgänglichen und anderweitig nicht zu deckenden Finanzbedarf des Bundes voraussetze, könne das Erfordernis der Befristung nicht hergeleitet werden.

(c) Die Fortführung einer bestehenden Ergänzungsabgabe (Umwidmung) sei möglich, wenn sich neue Aufgaben für den Bund stellten.

---

15 Kritisch FG Nürnberg (Fn. 14), juris Rn. 106, das in Bezug auf den Solidaritätszuschlag I (1991/92) ausführt, dass die Gesetzesbegründung nicht auf die Kosten der Wiedervereinigung abstelle, sondern auf die „jüngsten Veränderungen in der Weltlage" (u. a. den Golfkrieg). Das war aber vermutlich dem ursprünglichen Versprechen des damaligen Bundeskanzlers Kohl geschuldet, dass die Wiedervereinigung nicht zu Steuererhöhungen führen würde und es einen selbsttragenden Aufschwung geben werde. Der Finanzbedarf ging ursächlich schon damals auf die Kosten der Wiedervereinigung zurück.

16 BVerfGE 32, 333 (337 ff.).

17 Vgl. BT-Drs. II/480, S. 72 (Entwurf eines Gesetzes zur Änderung und Ergänzung der Finanzverfassung). Diese Formulierung der Bedarfsspitzen aufnehmend auch BT-Drs. II/484, S. 4 zur einfachrechtlichen Einführung einer Ergänzungsabgabe.

Ist danach eine Ergänzungsabgabe nicht „von vornherein" zu befristen, bedarf noch die damals nicht entscheidungserhebliche Frage der Klärung, ob sie zeitlich unbegrenzt erhoben werden kann. Bisher wurde jede Ergänzungsabgabe irgendwann wieder aufgehoben. Der Solidaritätszuschlag wird in der jetzigen Form – bei einer geringfügigen Absenkung im Jahr 1998 – bereits seit 1.1.1995 erhoben, d. h. mit Ablauf des 31.12. 2020 dann 26 Jahre und damit während mehr als eines Drittels des Bestehens der Bundesrepublik Deutschland.

Aufschlussreich ist insoweit die Entstehungsgeschichte. In engem zeitlichen Zusammenhang mit der Einführung des damaligen Art. 106 Abs. 1 Nr. 7 GG (der Vorläuferregelung der heutigen Nr. 6) sollte einfachrechtlich eine Ergänzungsabgabe eingeführt werden. In der Gesetzesbegründung heißt es dazu, dass die Erhebung der Abgabe „nur mit geringen Hebesätzen in Betracht kommt und keineswegs für die Dauer, sondern lediglich für Ausnahmelagen bestimmt ist".[18]

3. Von der Normallage abweichender Finanzbedarf des Bundes

Das BVerfG hat in seiner Entscheidung aus dem Jahr 1972 zwar ebenfalls die Frage offengelassen, ob die Verfassung zur Aufhebung der Ergänzungsabgabe zwingt, wenn die Voraussetzungen für die Erhebung der Abgabe evident entfielen, etwa weil die dem Bund zufallenden Steuern zur Erfüllung seiner Aufgaben evident ausreichen. Die Erhebung der Ergänzungsabgabe muss aber einen *von der Normallage abweichenden Finanzbedarf des Bundes* voraussetzen.[19] Anderenfalls würde der Begriff der Ergänzungsabgabe konturenlos, was der Funktion der Finanzverfassung als Rahmenordnung, die auf Formenklarheit und Formenbindung angelegt ist, und ihrer Begrenzungs- und Schutzfunktion[20] widerspräche. Die Funktion der Ergänzungsabgabe muss also über den für jede Steuer zu fordernden Einnahmeerzielungszweck (vgl. § 3 Abs. 1 AO) zur Deckung des allgemeinen staatlichen Finanzbedarfs hinausgehen und darf insbesondere nicht als funktionelles Äquivalent zur Umgestaltung der Einkommensteuer und insbesondere deren Tarifverlaufs angesehen werden.[21] Sie ist ein subsidiäres[22] Mittel der

---

18 BT-Drs. II/484, S. 4. Die Ergänzungsabgabe wurde dann nicht eingeführt. Da die Begründung der Verfassungsänderung auf die Begründung für den einfachrechtlichen Gesetzentwurf Bezug nimmt und in engem zeitlichen Zusammenhang mit diesem steht, ist sie gleichwohl aufschlussreich. Siehe oben vor Fn. 10. Ebenso *Papier*, Rechtswissenschaftliches Gutachten zur verfassungsrechtlichen Beurteilung der Erhebung des Solidaritätszuschlags ab 2020, S. 9 f.; a.A. *Tappe*, Schriftliche Stellungnahme für das Öffentliche Fachgespräch am 27.6.2018 zu den Anträgen BT-Drs. 19/1038 und 19/1179, S. 4; diesem zustimmend FG Nürnberg (Fn 14), juris Rn. 89 mit der Begründung, die Gesetzesbegründung für das einfache Gesetz könne nicht herangezogen werden, da dieses nicht Gesetz geworden sei und die Gesetzesbegründung insoweit nicht den „Parlamentswillen" darstelle.

19 Ebenso *Kube*, DStR 2017, S. 1792 (1799); *Papier* (Fn. 18), S. 15. Die Gesetzesbegründung spricht von „lediglich für Ausnahmelagen bestimmt", BT-Drs. II/484, S. 4.

20 St.Rspr., vgl. z. B. BVerfGE 145, 171 (190 ff. Rn. 57, 58, 60) m.w.N.

21 I. Erg. ebenso *Papier* (Fn. 18), S. 18.

Finanzierung des Bundes. Denn – dies unterstreicht den Ausnahmecharakter – während Änderungen des Einkommensteuergesetzes und des Körperschaftsteuergesetzes der Zustimmung des Bundesrates bedürfen (Art. 105 Abs. 3 GG i.V.m. Art. 106 Abs. 3 GG), ist dies beim allein dem Bund zufließenden Solidaritätszuschlag (Art. 106 Abs. 1 Nr. 6 GG) nicht der Fall.

Dass ein solcher vorübergehender Mehrbedarf des Bundes jedenfalls bis 2019 vorlag, wird ganz überwiegend angenommen. Ein vorübergehender Mehrbedarf des Bundes kann sich auch auf sehr lange Zeiträume erstrecken.[23] Die Solidarpakte I und II umfassten ein Volumen von zusammen ca. 245 Mrd. Euro für den sog. „Aufbau Ost". Die ganz überwiegende Auffassung im Schrifttum nimmt aber an, dass mit Auslaufen des Solidarpakts II mit Ablauf des Jahres 2019 eine *Rückkehr zur finanzverfassungsrechtlichen Normallage* erfolge und die Legitimation des Solidaritätszuschlags damit entfalle.[24]

Die Gesetzesbegründung[25] stellt hingegen auf folgende Aspekte ab: Der Mehrbedarf des Bundes bestehe fort, etwa im Bereich der Rentenversicherung, beim Anspruchs- und Anwartschaftsüberführungsgesetz, für den Arbeitsmarkt sowie für andere überproportionale Leistungen aus dem Bundeshaushalt für die ostdeutschen Bundesländer. Zudem überstiegen die Mittel, die bisher zur Überwindung der Folgen der deutschen Teilung aufgewendet worden seien, das Aufkommen des Solidaritätszuschlags von 1995 bis 2016.

Freilich sind Ausgaben etwa für die Rentenversicherung Daueraufgaben, die nicht vorübergehenden Charakter haben. Es handelt sich dann nicht mehr um vorübergehende Bedarfsspitzen, die nach der Konzeption des Grundgesetzes flexibel mit dem Instrument des Zuschlags ausgeglichen werden sollen, sondern um einen dauerhaften Finanzbedarf des Bundes. Ein dauerhafter Finanzbedarf ist aber über die auf Dauer angelegten Steuern zu decken, nicht über die Ergänzungsabgabe.[26] Zwar sind an die

---

22 *Heintzen*, in v. Münch/Kunig, GG, Band 2, 6. Aufl., 2012, Art. 106 Rn. 21; *Seiler*, in: Maunz/Dürig, GG, Art. 106 Rn. 117 (Stand: Lfg. 81 – Sept. 2017); *Heun*, in: Dreier, GG, Band 3, 3. Aufl., 2018, Art. 106 Rn. 16; *Kloepfer*, Finanzverfassungsrecht, 2014, § 5 Rn. 36.

23 Ebenso etwa FG Nürnberg (Fn. 14), juris Rn. 99.

24 Explizit *Heintzen*, in: v. Münch/Kunig, GG, Band 2, 6. Aufl., 2012, Art. 106 Rn. 21; *Kube*, DStR 2017, S. 1792 (1799); *Papier* (Fn. 18), S. 15, 21; *Hoch*, DStR 2018, S. 2410 (2413). Ähnlich Wissenschaftlicher Beirat Steuern der Ernst & Young GmbH, DStR 2014, 1309. A.A. aber FG Nürnberg (Fn. 14) juris Rn. 105, 109 f., 117.

25 BT-Drs. 19/14103, S. 1.

26 Zutreffend BFH v. 21.7.2011 – II R 50/09, juris Rn. 25; v. 21.7.2011 – II R 52/10, Rn. 25; *Heintzen*, in: v. Münch/Kunig, GG, Band 2, 6. Aufl., 2012, Art. 106 Rn. 21; *Kube*, DStR 2017, S. 1792 (1798); *Seiler*, in Maunz/Dürig, GG, Art. 106 Rn. 117 (Lfg. 81 – Sept. 2017); *R. P. Schenke*, in: Sodan, GG, 4. Aufl., 2018, Art. 106 Rn. 4; *Hidien*, in Bonner Kommentar zum GG, Art. 106 Rn. 1434; *Seer*, in: Tipke/Lang, Steuerrecht, 23. Aufl., 2018, § 2 Rn. 6, § 7 Rn. 36. Vgl. auch bereits BT-Drs. II/484, S. 4 und II/480, S. 72. Ähnlich *Papier* (Fn. 18), S. 20: außerordentlicher Bedarf, der „zwar nicht von vornherein zeitlich begrenzt", aber „doch als Ausnahmesituation und tendenziell vorübergehend und nicht als dauerhaft zu qualifizieren

Begründung des besonderen außergewöhnlichen Finanzbedarfs durch den Gesetzgeber keine übersteigerten Anforderungen zu stellen, die Rechtfertigungslast steigt jedoch mit zunehmender zeitlicher Dauer der Erhebung der Ergänzungsabgabe.[27] Mit zunehmendem Zeitablauf ist zu vermuten, dass der konkrete finanzielle Mehrbedarf des Bundes in einer allgemeinen Deckungslücke aufgeht.

Dass es jetzt letztlich um Daueraufgaben geht, wird auch an Äußerungen aus dem politischen Bereich deutlich. So hat der Bundesfinanzminister in einem Interview ausgeführt: „Wenn es nach der SPD gegangen wäre, hätten wir den Soli perspektivisch komplett abgeschafft, für die Gegenfinanzierung aber unter anderem den Steuersatz für sehr hohe Einkommen moderat angehoben um drei Punkte."[28] Da dies politisch nicht umsetzbar war, wurde der Solidaritätszuschlag dann teilweise aufrecht erhalten. Daran wird deutlich, dass der Bundesfinanzminister die Erhöhung des Einkommensteueraufkommens (durch Erhöhung des Spitzensteuersatzes) offensichtlich als funktionelles Äquivalent zur Vollabschaffung des Solidaritätszuschlags ansieht.

4. Reformnotwendigkeiten bei dauerhaft verändertem Finanzbedarf des Bundes im Verhältnis zu den Ländern

Zum Teil wird hiergegen eingewendet[29]: Wenn nur der Bund einen (weiterhin) erhöhten Bedarf habe, nicht aber die Länder, so sei eine Erhöhung der Einkommen- oder Körperschaftsteuer „überschießend", d.h. nicht „erforderlich". Insoweit sei die Beibehaltung der Ergänzungsabgabe das mildere Mittel. Den Bund auf die Erhöhung derjenigen allein ihm zustehenden Verbrauchsteuern zu verweisen (Tabaksteuer, Energiesteuer, Stromsteuer), sei ebenfalls nicht möglich. Dieser Argumentation ist entgegenzuhalten, dass für langfristig gewandelte Finanzbedarfe von Bund und Ländern der Verteilungsschlüssel bei der Umsatzsteuer zu ändern ist. Art. 106 Abs. 3 S. 3–6 und Abs. 4 GG weisen ausdrücklich diesen Weg.[30] Besteht tatsächlich ein *dauerhaft* erhöhter Finanzbedarf des Bundes, so könnte ggf. z.B. die Einkommen- und Körperschaftsteuer erhöht werden, was zunächst Bund und Ländern zugute käme (Art. 106 Abs. 3 GG), und dann müsste (durch einfaches Bundesgesetz) die Umsatzsteuerverteilung zwischen Bund und Ländern angepasst werden.

[sein muss]"; vgl. ferner *Schwarz*, in: v. Mangoldt/Klein/Starck, GG, Band 3, 7. Aufl., 2018, Art. 106 Rn. 49.

27 Vgl. auch *Kube*, DStR 2017, S. 1792 (1798).

28 https://www.handelsblatt.com/politik/deutschland/finanzminister-im-interview-scholz-vertei digt-seinen-vorstoss-fuer-hoeheren-spitzensteuersatz/23932730.html (Datum des Abrufs: 2.2. 2021).

29 So die Argumentation von *Tappe* (Fn. 18), S. 6; *ders.*, ZRP 2018, S. 186; ihm zustimmend FG Nürnberg (Fn. 14), juris Rn. 128.

30 Vgl. BVerfGE 116, 327 (378 f.): Die vertikale (Umsatz-)Steueraufteilung enthalte wesentliche ausgaben- und bedarfsorientierte Elemente. BVerfG aaO S. 385 bezeichnet dies als „durchgreifende Lösung".

IV. Teilabschmelzung (Abschaffung nur für bestimmte Gruppen) verfassungskonform?

Nur sofern die Erhebung einer Ergänzungsabgabe auch über das Jahr 2019 hinaus dem Grunde nach gerechtfertigt ist, stellt sich die weitere Frage, ob der vom Gesetzgeber vorgesehene schrittweise Abbau des Solidaritätszuschlags verfassungskonform ausgestaltet ist. Das BVerfG hat in einer Entscheidung aus dem Jahr 1972 die Einführung einer Ergänzungsabgabe *ausschließlich für Bezieher höherer Einkommen* damit gerechtfertigt, dass dies im Ergebnis einer Tarifänderung im Rahmen der Einkommensteuer entspreche, die angesichts des weiten politischen Entscheidungsspielraums bei der Gestaltung des Steuertarifs[31] ohne Weiteres zulässig wäre.

1. Veränderte rechtliche und tatsächliche Rahmenbedingungen

Angesichts der zeitlich nach dieser Entscheidung seit den 1990er Jahren erfolgten zunehmenden Verfeinerung der verfassungsgerichtlichen Rechtsprechung – insbesondere zur von der Verfassung geforderten steuerlichen Freistellung des Existenzminimums des Steuerpflichtigen und seiner Familie – stellt sich die Frage, ob die Rechtsprechung noch unverändert auf die heutige Situation übertragen werden kann.[32] Unabhängig davon stellt sich freilich die Frage der Überzeugungskraft der damaligen Ausführungen. Aus der Perspektive des Bürgers wirkt ein linearer Zuschlag zu einer progressiven Einkommensteuer wie eine Steuererhöhung. Wird (durch eine Freigrenze) der Solidaritätszuschlag in Höhe von 5,5 % jenseits der Freigrenze auf die *gesamte* Einkommensteuerschuld[33] erhoben und diesseits der Freigrenze gar nicht, so kommt es zu sehr starken Progressionsverschärfungen und Progressionssprüngen (die durch die sog. Milderungszone abgemildert werden sollen).

2. Kritik an der Gleichsetzung von teilweiser Erhebung einer Ergänzungsabgabe und Tariferhöhung bei der Einkommensteuer

Der Verweis des BVerfG auf die Möglichkeit der Tarifveränderung bei der Einkommen- und Körperschaftsteuer in seiner Entscheidung aus dem Jahr 1972[34] lässt außer Acht, dass die Gestaltung und Veränderung des Tarifverlaufs bei der Einkommen- und Körperschaftsteuer nur mit Zustimmung des Bundesrates möglich wäre (Art. 105 Abs. 3 GG i.V.m. Art. 106 Abs. 3 GG). Das Zustimmungserfordernis gilt unabhängig davon, ob die geplante Gesetzesänderung zu Erhöhungen oder zu Minderungen des

---

31 St. Rspr.; zuletzt z. B. BVerfGE 148, 147 (184 Rn. 96); 148, 217 (243 Rn. 105) m.w.N.
32 Dazu näher *Wernsmann*, NJW 2018, S. 916 (917 ff.).
33 D. h. auch soweit sie auf Beträge diesseits der Freigrenze entfällt.
34 BVerfGE 32, 333 (339).

Steueraufkommens der Länder führt.[35] Dieses dient also nicht nur dem unmittelbaren Schutz der Länder vor Schmälerung ihrer Einnahmen durch ein Bundesgesetz, sondern generell auch ihrem politischen Einfluss auf Gesetze, die Steuern betreffen, die nicht ausschließlich dem Bund zufließen. Der Einkommensteuer- wie auch der Körperschaftsteuertarif hätte also nur mit Zustimmung des Bundesrates geändert werden können. Könnte der Bund nun durch eine nicht weitgehend akzessorisch (proportional) an die Höhe der Einkommensteuer- und Körperschaftsteuerschuld anknüpfende Ausgestaltung der Ergänzungsabgabe eigene politische Gestaltungsvorstellungen hinsichtlich des Tarifverlaufs (bezogen auf die Gesamtsteuerbelastung des einkommen- bzw. körperschaftsteuerpflichtigen Einkommens) umsetzen, ohne dass der Bundesrat zustimmen muss, so kommt es zu einer Umgehung des Art. 105 Abs. 3 GG. Dies erscheint umso bedenklicher, als die Entscheidung über den Tarif die zentrale politische Stellschraube für die Verteilung der Steuerlasten darstellt. Die Steuerwürdigkeitsentscheidung haben die dazu nach dem Grundgesetz berufenen Gesetzgebungsorgane aufgrund der ihnen obliegenden politischen Wertungen zu treffen.[36] Nach Systematik sowie Sinn und Zweck der Ergänzungsabgabe soll diese der Finanzierung nicht-dauerhafter Bedarfsspitzen des Bundes dienen, nicht aber abweichende steuerverteilungspolitische Gestaltungswünsche, die auf dem regulären Weg (Einkommensteuer- oder Körperschaftsteueränderungen) nicht durchsetzbar sind, ermöglichen. Reduziert sich der Finanzbedarf des Bundes, käme auch eine Reduzierung des Solidaritätszuschlags für alle durch einheitliche Absenkung des Tarifs für alle in Betracht. Von einem Unterlaufen und damit strukturell bedeutsamen Zuständigkeitsverschiebungen kann nur dann nicht gesprochen werden, wenn die Ergänzungsabgabe lediglich ganz marginale Modifizierungen hinsichtlich der Anknüpfung an die Einkommensteuerschuld vornimmt, wie es bis 2020 bei § 3 Abs. 3 SolZG der Fall ist.

3. Verstoß gegen den Gleichheitssatz (Art. 3 Abs. 1 GG)?

Gleichheitsverstöße liegen in der Teilabschaffung nicht. Innerhalb der Gruppe der Einkommensteuerpflichtigen lässt sich die Ungleichbehandlung beim Tarifverlauf des Solidaritätszuschlags mit der weitgehenden Gestaltungsfreiheit des Gesetzgebers bei der Findung des Steuergegenstands und der Regelung des Tarifverlaufs rechtfertigen. Die Unterschiede zwischen Einkünften aus Kapitalvermögen und anderen Einkunftsarten lassen sich damit rechtfertigen, dass für erstere ein besonderer (vom Grundsatz der progressiven Besteuerung nach § 32a EStG abweichender) proportionaler Tarifverlauf gilt (§ 32d EStG), um überhaupt eine Abgeltungssteuer (die abgeltende Wirkung der Kapitalertragsteuer als Quellensteuer) zu ermöglichen. Dann kann hinsichtlich des Solidaritätszuschlags auch nicht differenziert werden. Die Ungleichbehandlungen zwischen Einkommensteuer- und Körperschaftsteuersubjekten lassen sich dadurch

---

35 Ganz h.M. einschließlich der Staatspraxis, z.B. *Tappe/Wernsmann*, Öffentliches Finanzrecht, 2015, Rn. 252; *Wernsmann*, in: Kube u. a. (Hrsg.), Leitgedanken des Rechts II, 2013, § 152 Rn. 8. A.A. *Müller-Franken*, Berliner Kommentar zum GG, Art. 105 Rn. 256.
36 Vgl. BVerfGE 145, 106 (143 f. Rn. 102).

rechtfertigen, dass beide unterschiedlichen Steuersätzen unterliegen und es ohnehin ganz unterschiedliche Regelungssysteme gibt, die an zivilrechtlich unterschiedliche Regelungen anknüpfen.[37]

V. Fazit

Es spricht sehr vieles dafür, dass der Solidaritätszuschlag nach der Zäsur des Auslaufens des Solidarpakts II Ende 2019 aus verfassungsrechtlichen Gründen nicht mehr erhoben werden darf, weil jetzt im Hinblick auf den ursprünglichen politischen Erhebungsanlass der Deutschen Einheit die finanzverfassungsrechtliche Normallage wieder eingetreten ist. Dass dem Bund durchaus noch Kosten als Folge der Wiedervereinigung entstehen, reicht nicht aus, um eine weitere Erhebung einer Ergänzungsabgabe zu rechtfertigen. Hierbei handelt es sich nunmehr um Daueraufgaben, die über die regulären finanzverfassungsrechtlichen Instrumente abgewickelt werden. Die Ergänzungsabgabe muss zwar nicht von vornherein befristet sein, kann aber nicht der Finanzierung dauerhafter Ausgaben des Bundes dienen, da die Ergänzungsabgabe sonst konturenlos würde. Eine Bundeseinkommensteuer, die der Bund beliebig (bis zur Grenze der Aushöhlung der Einkommensteuer von der Belastungshöhe her) neben die Bund und Ländern gemeinsam zustehende Einkommensteuer stellen könnte, kennt das Grundgesetz nicht. Zwar besteht auch beim Solidaritätszuschlag als Ergänzungsabgabe nach allgemeinen Regeln keine rechtliche Aufkommensbindung; dies bedeutet aber nicht, dass er beliebig lange und ohne zeitliche Grenzen als Instrument einer dauerhaften Staatsfinanzierung eingesetzt werden kann. Wenn sich zeigt, dass der Bund durch Daueraufgaben im Verhältnis zu den Ländern in besonderer Weise nicht nur vorübergehend belastet ist, so kann er bei entsprechendem Finanzbedarf entweder die ihm zustehenden Steuern oder die Bund und Ländern gemeinsam zustehenden Steuern erhöhen bei gleichzeitiger Veränderung des Verteilungsschlüssels beim Umsatzsteueraufkommen.

Infolge der veränderten finanzpolitischen Rahmenbedingungen aufgrund der Kosten zur Bewältigung der Corona-Krise wäre aber grundsätzlich eine Umwidmung des Solidaritätszuschlags möglich.[38] Das BVerfG hält eine solche Umwidmung explizit für denkbar, wobei offen bleibt, in welcher Form eine solche Umwidmung erfolgen müsste. Die verfassungsrechtlichen Bedenken gegen die Teilabschaffung des Solidaritätszuschlags durch den Gesetzgeber würde freilich auch eine Umwidmung nicht beseitigen können.

---

37 Vgl. grundlegend BVerfGE 116, 184.
38 Zutreffend FG Nürnberg (Fn. 14), juris Rn. 131.

Offene Vermögensfragen zwischen Deutschland und Polen?

Von *Oliver Dörr*, Osnabrück

I. Einleitung

Die deutsch-polnischen Beziehungen sind intrikat, vor allem weil die Schatten der Vergangenheit, die auf ihnen lasten, noch immer übermächtig sind. Das hat nicht nur mit den Ereignissen während des Zweiten Weltkriegs zu tun, sondern auch damit, wie mit diesen Ereignissen nach dem Krieg umgegangen wurde. Aus polnischer Sicht wurden die Scheußlichkeiten der deutschen Besatzung und die auf polnischem Boden betriebene Vernichtungspolitik nicht hinreichend gesühnt und entschädigt. Aus deutscher Sicht wurden Leid und Verlust durch Vertreibung und Enteignung nicht hinreichend anerkannt.

Seitdem Deutschland und Polen nach 1990 ihre politische Entwicklung frei und selbstbestimmt gestalten konnten, wurden diese Schatten durch die gemeinsame europäische Perspektive zunächst überlagert, lösten sich dadurch aber nicht etwa auf. Nach Konsultationen zwischen beiden Regierungen erfolgten von deutscher Seite einige Entschädigungsgesten des guten Willens, die aber stets vom Bestreiten polnischer Rechtsansprüche begleitet waren. Die Regierung Kohl beschloss nach der deutschen Vereinigung, 500 Millionen DM für Hilfsleistungen zur Verfügung zu stellen und einer Stiftung „Polnisch-Deutsche Aussöhnung" zu überweisen. In den Jahren 1992 bis 2004 wurde auf dieser Grundlage mehr als einer halben Million polnischer Opfer des Nationalsozialismus humanitäre Hilfe im Rahmen sogenannter Grundauszahlungen und Zusatzzahlungen ausgezahlt. Darüber hinaus schloss die rot-grüne Bundesregierung im Juli 2000 ein Abkommen mit der polnischen Regierung, das Entschädigungen für ehemalige polnische Zwangsarbeiter vorsah. Für die Auszahlung der Entschädigungen wurde die Stiftung „Erinnerung, Verantwortung, Zukunft" gegründet. Im Zeitraum 2001 bis 2006 flossen hierüber etwa 975 Millionen DM an mehr als 480.000 Menschen.[1] Da die polnische Regierung in einem Notenwechsel mit Deutschland bereits im

---

1 Für diese Zahlen der Beitrag von *Garsztecki*, Analyse: Deutsche Kriegsreparationen an Polen? Hintergründe und Einschätzungen eines nicht nur innerpolnischen Streites, bpb v. 27.11.2018, https://www.bpb.de/281439/analyse-deutsche-kriegsreparationen-an-polen-hinter

Oliver Dörr

Oktober 1991 zugesagt hatte, keine weiteren Ansprüche polnischer Bürger im Zusammenhang mit nationalsozialistischer Verfolgung zu stellen, schien das Thema Reparationen mit den erwähnten deutschen Zahlungen an polnische Opfer des Nationalsozialismus abgeschlossen zu sein.

Seit dem Regierungsantritt der nationalkonservativen Partei „Recht und Gerechtigkeit" (PiS) in Polen im Herbst 2015 hat sich dies geändert. Insbesondere seit dem Sommer 2017 setzten die polnische Regierung und ihre parlamentarische Mehrheit das Thema auf die deutsch-polnische Agenda und machten die Frage der deutschen Kriegsreparationen regelmäßig zum Gegenstand parlamentarischer Untersuchungen, Berichte, bilateraler Gespräche und öffentlicher Forderungen. Auf der anderen Seite führen die Aktivitäten der sog. „Preußischen Treuhand", einer von deutschen Vertriebenenfunktionären im Jahr 2000 gegründeten privaten Gesellschaft, die vor allem die Restitution enteigneten Grund und Bodens in Polen betreibt, zu beträchtlicher Unruhe in der polnischen Öffentlichkeit.

In dieser Situation, die zudem dadurch geprägt ist, dass die Euphorie über die gemeinsame europäische Perspektive Deutschlands und Polens verflogen ist, bringt der 30. Jahrestag der Deutschen Einheit einen passenden Anlass, um die öffentlich geäußerten politischen Behauptungen und Forderungen einer nüchternen völkerrechtlichen Betrachtung zu unterziehen. Weil sie den Kern der politischen Auseinandersetzung bildet, soll hier die Frage nach Entschädigungs- oder Reparationsansprüchen im Mittelpunkt stehen.

Dabei muss natürlich von vornherein klar sein, dass die juristische Betrachtung die politisch-moralische Debatte um die „Schatten der Vergangenheit" nur ergänzen, nicht aber ersetzen kann – ich möchte bitte auch nicht in diesem Sinne verstanden werden.

II. Völkerrechtliche Grundlagen

Um mögliche Reparations- oder Entschädigungsansprüche im deutsch-polnischen Verhältnis erörtern zu können, bedarf es zunächst einiger grundsätzlicher Klärungen, insbesondere der völkerrechtlichen Grundlagen von Wiedergutmachung, Entschädigung und Reparation. Ausgangspunkt ist sinnvollerweise das Grundkonzept der völkergewohnheitsrechtlichen Unrechtshaftung, das den dogmatischen Kern des völkerrechtlichen Deliktsrechts bildet.

1. Die allgemeine Wiedergutmachungspflicht

Zum Ausdruck kam dieses Konzept schon in der viel zitierten Passage im *Chorzów*-Fall (1928) des Ständigen Internationalen Gerichtshofs, wo es bekanntlich hieß: „[T]he Court observes that it is a principle of international law, and even a general conception

gruende-und-einschaetzungen-eines-nicht-nur-innerpolnischen-streites (Abruf am 12.2.2021).

of law, that any breach of an engagement involves an obligation to make reparation".[2] Diese Grundpflicht zur Wiedergutmachung als Rechtsfolge jeder Völkerrechtsverletzung ist als universelles Völkergewohnheitsrecht anerkannt. Anders als das nationale Recht unterscheidet das Völkerrecht insoweit nicht zwischen Vertrag und Delikt, sondern kennt nur ein einziges Verletzungsregime, das grundsätzlich auf alle Arten von Rechtsverstößen Anwendung findet. Für die souveränen Staaten sind die wesentlichen Regeln der Verantwortlichkeit niedergelegt in einem entsprechenden Entwurf der UN-Völkerrechtskommission von 2001[3], den die UN-Generalversammlung zustimmend „zur Kenntnis genommen" hat.[4] Dieser Entwurf gilt heute in weiten Teilen als Kodifizierung des geltenden Völkergewohnheitsrechts der Staatenverantwortlichkeit und wird in der völkerrechtlichen Praxis meist pauschal als eine solche behandelt.[5]

Nach dem Grundkonzept dieser Regeln entsteht im Falle eines Völkerrechtsverstoßes ein Wiedergutmachungsrechtsverhältnis zwischen dem Rechtsverletzer und dem verletzten Völkerrechtssubjekt.[6] Die Beteiligten dieses sekundärrechtlichen Rechtsverhältnisses bestimmen sich nach der Zielrichtung und Struktur der verletzten Primärpflicht. Verletzt im Rechtssinne sind durch den Völkerrechtsverstoß die Erfüllungsadressaten der Primärpflicht, also diejenigen Rechtssubjekte, denen gegenüber die verletzte Primärpflicht zu erfüllen war. Infolge des Rechtsverstoßes erwirbt der Erfüllungsadressat einen Wiedergutmachungsanspruch gegen das Völkerrechtssubjekt, dem der Verstoß zuzurechnen ist.

Geht es um Rechtsverstöße zu Lasten Privater (also z. B. Menschenrechtsverletzungen oder Kriegsverbrechen), wird die deliktsrechtliche Frage der Erfüllungsstruktur regel-

---

2 PCIJ, *Case concerning the Factory at Chorzów (Germany v. Poland), Merits*, Urteil v. 13. 9. 1928, PCIJ Series A No. 17, 29. In der Sache so vorher schon PCIJ, *Case of the S. S. Wimbledon (United Kingdom, France, Italy, Japan v. Germany)*, Urteil v. 17. 8. 1923, PCIJ Series A No. 1, 30; *Case concerning the Factory at Chorzów (Germany v. Poland), Jurisdiction*, Urteil v. 26. 7. 1927, PCIJ Series A No. 9, 21.

3 ILC, *Draft Articles on Responsibility of States for Internationally Wrongful Acts*, abgedruckt z. B. im Report of the ILC on the work of its fifty-third session, UN Doc. A/56/10 (2001) v. 23.4.–1.6. und 2.7.-10. 8. 2001, sowie im YBILC 2001 II/2, 30 – 143. Eine Gesamtdarstellung gibt z. B. *Crawford*, The International Law Commission's Articles on State Responsibility: Introduction, Text and Commentaries, 2002.

4 UN General Assembly, Resolution 56/83, UN Doc. A/RES/56/83 (2002) v. 12.12.2001.

5 Statt aller aus der Rechtsprechung des IGH z. B. *Legal Consequences of the Construction of a Wall in the Occupied Palestinian Territory*, Gutachten v. 9. 7. 2004, ICJ Rep. 2004, 136, para. 140; *Case concerning Armed Activities on the Territory of the Congo (Democratic Republic of Congo v. Uganda)*, Urteil v. 19. 12. 2005, ICJ Rep. 2005, 168, para. 160; *Application of the Convention on the Prevention and Punishment of the Crime of Genocide (Bosnia and Herzegovina v. Serbia and Montenegro)*, Urteil v. 26. 2. 2007, ICJ Rep. 2007, 43, paras. 385, 398, 401, 407, 420, 431, 460; *Case concerning Pulp Mills on the River Uruguay (Argentina v. Uruguay)*, Urteil v. 20. 4. 2010, ICJ Rep. 2010, 14, para. 273; *Jurisdictional Immunities of the State (Germany v. Italy; Greece intervening)*, Urteil v. 3. 2. 2012, ICJ Rep. 2012, 99 paras. 58, 93, 137.

6 Näher dazu *Dörr*, in: Ipsen, Völkerrecht, 7. Aufl., 2018, Kap. 29, Rn. 6 – 20.

mäßig überlagert durch die staatliche Geltendmachung des Rechtsverstoßes, vor allem in Gestalt des diplomatischen Schutzrechts. Hier ist eine der auffälligsten Inkonsistenzen des modernen Völkerdeliktsrechts zu beobachten: Nimmt man nämlich an, dass die Gewährleistung echter Menschenrechte im modernen Völkerrecht bedeutet, dass den geschützten Individuen nicht nur Rechtsreflexe, sondern eigene subjektive Rechte zukommen, sie also selbst Rechtsträger und damit partielle Völkerrechtssubjekte werden[7], so läge die deliktsrechtliche Konsequenz eigentlich auf der Hand: Da die menschenrechtliche Verpflichtung (jedenfalls auch) dem betroffenen Individuum gegenüber zu erfüllen ist, sollte diesem im Fall einer Verletzung eigentlich ein eigener sekundärrechtlicher Wiedergutmachungsanspruch erwachsen.[8] Das eigentliche Rechtsproblem wäre dann, für jede individualschützende Völkerrechtsnorm durch Auslegung zu bestimmen, ob sie tatsächlich das Individuum als (einen der) Erfüllungsadressaten der Primärpflicht einsetzt, in der Diktion des deutschen Rechts also ein subjektives Recht begründet.[9]

Diese dogmatische Ableitung aus der konzeptionellen Grundlage der völkerrechtlichen Verantwortlichkeit, nämlich der personellen Konkordanz von Primär- und Sekundärrechtsverhältnis, hat sich allerdings bislang in Doktrin und Staatenpraxis nicht durchgesetzt: Hier geht man bislang überwiegend davon aus, dass der Verstoß gegen Regeln des völkerrechtlichen Menschenrechtsschutzes materiell-rechtlich nur Ansprüche des zuständigen Heimatstaates zur Folge hat, die dieser im Wege diplomatischen Schutzes geltend machen kann.[10] Dasselbe gilt für die Vorschriften des humanitären Kriegsvölkerrechts, des *ius in bello*.[11] Nicht zuletzt die Rechtsprechung des Bundesverfassungsgerichts ist von dieser inkonsistenten Sichtweise geprägt: In mehreren Entscheidungen, in denen es um Entschädigungsansprüche für Verletzungen des humanitären Völkerrechts ging, betonte das Gericht zwar ausdrücklich, dass sich aus

---

7 Mittlerweile wohl h.M., vgl. z. B. *Randelzhofer*, in: ders./Tomuschat (Hrsg.), State Responsibility and the Individual, 1999, S. 213 (235–240); *E. Klein*, ebd., S. 27 (28 f.); *Dahm/Delbrück/Wolfrum*, Völkerrecht, 2. Aufl., Bd. I/2, 2002, § 109 II; *Stein/v. Buttlar/Kotzur*, Völkerrecht, 14. Aufl., 2017, Rn. 499–504; *McCorquodale*, in: Evans (Hrsg.), International Law, 4. Aufl., 2014, S. 284 (289–291).

8 *Dörr*, in: Breuer/Epiney u.a. (Hrsg.), FS für E. Klein, 2013, S. 765 (773 f.); *Bank/Schwager*, GYIL 49 (2006), S. 367 (396); *Fischer-Lescano*, AVR 45 (2007), S. 299 (303–305); für das humanitäre Völkerrecht *Peters*, ZaöRV 78 (2018), 545 (546); angedeutet auch bei *Dahm/Delbrück/Wolfrum*, Völkerrecht, 2. Aufl., Bd. I/3, 2002, § 173 VI.3. Sehr weitgehend auf der Grundlage eines anderen Völkerrechtsverständnisses *Peters*, Jenseits der Menschenrechte, 2014, S. 153–178.

9 *Dörr* (Fn. 8), S. 776–780.

10 Vgl. z. B. *Verdross/Simma*, Universelles Völkerrecht, 3. Aufl., 1984, § 1300; *Schröder*, in: Vitzthum/Proelß (Hrsg.), Völkerrecht, 8. Aufl., 2019, VII. Rn. 33; *Stein/v. Buttlar/Kotzur* (Fn. 7), Rn. 1160; *Tomuschat*, ZaöRV 56 (1996), S. 1 (22 f.); *Simma/Folz*, Restitution und Entschädigung im Völkerrecht, 2004, S. 112; wohl auch *v. Arnauld*, Völkerrecht, 4. Aufl., 2019, Rn. 432; *Seegers*, Das Individualrecht auf Wiedergutmachung, 2005, S. 197–200.

11 Statt aller *Heintschel v. Heinegg*, in: BerDGVR 40 (2003), S. 1 (25 f.).

den betreffenden Bestimmungen Primäransprüche der betroffenen Individuen auf ihre Einhaltung ergäben, verweigerte aber gleichzeitig die Konsequenz, dass die Rechtsverletzung individuelle Sekundäransprüche zur Folge hat.[12] Eine Begründung für das pauschale Auseinanderfallen von Primär- und Sekundäranspruch gab das Gericht bislang nicht.

Inhalt und Umfang der völkerrechtlichen Wiedergutmachungspflicht bestimmen sich nach dem Ausmaß der tatsächlichen Folgen, die auf den Rechtsverstoß zurückzuführen und diesem damit zuzurechnen sind. Das verletzte Rechtssubjekt ist grundsätzlich so zu stellen, wie es aller Voraussicht nach ohne den Rechtsverstoß stünde; es gilt das Prinzip der vollständigen Wiedergutmachung (*full reparation*). Art. 34 des ILC-Entwurfs nennt als die drei Grundformen völkerrechtlicher Wiedergutmachung Naturalrestitution (*restitution*), Schadensersatz (*compensation*) und Genugtuung (*satisfaction*). In der Staatenpraxis am weitaus häufigsten geltend gemacht wird der finanzielle Ausgleich. Dabei changieren Praxis und völkerrechtliche Dogmatik je nach Sachbereich und Fallkonstellation zwischen echtem Schadensersatz, der auf den vollen Ausgleich bezifferbarer Schäden, einschließlich eines möglicherweise entgangenen Gewinns zielt (vgl. z. B. Art. 36 Abs. 2 ILC-Entwurf), und pauschaler Entschädigung am Maßstab der Angemessenheit (vgl. z. B. Art. 41 EMRK). Im zwischenstaatlichen Verhältnis soll die Ersatzleistung die wirtschaftlichen Schäden des verletzten Staates sowie materielle und immaterielle Schäden von Privaten ausgleichen, nicht aber immaterielle Schäden der Staaten selbst.[13]

Von diesem völkerrechtlichen Wiedergutmachungsbegriff zu unterscheiden ist übrigens derjenige des deutschen Verwaltungsrechts, der im Zusammenhang mit der Entschädigung für nationalsozialistisches Unrecht Eingang in deutsche Gesetze fand.[14]

2. Reparationen im Völkerrecht

Im Vergleich zu diesem zwar ausfüllungsbedürftigen, doch relativ klar konturierten Konzept völkerrechtlicher Wiedergutmachung sind Inhalt und Bedeutung des völkerrechtlichen Reparationsbegriffs reichlich unklar, zum Teil sogar regelrecht diffus. Die öffentliche Verwendung des Begriffs, der in der politischen Debatte heute noch durchaus gebräuchlich ist, changiert zwischen rechtlichem Anspruch, politischem Kalkül und moralischem Appell: Das verschafft dem Begriff etwas Schillerndes. Während teilweise im Deutschen mit „Reparationen" schlicht die völkerrechtlich geschuldete Wiedergutmachung als Rechtsfolge eines konkreten Rechtsverstoßes be-

---

12 BVerfGE 112, 1 (32 f.); BVerfG, NJW 2004, S. 3257 (3258); NJW 2006, S. 2542 (2543); NVwZ 2021, 398 (399 f.) („Kunduz"). Für den Fall Varvarin machte sich auch der BGH diese pauschale Auffassung zu eigen, vgl. BGHZ 169, 349, Rn. 8–11.
13 ILC-Entwurf (Fn. 3), Kommentar zu Art. 36, para. 1.
14 Dazu statt aller *Kischel*, JZ 1997, S. 126 (127–129).

zeichnet wird,[15] geht die Verwendung des Reparationsbegriffs üblicherweise deutlich darüber hinaus und vermengt den Gedanken der Wiedergutmachung mit machtpolitischen Interessen. Insbesondere im Anschluss an einen Krieg wurden dem Besiegten als „Reparationen" oder Kriegsentschädigungen traditionell Zahlungen, Entnahmen und andere Leistungen auferlegt, die neben dem reinen Unrechtsausgleich auch der politisch motivierten Sühne und der Genugtuung des Siegers dienten.[16] Im bekannten Völkerrechtslehrbuch von v. Liszt/Fleischmann hieß es dazu 1925 zum Stichwort Kriegsende:

> „Ob der unterlegene Teil dem Gegner eine Vergütung für den Kriegsaufwand zu leisten hat, ist eine reine Machtfrage, die sich nicht nach Rechtsgrundsätzen, sondern nach der Kriegslage und den gesamten politischen Verhältnissen entscheidet".[17]

Aus den Tributleistungen des Altertums wurden so die Kriegsentschädigungen des 18. Jahrhunderts, die recht willkürlich nach dem Ermessen des Siegers festgesetzt wurden, und nach dem 1. Weltkrieg die Reparationen, die Kostenerstattung und Ersatz für rechtswidrig wie rechtmäßig zugefügte Schäden umfassten.[18] Im kriegsvölkerrechtlichen Zusammenhang werden als „Reparationen" also regelmäßig wirtschaftliche Leistungen bezeichnet, die ohne Rücksicht auf einen konkreten völkerrechtlichen Unrechtstatbestand dem Besiegten vom Sieger abverlangt werden. Diese Leistungen bzw. Ansprüche bezogen sich üblicherweise sowohl auf staatliche Kriegsschäden als auch auf Schäden und Verluste Privater.

In dieser weitgehenden Bedeutung ist „Reparationen" dann im Grunde gar kein Rechtsbegriff mehr, sondern ein Topos der politischen Auseinandersetzung, der in der Regel auf ein politisches oder moralisches Machtgefälle nach einem Krieg hinweist. Sein rechtlicher Kern besteht im völkerrechtlichen Wiedergutmachungsanspruch, der allerdings in jedem Einzelfall den Nachweis eines zurechenbaren Rechtsverstoßes voraussetzt.

3. Der Grundsatz intertemporalen Rechts

Ein weiterer Aspekt ist bei der völkerrechtlichen Betrachtung lang zurückliegender Geschehnisse zu beachten: Ob ein Staat gegen das Völkerrecht verstoßen hat und dadurch zur Wiedergutmachung verpflichtet ist, bestimmt sich nach der Rechtslage, wie sie für den betreffenden Staat zum Zeitpunkt seines relevanten Verhaltens bestand. Denn auch im Völkerrecht gilt der Grundsatz *tempus regit actum*, der im Anschluss an den Schiedsrichter Max Huber auch als Grundsatz des „intertemporalen Völkerrechts" bezeichnet wird: Danach sind Sachverhalte nach Maßgabe derjenigen Normen zu

---

15 Für eine solche Begriffsdeutung z. B. *Kischel*, JZ 1997, S. 126 (127–129); *Heintschel v. Heinegg*, ZVglRWiss 90 (1991), S. 113 (119 f.).
16 Statt aller *Rumpf*, AVR 23 (1985), S. 74 (74, 101).
17 *v. Liszt/Fleischmann*, Das Völkerrecht, 12. Aufl., 1925, S. 559 f.
18 *Heintschel v. Heinegg*, ZVglRWiss 90 (1991), S. 113 (115–117).

beurteilen, die zum Zeitpunkt ihres Geschehens galten.[19] Mit Bezug auf die Staatenverantwortlichkeit betont Art. 13 des ILC-Entwurfs diese gewohnheitsrechtliche Regel ausdrücklich, und auch der Internationale Gerichtshof hat sie in seiner Entscheidung zur Staatenimmunität (2012) ausdrücklich hervorgehoben.[20]

Dieses Gebot, das zeitgenössische Recht zugrunde zu legen, zu beachten, fällt nicht immer leicht und mag zuweilen für manche sogar schmerzhaft sein – vor allem in Fällen, in denen sich das Recht radikal fortentwickelt hat oder in denen sich die politisch-moralischen Maßstäbe für die Beurteilung staatlichen Verhaltens erheblich verändert haben. Das erleben wir seit längerem schon, wenn es um juristische Fragen aus der Zeit des Nationalsozialismus und des zweiten Weltkriegs geht, und gegenwärtig nicht zuletzt in der öffentlichen Debatte um vergangenen Kolonialismus und seine rechtlichen Folgen: Wenn hier nicht selten mit hohem moralischem Anspruch menschenrechtsbewegt argumentiert und proklamiert wird, gerät aus dem Blick, dass die Zeit vor 1945 als geltendes Recht weder Menschenrechte noch den Tatbestand des Völkermords oder ein Folterverbot und nur ein rudimentäres Konzept von Kriegsverbrechen kannte. Es galten eben weder die Genfer Konventionen zum *ius in bello* (1949) noch die Menschenrechtspakte der Vereinten Nationen, Meilensteine der Zivilisation, deren Gewährleistungen wir heute für selbstverständlich halten.

4. Die Verfügung über Entschädigungsansprüche

Schließlich ist im Zusammenhang mit völkerrechtlichen Wiedergutmachungsansprüchen, gerade wenn es um die Abwicklung von Kriegsfolgen geht, ihre Disponibilität zu bedenken. Kraft seiner Souveränität kann ein Staat auf Teile seines Staatsgebiets, auf Vermögensgüter und auf rechtliche Forderungen gegenüber anderen Staaten verzichten. Das gilt nicht nur für Vermögensgüter und Ansprüche des Staates selbst, sondern aufgrund seiner Personalhoheit grundsätzlich auch für Vermögen und etwaige Ansprüche seiner Staatsangehörigen.

Die Personalhoheit begründet völkerrechtlich gesehen eine umfassende Jurisdiktion des Staates über die Rechts- und Vermögensverhältnisse seiner Staatsangehörigen im Verhältnis zu Drittstaaten. Kraft dieser Zuständigkeit kann der Staat in die Rechte der seiner Jurisdiktion unterworfenen Privaten eingreifen, sie also z. B. enteignen oder eben zu ihren Lasten einen Forderungsverzicht erklären. Dabei kann der Heimatstaat sich darauf beschränken, auf die Wahrnehmung seines diplomatischen Schutzrechts in Bezug auf private Ansprüche zu verzichten (sog. Interventionsverzicht), oder er kann den vollen, quasi dinglichen Verzicht erklären mit der Folge, dass die privaten An-

---

19 *Verdross/Simma* (Fn. 10), § 650; *Dahm/Delbrück/Wolfrum* (Fn. 8), § 174 II.7 – 8. Für den Gebietserwerb grundlegend *Island of Palmas Case (United States of America v. Netherlands)*, Schiedsspruch v. 4. 4. 1928, AJIL 22 (1928), 867 (883) = RIAA II, S. 829 (845). Allgemein *Kotzur*, Intertemporal Law, in: MPEPIL-Online (2008); *Elias*, AJIL 74 (1980), S. 285; *Krause-Ablaß*, Intertemporales Völkerrecht, 1970; *Baade*, JIR 7 (1957), S. 229.
20 IGH, *Jurisdictional Immunities of the State (Germany v. Italy; Greece intervening)*, Urteil v. 3. 2. 2012, ICJ Reports 2012, 99, para. 58.

sprüche untergehen. Der völkerrechtlich wirksam erklärte Verzicht kann auch Forderungen nach innerstaatlichem Recht betreffen, also quasi privatrechtsgestaltende Wirkung entfalten.[21] Die Staaten- und Vertragspraxis des 20. Jahrhunderts ist reich an Beispielen für derartige Verzichtsklauseln und -erklärungen und hat im Ergebnis auch eine entsprechende Rechtsüberzeugung hervorgebracht.[22]

Natürlich hat diese Verfügungsbefugnis der Staaten in Bezug auf Vermögensgüter und Rechtspositionen ihrer Staatsangehörigen rechtliche Grenzen.[23] Sie ergeben sich innerstaatlich aus Gesetz und Verfassung sowie völkerrechtlich heute aus den Regeln des Menschenrechtsschutzes,[24] deren Entwicklung allerdings erst im Jahr 1948 ihren Anfang nahm.

III. Mögliche Deliktsansprüche zwischen Deutschland und Polen

Wenn es dann im zweiten Schritt konkret um mögliche offene Ansprüche im Verhältnis zwischen Deutschland und Polen aus den Jahren 1939 bis 1948 geht, dann ist zunächst noch einmal auf den aus heutiger Sicht völlig unterentwickelten Rechtszustand des damaligen Völkerrechts hinzuweisen: Für die juristische Einordnung der schlimmen Verbrechen, die in dieser Zeit begangen wurden, stehen weder Menschenrechte noch das Gewaltverbot der UN-Charta, weder die Genfer Konventionen noch die Konventionen gegen Völkermord, Rassendiskriminierung oder Folter zur Verfügung. Sie alle galten noch nicht und können auch nicht rückwirkend zur Anwendung gebracht werden.

Nimmt man aber diese modernen, uns heute so vertrauten Rechtsnormen heraus, so bleiben für die fragliche Zeit nur wenige, rechtlich greifbare und gleichzeitig unangreifbare Bewertungsmaßstäbe übrig.

1. Ansprüche Polens wegen deutscher Rechtsverstöße

Für Rechtsverstöße Deutschlands gegenüber Polen fällt in Bezug auf die 1939 begonnene kriegerische Aggression zunächst der Vertrag über die Ächtung des Krieges von 1928 ins Auge, der sog. Briand-Kellogg-Pakt[25], an den beide Staaten seit 1929 gebunden waren. In Art. I des Paktes verzichteten die Parteien in ihren gegenseitigen Beziehungen auf den Krieg als Werkzeug nationaler Politik und etablierten damit ein

---

21 *Hagelberg*, Die völkerrechtliche Verfügungsbefugnis des Staates über Rechtansprüche von Privatpersonen, 2006, S. 64–75; *Randelzhofer/Dörr*, Entschädigung für Zwangsarbeit?, 1994, S. 77 f. m.w.N.
22 Überblick bei *Hagelberg* (Fn. 21), S. 82–146; Beispiele bei *Randelzhofer/Dörr* (Fn. 21), S. 78–91. S. auch BVerfGE 94, 315 (332 f.).
23 Dazu aus neuer Zeit z. B. *Bufalini*, ZaöRV 77 (2017), S. 447 (460–467).
24 Dazu *Hagelberg* (Fn. 21), S. 217–264.
25 General Treaty for Renunciation of War as an Instrument of National Policy v. 27. 8. 1928, LNTS vol. 94, S. 57; Gesetz zu dem Vertrag über die Ächtung des Krieges v. 9. 2. 1929, RGBl. 1929 II, S. 97.

umfassendes Kriegsverbot. Gegen dieses Verbot des *ius ad bellum* verstieß der deutsche Überfall auf Polen.

Hinzu kommen Verstöße gegen das *ius in bello*, nämlich die sog. Haager Landkriegsordnung, die als Anhang zum Vierten Haager Abkommen von 1907[26] für Polen und das Deutsche Reich verbindlich waren. Die Regeln über die kriegerische Besetzung in Art. 42 ff. HLKO, die im besetzten Polen galten,[27] wurden von deutscher Seite offensichtlich in erheblicher Weise verletzt.[28]

An beide Rechtsverstöße, für die hier eine kursorische Zusammenfassung genügen muss, ließen sich Wiedergutmachungsansprüche des polnischen Staates knüpfen.

2. Ansprüche polnischer Staatsangehöriger

Demgegenüber kommen individuelle Wiedergutmachungsansprüche polnischer Staatsangehöriger aufgrund dieser Rechtsverletzungen von vornherein nicht in Betracht. Das Völkerrecht der Zeit war noch vollständig von der sog. Mediatisierung des Individuums durch seinen Heimatstaat geprägt und kannte dementsprechend keine subjektiven Rechte oder Ansprüche Privater gegen Staaten. Die Verletzung zwischenstaatlich geltender Bestimmungen konnte daher selbst dann keine individuellen Ansprüche auslösen, wenn sie dezidiert dem Schutz von Individuen (wie z. B. der Zivilbevölkerung in einem besetzten Gebiet) dienten. Auch solche Regeln galten nur zwischen den staatlichen Parteien der betreffenden Verträge, und ihre Verletzung begründete nur zwischen diesen Sekundäransprüche.[29]

Diese Mediatisierung wurde erst ab 1948 allmählich durch die Entwicklung des völkerrechtlichen Menschenrechtsschutzes überlagert, der bekanntlich eigene subjektive Rechte von Individuen kennt. Wie gesehen, herrscht aber selbst in unserer Zeit die Auffassung vor, dass die Verletzung solcher subjektiven Rechte auf der deliktsrechtlichen Ebene nur zwischenstaatliche Deliktsansprüche entstehen lässt. Das völkerrechtliche Deliktsrecht scheint an dieser Stelle mithin den vor 1945 geltenden Rechtszustand konservieren zu wollen.

3. Wirksamer Verzicht Polens

Bestanden also nach 1945 völkerrechtliche Wiedergutmachungsansprüche Polens gegen Deutschland, so richtet sich die weitere Aufmerksamkeit vor allem darauf, was mit diesen Ansprüchen im weiteren Verlauf geschehen ist.

---

26 Abkommen, betreffend die Gesetze und Gebräuche des Landkriegs v. 18. 10. 1907, RGBl. 1910, S. 107.

27 Jedenfalls wenn man der Auffassung ist, dass die Eingliederung von Teilen des polnischen Staatsgebiets in das deutsche Staatsgebiet (Annexion) schon zur damaligen Zeit unwirksam war; dafür z. B. *Randelzhofer/Dörr* (Fn. 21), S. 13–14, 18.

28 Für das Regime der Zwangsarbeit z. B. *Lemkin*, Axis Rule in Occupied Europe, 1944, S. 72–74; *Randelzhofer/Dörr* (Fn. 21), S. 18–23.

29 Statt aller BVerfGE 94, 315 (329 f.).

Hierfür ist vor allem die offizielle Erklärung relevant, welche die polnische Regierung am 23. August 1953 veröffentlicht hat: Darin hieß es mit Bezug auf „Deutschland", dass die Regierung der Volksrepublik Polen mit Wirkung vom 1. Januar 1954 „auf die Zahlung von Reparationen an Polen" verzichtet, um damit „einen Beitrag zur Lösung der deutschen Frage zu leisten".[30] Diese Erklärung bezog sich nach ihrem Wortlaut und Kontext als Adressaten auf ganz Deutschland (nicht nur auf die DDR) und in der Sache nicht nur auf staatliche Kriegsschäden, sondern auch auf Schäden polnischer Staatsangehöriger.[31] Sie erfolgte öffentlich und offensichtlich mit Rechtsbindungswillen und war daher als einseitiges Rechtsgeschäft völkerrechtlich wirksam.[32]

Die Gültigkeit der Erklärung bestätigte die polnische Delegation anlässlich der Verhandlungen über den Warschauer Vertrag im Dezember 1970 ausdrücklich,[33] ebenso wie dies die Regierung der Republik Polen nach 1989 wiederholt offiziell tat.[34] Noch im Oktober 2004 stellte die polnische Regierung in einer Erklärung klar: „Die Erklärung vom 23. August 1953 wurde entsprechend der damaligen Verfassungsordnung unter Beachtung des Völkerrechts, welches in der UN-Charta festgelegt wurde, verabschiedet," eine Position, die noch im August 2017 vom damaligen Vizeaußenminister Magierowski auf eine Anfrage aus dem Sejm hin schriftlich bestätigt wurde.[35]

Erst seit dem Spätsommer 2017 zieht die polnische Regierung die Gültigkeit der Verzichtserklärung offiziell in Zweifel und wirft z. B. die Frage auf, ob denn die erklärende Volksrepublik Polen wirklich souverän war und daher einen wirksamen Verzicht erklären konnte. Abgesehen davon, dass ein solches Umschalten der offiziellen Haltung sich als widersprüchliches Verhalten darstellte und damit völkerrechtlich wohl unbeachtlich wäre, ist schon zweifelhaft, ob die polnische Regierung ernsthaft die staatliche Souveränität Polens und damit seine völkerrechtliche Handlungsfähigkeit vor 1989 in Frage stellen will – denn dann stünden noch viele weitere Rechtsakte zur Debatte, nicht zuletzt der im Oktober 1945 erfolgte Beitritt Polens zu den Vereinten Nationen.

Es spricht daher viel dafür, dass aufgrund der polnischen Verzichtserklärung von 1953 alle völkerrechtlichen Wiedergutmachungsansprüche, die sich aus Kriegs- und Besatzungshandlungen Deutschlands in der Zeit 1939–1945 ergeben hatten, erloschen sind.

---

30 Zbiór Dokumentow 1953, Nr. 9, S. 1830 (1831); insoweit auch wiedergegeben in BVerfGE 40, 141 (169).
31 *Randelzhofer/Dörr* (Fn. 21), S. 69–74.
32 Ebenso z. B. *Kranz*, ZaöRV 80 (2020), S. 325 (363).
33 Vgl. die Stellungnahme der deutschen Bundesregierung zum Warschauer Vertrag, Bulletin BReg 1970, S. 1818 (1819); BVerfGE 40, 141 (169f.).
34 Nachw. bei *Kranz*, ZaöRV 80 (2020), S. 325 (363 in Fn. 129).
35 *Garsztecki* (Fn. 1).

4. Deutsche Ansprüche wegen polnischer Rechtsverstöße

Obwohl Deutschland den Krieg gegen Polen 1939 rechtswidrig begonnen und sich während Krieg und Besatzung schwerster Verbrechen schuldig gemacht hat, ist nicht ausgeschlossen, dass sich aus dem polnischen Verhalten nach Kriegsende auch Wiedergutmachungsansprüche für die deutsche Seite ergaben. Als Unrechtstatbestände kommen insoweit vor allem die Aneignung vormals deutschen Staatsgebiets sowie die Vertreibung und Enteignung der deutschen Bevölkerung in Betracht.

Für ersteres ist ein anerkannter Gebietserwerbstitel zunächst nicht ohne weiteres ersichtlich, da weder die Voraussetzungen der Aneignung (Annexion) noch der Abtretung wirklich vorlagen. Auch eine wirksame Zuweisung der fraglichen Gebiete an Polen durch die alliierten Siegermächte, wenn diese denn einen wirksamen Gebietserwerb hätte begründen können, lag nicht vor. Denn zum einen war das sog. Potsdamer Abkommen vom 2.8.1945 wohl kein verbindlicher völkerrechtlicher Vertrag und Deutschland als territorialer Souverän nicht beteiligt, zum anderen enthielt das Abkommen gar keine endgültige Zuweisung der sog. deutschen Ostgebiete an Polen.[36] Zum Gebietserwerb Polens dürfte vielmehr eine eigenartige Kombination aus Ersitzung und Akquieszenz durch die Bundesrepublik Deutschland geführt haben, die im Warschauer Vertrag von 1970[37] sowie im deutsch-polnischen Grenzvertrag vom November 1990[38] förmlich bestätigt wurde. Seitdem dürften auch etwaige Ansprüche Deutschlands wegen rechtswidriger Gebietsaneignung erledigt sein.

Was die Vertreibung und Enteignung der deutschen Bevölkerung in Polen angeht, so stehen für die völkerrechtliche Beurteilung nicht nur die Menschenrechte nicht zur Verfügung, sondern auch das Selbstbestimmungsrecht der Völker nicht, das heute gelegentlich als ein Schutz gegen Vertreibung ausgelegt wird. Die Norm fand erst 1966 mit Art. I der UN-Menschenrechtspakte Eingang ins geltende Völkerrecht. Auch deutsche Ansprüche wegen Ereignissen in den Jahren 1945–49 können nicht in Gestalt subjektiver Rechte der Betroffenen nach Völkerrecht entstanden sein, weil das geltende Recht jener Zeit dieses Instrument schlicht noch nicht kannte.

Das *ius in bello* der Zeit enthielt, soweit ersichtlich, keine Regeln über die Behandlung der Zivilbevölkerung auf *eigenem* Staatsgebiet nach Kriegsende. Für besetztes Staatsgebiet des Kriegsgegners, also eben z. B. die sog. deutschen Ostgebiete, galt immerhin Art. 46 HLKO, der u. a. das Privateigentum schützte. Außer diesem bleibt im We-

---

36 Vielmehr wurden die betreffenden Gebiete vorläufig unter polnische Verwaltung gestellt und die endgültige Festlegung der Westgrenze Polens bis zu einer Friedenskonferenz zurückgestellt, vgl. Ziff. IX b) der Konferenzbeschlüsse, abgedruckt z. B. in: *Berber* (Hrsg.), Völkerrecht. Dokumentensammlung, Bd. II, 1967, S. 2290 (2302).

37 Vertrag zwischen der Bundesrepublik Deutschland und der Volksrepublik Polen über die Grundlagen der Normalisierung ihrer gegenseitigen Beziehungen v. 7.12.1970, BGBl. 1972 II S. 362.

38 Vertrag zwischen der Bundesrepublik Deutschland und der Republik Polen über die Bestätigung der zwischen ihnen bestehenden Grenze v. 14.11.1990, BGBl. 1991 II S. 1329.

sentlichen das völkerrechtliche Fremdenrecht, d. h. die zwischenstaatlichen Regeln über die Behandlung von Ausländern nach einem internationalen Mindeststandard. Ob dieser völkergewohnheitsrechtliche Mindeststandard aber in Zeiten kriegerischer Besetzung überhaupt galt und ob er 1945 Schutz vor Enteignung und Vertreibung bot (wie das heute z. B. für Unternehmen in fremden Ländern selbstverständlich ist), scheint mir eine offene Frage zu sein. Dafür wäre darlegungspflichtig, wer von deutscher Seite völkerrechtliche Wiedergutmachungsansprüche geltend machen wollte.

5. Vertragliche Regelungen nach 1945

Zum Abschluss sei ein Blick auf die völkerrechtlichen Vertragswerke der Nachkriegszeit geworfen: Inwieweit haben sie eventuelle Ansprüche im deutsch-polnischen Verhältnis berührt?

Diese Betrachtung kann relativ kurz ausfallen, denn aus den Jahren unmittelbar nach 1945 findet sich zunächst kein völkerrechtliches Abkommen über die Kriegsfolgen, an das sowohl die Volksrepublik Polen als auch die Bundesrepublik Deutschland als Parteien gebunden wären. Somit können etwa das Pariser Reparationsabkommen von 1946 und das Londoner Schuldenabkommen von 1953 im deutsch-polnischen Verhältnis keine Rechtswirkungen entfalten.

Der zwischen beiden Staaten 1970 geschlossene Warschauer Vertrag betraf nur die Grenzziehung und Gebietsansprüche, aber weder Restitutions- noch Reparationsforderungen. Dementsprechend stellte auch das BVerfG in seiner Entscheidung zu den Ostverträgen fest, dass der Vertrag weder einen deutschen Verzicht auf etwaige Entschädigungsansprüche noch eine Aufrechnung mit diesen gegen polnische Reparationsforderungen enthalte.[39] Der deutsch-polnische Nachbarschaftsvertrag vom Juni 1991[40] enthielt ebenfalls keine Regelung zu Vermögensfragen, was die Parteien in einer gemeinsamen Erklärung im Anhang zum Vertrag ausdrücklich klarstellten.[41]

Auch der Vertrag vom 12. 9. 1990 über die abschließende Regelung in Bezug auf Deutschland, der sog. 2+4-Vertrag,[42] der von manchen als Quasi-Friedensvertrag und damit auch für die Erledigung der Reparationsfrage in Anspruch genommen wird,[43] spricht lediglich Gebietsansprüche (in Art. 1 Abs. 3) an, nicht aber andere Kriegsfolgenansprüche. Im Übrigen ist Polen nicht Partei dieses Vertrages, so dass dieser grundsätzlich keine Wirkungen gegenüber polnischen Ansprüchen entfalten kann. Allenfalls könnte man an Verhandlung und Abschluss des Vertrages, die ja im Licht der

---

39 BVerfGE 40, 141 (168).
40 BGBl. 1991 II S. 1315.
41 BGBl. 1991 II S. 1315 (1326), unter Ziff. 5.
42 Vertrag über die abschließende Regelung in bezug auf Deutschland v. 12. 9. 1990, BGBl. 1990 II S. 1318.
43 Vgl. z. B. *Kranz*, ZaöRV 80 (2020), S. 325 (355 – 360); *Kilian* in: Handbuch des Staatsrechts, 3. Aufl., Bd. I, 2003, § 12 Rn. 84. Aus der Praxis z. B. OVG Münster, NJW 1998, S. 2302 (2303). Weitere Nachweise bei *Hagelberg* (Fn. 21), S. 124 f.

Weltöffentlichkeit stattfanden, die (m. E. äußerst gewagte) Konstruktion einer Verwirkung o. ä. knüpfen.

Unter dem Strich ergibt sich also, dass auf polnischer Seite mit Sicherheit staatliche Wiedergutmachungsansprüche bestanden, die allerdings durch die einseitige Verzichtserklärung Polens 1953 untergegangen sind. Auf deutscher Seite könnten Ansprüche der Bundesrepublik Deutschland wegen der entschädigungslosen Enteignung deutscher Staatsangehöriger im Nachkriegspolen bestanden haben. Ob diese möglichen Ansprüche aber die westdeutsche Ostpolitik seit 1969 und die Politik der Aussöhnung nach 1990 überlebt haben, ist sehr die Frage: Der Grundimpuls dieser Politik, soweit er in öffentlichen Erklärungen nach außen getreten ist, legt durchaus nahe, dass der deutsche Staat auf etwaige staatliche Wiedergutmachungsansprüche im Ergebnis vollständig verzichtet hat. Individuelle Ansprüche Privater sind nach Völkerrecht vor 1949 auf keiner Seite entstanden.

IV. Ausblick

Natürlich ist klar, dass der Rückzug auf juristische Positionen die Schatten der Vergangenheit, welche die deutsch-polnischen Beziehungen belasten, nicht vertreiben wird. Immerhin aber zeigt eine nüchterne Betrachtung der Rechtslage, die vor allem den intertemporalen Aspekt berücksichtigt, dass aus rechtlicher Sicht diese Schatten kleiner sind, als sie gelegentlich in der Öffentlichkeit gemacht werden. Völkerrechtliche Ansprüche aus der Zeit des zweiten Weltkriegs bestehen zwischen beiden Seiten heute nicht mehr.

Das schließt eine politisch-moralische Verantwortung und besondere Verletzlichkeiten in diesem Verhältnis natürlich nicht aus. Ihnen Rechnung zu tragen, bleibt eine Daueraufgabe aller politisch Verantwortlichen in Deutschland und Polen und ist gleichzeitig ein wesentlicher Ansporn, um die gemeinsame Zukunft beider Nachbarstaaten im Rahmen der Europäischen Union zu gestalten.

Autorinnen und Autoren

Czada, Roland, Prof. Dr., bis 2019 Lehrstuhl „Staat und Innenpolitik" an der Universität Osnabrück. Selbständige Veröffentlichungen (Auswahl): Verhandlungsdemokratie, Interessenvermittlung, Regierbarkeit (hg. mit Manfred Schmidt) Wiesbaden: Springer 1993; Transformationspfade in Ostdeutschland (hg. mit Gerhard Lehmbruch) Frankfurt a. M: Campus 1998; Regulative Politik. Zähmungen von Markt und Technik (mit Susanne Lütz und Stefan Mette) Opladen: Leske & Budrich 2003; Von der Bonner zur Berliner Republik (hg. mit Hellmut Wollmann) Wiesbaden: Springer 2000; Die Politische Konstitution von Märkten (hg. mit Susanne Lütz) Wiesbaden: Springer 2000; Politik und Markt (hg. mit Reinhard Zintl) Wiesbaden: Springer 2004; Fukushima: Die Katastrophe und ihre Folgen (hg. mit György Széll) Frankfurt a. M: PL Academic 2013; Religionen und Weltfrieden (hg. Mit Thomas Held und Reinhold Mokrosch) Stuttgart: Kohlhammer 2013 (engl. Religions and World Peace.Baden-Baden: Nomos 2012); Political Choice. Institutions, rules and the limits of rationality (hg. mit Adrienne Windhoff-Héritier) New York: Routledge 2019 (Neudruck v. 1991); Pluralism, in: The SAGE Handbook of Political Science, S. 567–583. London: Sage Publications. E-Mail: roland.czada@uni-osnabrueck.de.

Dörr, Oliver, Prof. Dr., LL.M. (London), Inhaber des Lehrstuhls für Öffentliches Recht, Völkerrecht, Europarecht und Rechtsvergleichung an der Universität Osnabrück. Selbständige Veröffentlichungen(Auswahl): Der europäisierte Rechtsschutzauftrag deutscher Gerichte, 2003; Konkordanzkommentar zum europäischen und deutschen Grundrechtsschutz (EMRK/GG), 2. Aufl. 2013 (Hrsg. mit Rainer Grote und Thilo Marauhn); Staatshaftung in Europa. Nationales und Unionsrecht (Hg.), 2014; Kompendium völkerrechtlicher Rechtsprechung, 2. Aufl. 2014; Vienna Convention on the Law of Treaties. A Commentary, 2. Aufl. 2018 (hg. mit Kirsten Schmalenbach); Europäischer Verwaltungsrechtsschutz, 2. Aufl. 2019 (mit Christofer Lenz).

Fäßler, Peter E., Prof. Dr., Inhaber des Lehrstuhls für Zeitgeschichte der Universität Paderborn. Selbständige Veröffentlichungen: Globalisierung. Ein historisches Kompendium, Köln/Weimar/Wien 2007. Briten in Westfalen 1945–2017: Besatzer, Verbündete, Freunde? (hg. mit Andreas Nuewöhner, Florian Staffel), Paderborn 2019. Aufbruch, Aufschwung, Krise. Deutsch-deutsche Wirtschaftsgeschichte 1949–1989, Stuttgart (im Erscheinen); Umweltgeschichte des 19. und 20. Jahrhunderts. Darmstadt (im Erscheinen). E-Mail: Peter.Faessler@upb.de.

Autorinnen und Autoren

Höhne, Benjamin, Dr., Stellv. Leiter des Instituts für Parlamentarismusforschung (IParl). Selbständige Veröffentlichungen: Rekrutierung von Abgeordneten des Europäischen Parlaments. Organisation, Akteure und Entscheidungen in Parteien, Opladen/Berlin/Toronto: Barbara Budrich 2013; Abkehr von den Parteien? Parteiendemokratie und Bürgerprotest (hg. mit Oskar Niedermayer und Uwe Jun), Wiesbaden: Springer VS 2013; Parteienfamilien – Identitätsbestimmend oder nur noch Etikett? (hg. mit Uwe Jun), Opladen/Berlin/Toronto: Barbara Budrich 2012; Parteien als fragmentierte Organisationen: Erfolgsbedingungen und Veränderungsprozesse (hg. mit Uwe Jun), Opladen/Farmington Hills: Barbara Budrich 2010; Vertrauen oder Misstrauen? Wie stehen die Ostdeutschen 15 Jahre nach der Wiedervereinigung zu ihrem politischen System? Marburg: Tectum 2006. E-Mail: hoehne@iparl.de.

Lembke, Ulrike, Prof. Dr., Lehrstuhl für Öffentliches Recht und Geschlechterstudien an der Humboldt-Universität zu Berlin. Selbständige Veröffentlichungen: Einheit aus Erkenntnis? Zur Unzulässigkeit der verfassungskonformen Gesetzesauslegung als Methode der Normkompatibilisierung durch Interpretation, Berlin: Duncker & Humblot 2009; Feministische Rechtswissenschaft. Ein Studienbuch, 2. Aufl. (3. Aufl. in Arbeit), Baden-Baden: Nomos 2012 (hg. mit Lena Foljanty); Kollektivität – Öffentliches Recht zwischen Gruppeninteressen und Gemeinwohl. Dokumentation der 52. Assistententagung Öffentliches Recht, Baden-Baden: Nomos 2012 (hg. mit Roland Broemel et al.); Menschenrechte und Geschlecht, Baden-Baden: Nomos 2014 (Hg.); Regulierungen des Intimen. Sexualität und Recht im modernen Staat, Wiesbaden: VS Springer 2017 (Hg.). E-Mail: lembke@rewi.hu-berlin.de.

Ludwigs, Markus, Prof. Dr., Inhaber des Lehrstuhls für Öffentliches Recht und Europarecht an der Julius-Maximilians-Universität Würzburg. Selbständige Veröffentlichungen (Auswahl): Rechtsangleichung nach Art. 94, 95 EG-Vertrag, Baden-Baden: Nomos Verlag 2004; Unternehmensbezogene Effizienzanforderungen im Öffentlichen Recht, Berlin: Duncker & Humblot 2013; Zivilgerichtliche Billigkeitskontrolle nach § 315 BGB und europäisches Eisenbahnregulierungsrecht, Berlin: Duncker & Humblot 2014; Handbuch des EU-Wirtschaftsrechts (Hg.), 2 Bde., Loseblatt, München: C. H. Beck (Stand: 52. EL 2021); Berliner Kommentar zum Energierecht, Bd. 2, 4. Aufl. (5. Aufl. als Bd. 3 in Vorbereitung), Frankfurt a. M.: Deutscher Fachverlag 2019 (hg. mit Franz Jürgen Säcker); Münchener Kommentar Europäisches und Deutsches Wettbewerbsrecht, Bd. 5: Beihilfenrecht, 3. Aufl., München: C. H. Beck 2021 (im Erscheinen) (hg. mit Franz Jürgen Säcker und Ulrich Karpenstein); Handbuch des Verwaltungsrechts (hg. mit Wolfgang Kahl), 12 Bde. (Bd. I u. II im Erscheinen), Heidelberg: C. F. Müller 2021 ff.

Meinel, Florian, Inhaber des Lehrstuhls für Staatstheorie, Politische Wissenschaften und Vergleichendes Staatsrecht an der Georg-August-Universität Göttingen. Wichtigste Veröffentlichungen: Germany's Dual Constitution. Parliamentary Government in the Federal Republic (2021); Selbstorganisation des parlamentarischen Regierungssystems (2019); Der Jurist in der industriellen Gesellschaft. Ernst Forsthoff und seine Zeit (2011).

Autorinnen und Autoren

Safferling, Christoph, Prof. Dr., LL.M. (LSE), Inhaber des Lehrstuhls für Strafrecht, Strafprozessrecht, Internationales Strafrecht und Völkerrecht an der Friedrich-Alexander-Universität Erlangen-Nürnberg. Selbständige Veröffentlichungen (Auswahl): Vorsatz und Schuld, Tübingen: Mohr-Siebeck 2008; The Genocide Convention, Den Haag: Asser Press 2010 (hg. mit Eckart Conze); Internationales Strafrecht, Heidelberg: Springer 2011; International Criminal Procedure, Oxford: University Press 2012; Victims of International Crimes, Den Haag: Asser Press 2013 (hg. mit Torsten Bonacker); Die Rosenburg, Göttingen: V+R 2013 (hg. mit Manfred Görtemaker); Völkerstrafrechtspolitik, Heidelberg: Springer 2014 (hg. mit Stefan Kirsch); Die Akte Rosenburg, München: C.H. Beck 2016 (mit Manfred Görtemaker); Victims before the International Criminal Court, Heidelberg: Springer 2021 (mit Gurgen Petrossian im Erscheinen); Staatsschutz im Kalten Krieg, München: dtv 2021 (mit Friedrich Kießling im Erscheinen). E-Mail: str1@fau.de.

Schmahl, Stefanie, Prof. Dr., LL.M. (Barcelona), Inhaberin des Lehrstuhls für deutsches und ausländisches öffentliches Recht, Völkerrecht und Europarecht an der Julius-Maximilians-Universität Würzburg. Selbständige Veröffentlichungen (Auswahl): Die Kulturkompetenz der Europäischen Gemeinschaft, Baden-Baden: Nomos 1996; Der Umgang mit rassistischen Wahlkampfplakaten vor dem Hintergrund des internationalen Menschenrechtsschutzes, Baden-Baden: Nomos 2016; Kommentar zum Abgeordnetengesetz,Baden-Baden: Nomos 2016 (hg. mit Philipp Austermann); Kinderrechtskonvention mit Zusatzprotokollen, Handkommentar, 2. Aufl., Baden-Baden: Nomos 2017; The Council of Europe. Its Law and Policies, Oxford: Oxford University Press 2017 (hg. mit Marten Breuer); Internationaler Kommentar zur Europäischen Menschenrechtskonvention, 4 Bde., Loseblatt, Köln: Carl Heymanns (Stand: 28. EGL 2020) (hg. mit Katharina Pabel); Convention on the Rights of the Child. A Commentary, Baden-Baden/München/London: Nomos/C.H. Beck/Hart Publishing 2021 (im Erscheinen).

Wernsmann, Rainer, Prof. Dr., Inhaber des Lehrstuhls für Staats- und Verwaltungsrecht, insbesondere Finanz- und Steuerrecht, Universität Passau. Selbständige Veröffentlichungen (Auswahl; ausführlich: www.uni-passau.de/wernsmann): Das gleichheitswidrige Steuergesetz – Rechtsfolgen und Rechtsschutz, Berlin: Duncker & Humblot, 2000; Verhaltenslenkung in einem rationalen Steuersystem, Tübingen: Mohr Siebeck, 2005; Öffentliches Finanzrecht, Heidelberg: C.F. Müller, 2. Aufl. 2019 (zusammen mit Tappe); Kommentierungen in Bonner Kommentar zum Grundgesetz, Heidelberg: C.F. Müller (Loseblatt); Kirchhof/Söhn/Mellinghoff, Einkommensteuergesetz, Heidelberg: C.F. Müller (Loseblatt); Hübschmann/Hepp/Spitaler, Abgabenordnung, Köln: Otto Schmidt (Loseblatt). E-Mail: wernsmann@uni-passau.de.